Chani Nicholas

ASTRO POWER

ES STEHT IN DEINEN STERNEN

Wie du mit Astrologie
dein wahres Potenzial
erkennst und lebst

Aus dem amerikanischen Englisch von Elisabeth Liebl

GOLDMANN

Dieses Buch erschien erstmals 2020 unter dem Titel »You Were Born for This: Astrology for Radical Self-Acceptance« bei HarperOne in New York, USA. Published by arrangement with HarperOne, an imprint of HarperCollins Publishers, LLC.

Sollte diese Publikation Links auf Webseiten Dritter enthalten, so übernehmen wir für deren Inhalte keine Haftung, da wir uns diese nicht zu eigen machen, sondern lediglich auf deren Stand zum Zeitpunkt der Erstveröffentlichung verweisen.

Textauszug aus: Maya Angelou: *Phänomenale Frauen. Gedichte*, ausgewählt und übersetzt von Judith Zander. © 1994 by Maya Angelou. © Suhrkamp Verlag Berlin 2020, Seite 10f. mit freundlicher Genehmigung des Suhrkamp Verlags.

Penguin Random House Verlagsgruppe FSC® N001967

2. Auflage
Deutsche Erstausgabe Mai 2021
© 2021 Wilhelm Goldmann Verlag, München,
in der Penguin Random House Verlagsgruppe GmbH,
Neumarkter Str. 28, 81673 München
Originalausgabe: © 2020 by Chani Nicholas
Published by arrangement with HarperOne, an imprint of HarperCollins Publishers, LLC.
Umschlaggestaltung: UNO Werbeagentur, München, nach einer Idee von Michelle Crowe
Umschlagmotiv: © FinePic®, München
Foto Autorin Klappe hinten: © Luke Fontana
Illustrationen: Karen McClellan
Lektorat: Carla Felgentreff, Bremen
JG · Herstellung: cb
Satz: Satzwerk Huber, Germering
Druck und Bindung: CPI books GmbH, Leck
Printed in the Czech Republic
ISBN 978-3-442-22324-4
www.goldmann-verlag.de

Besuchen Sie den Goldmann Verlag im Netz

Dieses Buch, dieses Leben, diese Arbeit würde es so nicht geben ohne meine Liebe, meine beste Freundin, meine Partnerin in allen Dingen, meine Frau.

Sonya Priyam Passi.

Du gewinnst mich Tag für Tag. Du bezauberst mich unendlich. Du inspirierst mich herauszufinden, was möglich ist und was darüber hinausgeht. Du bist der mutigste und mitfühlendste Mensch, den ich je kennengelernt habe. Du bist meine Fortuna, mein größter Segen und meine Berufung. Jeden Augenblick jedes Tages danke ich dem Himmel für dich.

Deine Liebe ist die stärkste Kraft, die ich je kennenge-lernt habe. Sie hat jede Wunde in ein Lehrstück verwandelt, jeden Herzschmerz in einen Moment, der mich nicht länger beherrscht, jedes Hindernis in eine Chance. Sie ist eine unbezähmbare Kraft, die mich umgibt, beschützt und erhebt. Deine Partnerin zu sein ist meine größte Ehre, meine höchste Auszeichnung und mein kostbarstes Gut.

Ich weiß: Jeder Tag, den ich vor dir gelebt habe, war Vorbereitung auf dich. Dich kennenzulernen hat mein Potenzial auf eine Weise erweckt, die ich mir vorher nicht hätte vorstellen können. Sobald wir zusammen waren, rückte alles andere in meiner Welt an den richtigen Platz. Danke, dass du mich gefunden hast, mich behältst und mit mir zusammen dieses unglaubliche Leben gestaltest.

INHALT

V

DIE DRITTE SCHLÜSSELPOSITION:
DEIN ASZENDENT UND SEIN HERRSCHER 175

Deine Lebensmotivation und der Steuermann deines Schiffes

DEIN ASZENDENT

Was ist deine Lebensmotivation? 180

In welchem Tierkreiszeichen steht dein Aszendent? 180

PLANETEN IM SELBEN ZEICHEN WIE DEIN ASZENDENT

Wer beeinflusst deine Lebensmotivation? 204

Stehen Planeten im selben Zeichen wie dein Aszendent? 207

DER PLANET, DER DEINEN ASZENDENTEN BEHERRSCHT

Wer steuert das Schiff deines Lebens? 217

Dein Aszendentenherrscher 217

DAS HAUS DEINES ASZENDENTENHERRSCHERS

Auf welchen Lebensbereich wirst du hingelenkt? 255

In welchem Haus steht dein Aszendentenherrscher? 255

WIE ES WEITERGEHT 277

DANK 281

ANHANG 1 284

Zeichen, Symbole, Modalitäten, Elemente und Zeichenherrscher

ANHANG 2 285

Planeten, ihre Symbole und die dazugehörigen Tierkreiszeichen

EINFÜHRUNG

Gesehen werden

Als ich die Astrologie entdeckte, fühlte ich mich zum ersten Mal richtig gesehen. Damals war ich acht Jahre alt und lebte in einer kleinen Stadt am Fuße der Rocky Mountains. Ich war umgeben von der unbeschreiblichen Schönheit der Natur und dem gnadenlosen Trümmerhaufen der Sucht. Einen Großteil meiner Kindheit verbrachte ich allein und auf mich gestellt. Während die Erwachsenen in meinem Leben Partys feierten und sich mit Begeisterung selbst kaputtmachten, sah ich die Bill-Cosby-Show und träumte von einem Leben mit Eltern, Geschwistern, Großeltern, ja einer ganzen Ahnenreihe, die mich als eine der ihren auswies. Wenn die Partyleute zu mir nach Hause kamen, fühlte ich eine andere Art von Einsamkeit. Eine Überdosis, ein tödlicher Unfall, ein Schuss, eine Verurteilung. Schon mit fünf wusste ich, wie Kokain schmeckt. Ich wusste, dass ich niemandem sagen durfte, was sich bei uns zu Hause abspielte. Und ich hatte ständig Angst. Also versteckte ich mich. Ich verkroch mich in jedem Badezimmer, dessen Tür ich verriegeln konnte. Und ich versteckte mich in einer selbst gebastelten Persönlichkeit – unnahbar, sarkastisch und distanziert. Ich versteckte mich, um mein hochsensibles und durchlöchertes Selbst vor den scharfen Kanten der Erwachsenenprobleme zu schützen, die meine Kindheit zerfetzten.

In dem Chaos, das mein Umfeld laufend anrichtete, konnte es durchaus vorkommen, dass ich mich in einer halb verfallenen Hütte an einem Feldweg wiederfand, mit Erwachsenen, mit denen ich nichts zu tun haben wollte, und Vorfälle miterlebte, auf die ich mir keinen Reim machen konnte. Bei so einer Gelegenheit schloss ich an einem schicksalsschwangeren Tag Bekanntschaft mit der Astrologie. Eine vollkommen fremde weiße Frau mit struppigem Haar und dem Ausdruck der Ungeliebten in den Augen gab mir ein Geschenk, das ich nie mehr vergaß. Nur anhand meines Geburtsdatums las sie mir die Sterne. Mit funkelnden Augen sah sie mich an und meinte: »Du bist sehr wertend.«

»Ja! Ja, genau«, dachte ich stolz.

Ich hatte eigentlich keine Ahnung, was das hieß, aber das Wort hallte in mir wider, denn ich erkannte, was sie damit meinte. Sie sah mich als Person, die sich von ihrer Umgebung unterschied. Sie sah, dass ich jene Art von Urteilsvermögen besaß, das den Menschen um mich herum fehlte. Ich hatte Wertmaßstäbe, und mit deren Hilfe würde ich meinen Weg heraus aus diesem Chaos finden.

Obwohl ich die Frau nie wiedersah, gab dieser kurze Austausch mir etwas, an dem ich mich festhalten konnte. Ein Stückchen Ariadnefaden – aber wenn das alles ist, was du in der Hand hast, fühlt das Fädchen sich an wie gesponnenes Gold. In einer Situation, die leicht mein Untergang hätte sein können, warf jemand einen Blick in ein Buch voller seltsamer Zeichen und Symbole und eröffnete mir mithilfe der Astrologie eine Wahrheit, die mir das Leben retten sollte.

Gesehen zu werden ist für unser Menschsein ganz wesentlich, für unser Wachstum und unsere Fähigkeit, erlittene Traumata zu verarbeiten. Wenn die Astrologie das leistet, schenkt sie uns einen Spiegel, in dem wir sowohl unser bestes Selbst sehen als auch unser Entwicklungspotenzial.

Radikale Selbstakzeptanz

Als ich zwölf Jahre alt war, ließ ich mir zum ersten Mal mein Geburtshoroskop deuten. Mein Vater war mit meiner zweiten Stiefmutter gerade quer durchs Land nach Toronto gezogen. Ich hatte viele Wochenenden mit dieser Frau (mit der ich aufgewachsen war) und ihren beiden Kindern verbracht. Unsere Kindheit verlief weitgehend parallel. Unsere Eltern machten Party, gingen arbeiten und taumelten gemeinsam am Rand des Abgrunds entlang. Wir bekamen die schlimmsten Momente der jeweils anderen mit und überlebten. Die Tatsache, dass mein Vater mit ihr und ihren Kindern aus der Kleinstadt floh, in der wir aufgewachsen waren, bedeutete, dass sie (zumindest ansatzweise) die Gewalt, die Drogen und die Selbstzerstörung, die das Gewebe unserer Kindheit bildeten, hinter sich lassen wollten.

Die traumatischen Bande zwischen uns waren tragfähig. Eine Zeit lang sah es so aus, als könnten wir gemeinsam das bedrückende Leid der letzten zehn Jahre zur Heilung bringen. Wir waren ein zusammengewürfelter Haufen Traumatisierter aus einer Kleinstadt, eine Familie von Außenseitern, die in der großen Stadt die Chance auf ein anderes Leben suchten.

Anita, meine neue Stiefgroßmutter, war Reiki-Meisterin und die faszinierendste, spirituellste, offenherzigste Hexe und Heilerin, die ich je kennengelernt hatte. Außerdem hatte sie eine Reihe von Freunden, die in der Heilkunst ebenso bewandert waren wie sie selbst und mindestens genauso schräg drauf. Hellseher, Astrologen, Reinkarnationsforscher, Künstler und noch mehr von diesen bunten Vögeln umgaben sie und mich, wenn ich in Toronto war. All die Leute, die ich über sie kennenlernte, schienen bestrebt, ein weniger selbstzerstörerisches Leben zu führen. Sie verbrachten ihre Zeit damit, ihre Heilkunst zu vervollkommnen. Sie zu kennen ermöglichte mir einen ersten Ausblick auf ein anderes Leben.

Bald nach unserem Umzug schenkte Anita der Familie eine Horoskopsitzung mit Taina Ketola, einer Astrologin, mit der sie schon gearbeitet hatte. Taina lebte in einem völlig normal aussehenden Haus mitten in einer tristen Vorstadtsiedlung. Doch die Welt, die sie in diesem Haus für mich entwarf, war alles andere als langweilig. Sobald sie anfing, jeden von uns zu beschreiben, war ich wie gebannt. Ich begegnete dieser symbolhaften Sprache zum ersten Mal, aber tief in mir fühlte es sich so an, als hätte ich diese Dinge immer schon gewusst. Sie erklärte uns kenntnisreich und humorvoll die Feinheiten unseres Horoskops, sodass ich schnell verstand, warum jeder/jede von uns mit der neuen Situation ganz unterschiedlich umging und wie jeder/jede das Leben im Allgemeinen anpackte. Die Unterschiede, die sie zwischen uns aufzeigte, halfen mir, meine Beziehungen zum Rest der Familie besser zu verstehen. Und das ist immer nützlich, vor allem in einem neuen Familienverband. Sie hatte ein Buch mit dem Titel *The New Astrology* (Die neue Astrologie) geschrieben, und mein Vater kaufte es für mich. Es sollte von nun an zu meiner Bibel werden. Für ein Kind wie mich, das auf der Suche nach Anleitung und Weisheit war, wurde die Astrologie auf der Stelle zur Besessenheit. Doch es sollte noch Jahrzehnte dauern, bis ich sie als meinen Weg akzeptierte.

Ich bin eine Spätzünderin. Eigentlich eher eine Ultraspätzünderin. Astrologen sagten mir vorher, dass dies bei der Position des Saturn in meinem Horoskop möglicherweise der Fall sein würde. Aber wenn man das als junger Mensch gesagt bekommt, ist es schwer zu verstehen. Ich hatte Unmengen Energie, aber ich wusste nichts weiter damit anzufangen, als sie in Therapien zu investieren, in Reiki-Workshops mit Anita, spirituelle Rituale, Selbsthilfebücher, Affirmationen, Meditationen. Ich guckte unzählige Folgen von Oprah, und irgendwo in diesem weiten Feld hatte auch die Astrologie ihren Platz. Meine Zwanziger verbrachte ich sozusagen in einem Brutkasten der Heilmethoden. Meinen Lebensunterhalt verdiente ich mit Arbeit für die Gemeinde, dem Deuten von Horoskopen, Reiki-Sitzungen und in der Gastro. Ich kellnerte, putzte und machte Zeitarbeitsjobs – was immer nötig war, um meine Rechnungen zu bezahlen. Obwohl ich wusste, dass ich mit dem Interpretieren von Horoskopen Geld verdienen konnte, fühlte ich mich weder emotional noch seelisch stark genug, um mich ganz darauf einzulassen. Und das allein war mir auch nicht genug. Es ist eine Ehre, ein Horoskop lesen zu dürfen, aber ich wusste immer, dass ich mir eine größere Bühne wünschte als die Eins-zu-eins-Arbeit. Doch vor dem Aufkommen der sozialen Medien war die größere Bühne einigen wenigen vorbehalten. Das Geschäft, das ich heute betreibe, gab es einfach noch nicht, als ich zwanzig war. Manchmal sind wir auch Spätzünder*innen, weil wir der Welt voraus sind.

Die Wahrheit ist, dass ich mich während des Großteils meines Erwerbslebens verloren fühlte. Mit Anfang dreißig arbeitete ich viel. Ich brachte Leuten jeglicher Couleur Yoga bei – Berühmtheiten, Krebspatienten, Obdachlosen und Menschen in riesigen Gefängnissen. Ich arbeitete zwar als Heilerin, trotzdem fehlte mir das Gefühl der Erfüllung. Ich hatte meinen Lebenssinn noch nicht gefunden, und das trieb mich um. Ich wollte kein Teil der Yoga-Industrie werden. Ich wollte auch keine spirituelle und körperliche Disziplin aus einer Kultur lehren, die nicht die meine war. Ich wollte nicht die x-te Weiße sein, die die indische Spiritualität kulturell für sich in Beschlag nahm. Also suchte ich weiter nach meinem Lebenszweck. Ich jammerte viel. Ich war voller Verbitterung darüber, dass sich vor mir kein leichter Weg auftat.

In der Zwischenzeit hatten sich die Planeten in meine Träume geschlichen. In der Therapie redete ich ständig von astrologischen Dingen, bis meine Therapeutin schließlich meinte: »Weißt du, wenn du über Astrologie redest, leuchtest du förmlich auf. Dann ist der ganze Raum von Energie erfüllt, und du wirkst plötzlich ganz anders auf mich.« Ich starrte sie fassungslos an, genervt, weil sie nicht begriff, wie schwer ich es hatte.

Ich war zutiefst frustriert, total pleite, und jünger wurde ich ja auch nicht. So tat ich, was alle Leute Mitte dreißig tun, wenn ihnen sonst nichts einfällt.

Ich ging wieder zur Schule.

Am California Institute of Integral Studies machte ich meinen Bachelor of Arts. Dank der Unterstützung einiger umsichtiger, mitfühlender und brillanter Lehrer*innen erwachten sowohl mein Sinn für soziale Gerechtigkeit als auch meine Lust am Schreiben wieder. Gleichzeitig hielten die sozialen Medien Einzug in unsere Welt, was unsere Art der Kommunikation vollkommen veränderte. Durch sie fand ich neue Wege, die Astrologie zu praktizieren.

Ich wollte keine Astrologin sein. In meinen Augen war das irgendwie kein »richtiger« Beruf. Ich wollte eine respektable Beschäftigung. Nachdem ich in einer Stadt aufgewachsen war, in der die Flucht aus der Wirklichkeit und das So-tun-als-ob wilde Blüten trieben, wollte ich etwas, das mich fest in dieser Welt verankerte und für andere von realem, praktischem Nutzen war. Wie sollte die Astrologie mir diesen Wunsch erfüllen?

Die Planeten hatten da ein paar Ideen. Sie besuchten mich immer noch in meinen Träumen. Nur wurden ihre Stimmen allmählich lauter und schriller, sodass ich manchmal mitten in der Nacht schweißnass aufschreckte. Der einzige Weg, sie zu beruhigen, war wohl, ihnen ihren Willen zu tun. Also startete ich ein Blog und begann, meine ersten ungeschickten und wirren Horoskopinterpretationen zu veröffentlichen. Gar nicht mal so sehr, weil ich glaubte, dass jemand meine astro-politische Selbsthilfe brauchte. (Tatsächlich war ich fest davon überzeugt, dass die Leute mein Blog nicht mögen würden.) Der eigentliche Grund war eher, dass ich das Gefühl hatte, es würde mir ernsthaft schaden, wenn ich nicht alles nach draußen brächte, was da vorsichtig in mir erwachte.

Es brauchte noch ein paar Jahre voller Selbstzweifel, drei abgebrochene Masterstudiengänge und unzählige gescheiterte Versuche, anderweitig einen sinnvollen Job zu finden, ehe ich mich endlich entschloss, all meine Energie in diese Arbeit zu stecken. Ich hatte mich selbst erschöpft. Ich hatte alles durchprobiert, was mir eingefallen war. Und doch kam ich immer wieder auf das zurück, was meine Therapeutin und andere Menschen mir gesagt hatten. Wo meine Energie aufleuchtete. Wenn ich über Astrologie redete, wurde ich richtig lebendig. Es war leicht, daran vorbeizuschauen, als ich noch jünger war. Erst als ich langsam älter wurde, begriff ich, wie selten so eindeutige Fingerzeige sind. Wenn wir uns Dingen zuwenden, die uns mit Sinn, Energie und Begeisterung erfüllen, werden wir zum Kanal, in dem genau diese Energien noch reichlicher fließen.

Über Horoskope zu schreiben verband mich mit der äußeren Welt. Ich war immer noch Single und hatte nicht viel Familie. An den meisten Tagen war ich schmerzlich einsam, aber das Schreiben fühlte sich (damals wie heute) an wie eine Liebesaffäre. Ich schuf mir aktiv einen Platz in der Welt, und ich spürte, dass dies etwas war, was ich mein Leben lang gesucht hatte. Nachdem ich einige Jahre über Astrologie geschrieben hatte, belegte ich Kurse über klassische Astrologie bei Demetra George. Erst da ging mir auf, dass die Astrologie, die Rituale und meine Art, mit den Menschen zu arbeiten, längst in meinem Horoskop angelegt war. Sonnenklar. Alles wartete nur darauf, dass ich es sah, akzeptierte und mir zu eigen machte. Bald danach lernte ich die Frau kennen, die

die meine werden sollte, und alle Puzzlestücke meines Lebens fielen auf einmal an den richtigen Platz.

Die Astrologie hat mir geholfen, mein vergangenes, gegenwärtiges und zukünftiges Potenzial radikal und selbstgewiss zu akzeptieren. Ich habe dieses Buch in der Hoffnung geschrieben, dass du damit deine tiefsten Wünsche und Träume ans Licht bringst und die Verantwortung übernimmst, sie Wirklichkeit werden zu lassen.

I

DEIN GEBURTSHOROSKOP

Die Blaupause deines Potenzials

Dein Geburtshoroskop ist ein Schnappschuss des Himmels in dem Augenblick, als du deinen ersten Atemzug getan hast. Es markiert deine Ankunft hier auf der Erde. Eine himmlische Blaupause, wenn du so willst, in der du alle nötigen Informationen findest, um ein sinnerfülltes Leben zu führen. Die Massenastrologie konzentriert sich gewöhnlich nur auf einen Teil des astrologischen Alphabets: dein Sonnenzeichen. Die Sonne mag bei deiner Geburt im Tierkreiszeichen Schütze gestanden haben, doch das ist nur ein winziger Ausschnitt dessen, was damals tatsächlich am Himmel geschah. Dein Geburtshoroskop umschließt alle Planeten und alle Zeichen. Die Astrologie repräsentiert die Gesamtheit des Lebens, und genau wie dem Leben können wir unserem Geburtshoroskop nicht entgehen. Du bist nicht nur Jungfrau, Zwilling oder Waage. Du bist ein Augenblick in der Zeit, und jedes Tierkreiszeichen, jeder Planet und viele andere Elemente spielen eine Rolle bei dem, was du bist, wie du dich in der Welt bewegst und wozu du hier bist.

Das Muster, das der Himmel im Moment deines ersten Atemzugs aufwies, ist das kosmische Gepräge deiner Seele, die Landkarte der Reise, die du in diesem Leben unternehmen wirst. Vor allem aber zeigt es dir, wie du es anpackst. Ob in deinem Geburtshoroskop nun der Mars hervorsticht – was für Kontroversen und mutige Handlungen spricht – oder Jupiter – der dich durch Optimismus und Großzügigkeit Türen öffnen lässt –, du bist wie jeder Mensch und jedes Ding auf dieser Welt ein Amulett himmlischer Ausdruckskraft.

Die Positionen der Planeten in deinem Geburtshoroskop offenbaren ohne jede Form von Wertung die Natur deines Lebens. Deine astrologische Konstitution ist eine neutrale Reflexion deines Lebens, ähnlich wie ein Spiegelbild. Der Spiegel zeigt nur, was da ist. Erst der Mensch, der hineinblickt, beurteilt, was ihm daraus entgegensieht. Die Astrologie erinnert uns, dass wir aus gutem Grund sind, wie wir sind. Daran, dass wir ein Ziel haben und dass wir dieses Ziel leben müssen, wenn wir Erfüllung finden wollen.

Die drei Schlüsselpositionen deines Horoskops

Drei Punkte im Horoskop signalisieren, wo der Sinn deines Lebens liegt, was deine körperlichen und emotionalen Bedürfnisse sind und was dich im Leben antreibt. Es ist mir fast schon peinlich, aber mir wurde die Bedeutung meines Geburtshoroskops erst mit Ende dreißig klar. Dabei hatte ich jahrzehntelang darüber nachgedacht. Ich habe mich wie Alice im Wunderland in allen möglichen Hasenbauten verlaufen, um auch die kleinsten Nuancen zu erfassen. Viele talentierte Astrologinnen haben mir mein Horoskop gedeutet, aber erst als ich die traditionelle Astrologie beherrschte und diese drei Punkte in meinem Horoskop studierte, sah ich die Blaupause meines Lebens, die sie mir skizzierten. Vorher nahm ich mein Potenzial immer im Hinblick auf eine Zukunft wahr, die sich mir trotzdem ständig zu entziehen schien. Aus diesem Grund ist es mir so wichtig, dir diese Sichtweise auf dein Geburtshoroskop zu vermitteln.

Die drei Schlüsselpositionen

1. ☉ **Sonne** – dein Lebenssinn

2. ☽ **Mond** – deine körperlichen und emotionalen Bedürfnisse

3. ⛢ **der Aszendent und sein Herrscher** – das, was dich im Leben antreibt, und die Richtung, in die es für dich geht

Wenn du dieses Buch gelesen hast, wirst du alle drei Positionen verstehen. Du hast alle Instrumente in der Hand, um sie für dich zu nutzen. Sie werden dir ein Verständnis deiner selbst, deines Lebens, deines Lebenssinns vermitteln und dir helfen, dich zu lieben und so zu akzeptieren, wie du bist. Dein Geburtshoroskop ist das Tor. Ob du hindurchgehst, ist ganz allein deine Entscheidung.

Die Sonne in deinem Horoskop zeigt dir, wie und wo du strahlen sollst. Der Mond signalisiert, wie du Tag für Tag deinen Lebenssinn verwirklichen und dabei deine einzigartigen körperlichen und emotionalen Bedürfnisse achten kannst. Das Tierkreiszeichen, in dem dein Aszendent steht, sagt dir, was dich im Leben motiviert. Der Planet, der dieses Zeichen beherrscht, gibt dir einen Hinweis darauf, in welche Richtung dein Leben zielt.

Alle anderen Elemente in deinem Geburtshoroskop unterstützen diese drei Schlüsselpositionen. Für unsere Betrachtung sind sie aber zweitrangig.

Wie du zu deinem Geburtshoroskop kommst

Auf meiner Website www.ChaniNicholas.com kannst du dir dein Geburtshoroskop erstellen. Du brauchst dafür dein Geburtsdatum, deinen Geburtsort und deine Geburtszeit. Zeit ist in der Astrologie einfach alles. Je genauer du deine Geburtszeit angeben kannst, desto genauer wird dein Horoskop.

UND WENN DU DEINE GEBURTSZEIT NICHT KENNST?

Am besten schaust du zuerst auf deiner Geburtsurkunde nach. Wenn die Zeit dort nicht notiert ist, kannst du beim Standesamt deines Geburtsortes anrufen. Dort hat man gewöhnlich noch mehr Informationen zu deiner Geburt. Möglicherweise existieren auch noch Aufzeichnungen in der Klinik, in der du zur Welt gekommen bist. Oder du fragst Familienmitglieder. Vielleicht wurde bei deiner Geburt ein Babybuch angelegt? Auch da könnte die genaue Geburtszeit zu finden sein.

Wenn nicht, ist die sogenannte Rektifikation oder Geburtszeitkorrektur eine Möglichkeit. Dafür erstellst du eine Liste von wichtigen Lebensereignissen, die du genau datieren kannst. Anhand dieser Liste können versierte Astrologen/Astrologinnen deine Geburtszeit wenigstens annähernd bestimmen.

Auch ohne diese Daten kannst du dich mit Astrologie beschäftigen, wenn auch in nicht ganz so spezifischer Form. Du weißt dann nicht, in welchen Häusern deine Planeten stehen und wie die Häuser sich auf die Tierkreiszeichen verteilen. Trotzdem kannst du viel gewinnen, weil du ja weißt, in welchen Zeichen deine Planeten stehen und welche Beziehungen diese zueinander haben. Du weißt allerdings nicht genau, was dein Aszendent ist und welcher Planet ihn beherrscht. Doch Sonne und Mond geben dir schon wichtige Hinweise. Das gilt genauso für die Beziehung dieser beiden zu den anderen Planeten in deinem Horoskop. Das Muster am Himmel gibt dir dennoch spezifische Informationen über deine Berufung.

Wenn irgend möglich, solltest du dein vollständiges Geburtshoroskop kennen und nicht nur den Stand der Planeten in den Tierkreiszeichen bei deiner Geburt. Das Abbild des Sternenhimmels im Moment unseres ersten Atemzuges lässt etwas in uns erwachen. Die Planeten den Häusern zuordnen zu können und die Verbindungen zwischen ihnen zu erkennen macht die Astrologie greifbar.

Möglicherweise fühlst du dich beim ersten Blick auf dieses komplexe Bild überwältigt. Jede Information braucht ihre Zeit, bis wir sie in unser Lebensbild einbauen können. Akzeptiere dein Horoskop als das, was es ist: eine Reise, nichts, was du auf Anhieb bis in die Tiefen begreifen musst. Manche Erkenntnisse kommen schnell, andere dämmern uns erst nach Jahren.

Dieser Prozess erfordert Geduld, Mitgefühl und Demut. Viele von uns suchen sich selbst in der Astrologie, den Sinn ihres Lebens. Wünschen sich Hinweise darauf, warum sie überhaupt auf der Welt sind, ob sie auf dem richtigen Weg sind oder nicht. Dein Geburtshoroskop wird dir all das zeigen und noch mehr, wenn du die Geduld hast, seine Sprache zu erlernen und dich für die mitunter nur langsam heranreifenden Antworten zu öffnen, die es mitbringt.

Demetra George sagte einmal, die Astrologie sei wie andere Weisheitslehren ein selbst-verschwiegenes System. Das heißt: Die

Lehren sind nicht vollständig zugänglich, wenn der/die Lernende dafür noch nicht bereit ist. Solange wir nicht offen sind für die Informationen über uns selbst und unser Horoskop, werden sie sich uns nicht zeigen. Die Astrologie wirkt wie alle heilenden Systeme am besten, wenn man ihr Zeit lässt und die Informationen Schicht für Schicht entblättert. Die Symbolsprache der Astrologie spricht sowohl unser logisches Begriffsvermögen an als auch unser Unbewusstes. Sobald du bereit bist, wird sich dir zeigen, welche Archetypen du lebst, welche Lektionen sie für dich bereithalten und wie du deine Lebensenergie lenken kannst. Es kann Jahre dauern, bevor wir zu den Einsichten finden, die wir brauchen, aber sie kommen immer genau zur richtigen Zeit.

Selbst wenn wir die Worte verstehen, die wir hören, kann es schwierig sein zu begreifen, was sie in diesem Augenblick bedeuten. Unser Geburtshoroskop zu verstehen heißt, dass wir uns selbst verstehen müssen. Und das erfordert Arbeit. Wir müssen die Bereitschaft zur Innenschau entwickeln, zur Kontemplation und Reflexion. Wir müssen neugierig darauf sein, wie wir uns in dieser Welt bewegen und wie die Welt darauf möglicherweise reagiert.

Nutze die Instrumente der Astrologie voller Achtung für ihre Macht und im vollen Bewusstsein, dass es lange Zeit braucht zu verstehen, was sie uns sagen und offenbaren können.

Bevor du loslegst

In einer Astrologiesitzung bekam ich gesagt, es sei unklar, wie ich mich je für die Liebe öffnen könnte. Ich verstand, was damit gemeint war, denn ich wusste ja, um welchen Punkt meines Horoskops es ging. Trotzdem fühlte ich mich zur Kranken abgestempelt, weil mir nicht zugetraut wurde, die Herausforderungen meines

Horoskops zu meistern. Es war ein innerer Kampf, und es kostete mich viel Kraft, dieser Person, zu der ich seit Jahren aufsah, keine Macht über mein Leben und meinen Lebensweg zu geben. Aber schließlich beschloss ich, dass ich sehr wohl Heilung finden konnte. Ich war nicht unheilbar. Ich habe die Liebe gefunden. In einem Umfeld, in dem ich aufblühen kann, bin ich durchaus in der Lage, Liebe zu geben und zu empfangen.

Vorgefasste Ideen über uns selbst, die Vorstellungen, die andere sich von uns machen, können unsere ganze Weltsicht beeinflussen und dazu führen, dass wir das Wesentliche unseres Lebens und der Astrologie nicht verstehen.

Daher möchte ich, dass du einen Pakt mit dir selbst schließt. Für den Augenblick bin ich deine Führerin, ist das System der Astrologie deine Führung. Doch bevor du hier weiterliest, solltest du dir folgende drei Versprechen geben:

1. **Ich verspreche, meinem aktuellen Verständnis meines Geburtshoroskops nicht allzu viel Macht über mich selbst zu geben.**
   Während du dich mit deinem Horoskop beschäftigst, wirst du vermutlich häufig missverstehen, was du da siehst. Und das für eine ganze Weile.

   Wir Menschen sind leider unglaublich ängstliche Wesen. Wir neigen dazu, unsere Befürchtungen und Voreingenommenheiten auf alles zu projizieren, was uns begegnet. Gerade dann, wenn wir ein möglichst akkurates Bild von uns selbst gewinnen wollen. Ich kann gar nicht zählen, wie oft Menschen voller Panik zu mir gekommen sind, weil sie irgendeinen Punkt in ihrem Horoskop falsch gedeutet hatten. Wenn wir unserem Horoskop oder irgendetwas bzw. irgendjemandem zu viel Macht geben, büßen wir unsere Handlungsfähigkeit ein. Betrachte dein Horoskop lieber mit der Neugier, die Zuversicht und unabhängiges Denken dir verleihen.

2. Ich verspreche, niemals die Weisheit zu unterschätzen, die in meinem Geburtshoroskop liegt.

Wenn du dich selbst und dein Leben besser verstehst, dann wirst du auch ein besseres Verständnis für dein Horoskop entwickeln. Achte darauf, keine voreiligen Schlüsse über die Bedeutung deiner Sternenmatrix zu ziehen.

Mit unserer Entwicklung wächst auch die Fähigkeit, an den schwierigen Aspekten unseres Lebens zu arbeiten. Wir investieren Zeit und Energie, damit wir geschickt und intelligent auf das reagieren können, was uns wehtut. Wenn du um deine Heilung bemüht bist, wirst du die schwierigeren Aspekte deines Horoskops und deines Lebens zu schätzen lernen. Was anfangs schlimm aussieht, entwickelt sich häufig zu einer wahren Goldmine an Möglichkeiten, wenn wir bereit sind, uns davon verwandeln zu lassen.

3. Ich verspreche, immer Raum für Lernen, Vergessen und erneutes Lernen zu lassen.

Ganz egal, was du aus deinem Horoskop herausliest, du hast stets die Möglichkeit zu wachsen, zu heilen, dich zu verändern und weiterzuentwickeln. Kein astrologisches Zeichen kann dir diese Kraft je nehmen. Ob dein Horoskop dich nun vor leichte oder schwere Herausforderungen stellt, wir alle haben die Aufgabe zu wachsen. Und nur du kannst entscheiden, in welche Richtung.

Wie du am besten mit diesem Buch arbeitest

Wenn du anfängst, dich mit Astrologie zu beschäftigen, nimm dir Zeit, das Gelernte zu verdauen. Schreib dir Dinge auf, die dich besonders ansprechen. Leg das Buch ruhig mal eine Zeit beiseite, damit sich alles setzen kann. Spinne die Gedanken träumend weiter. Sprich deine Erkenntnisse in der Therapie an. Erzähl Freunden davon oder deinen Mentoren/Mentorinnen. Dieses Buch ist ein Rahmen, der dir sowohl als Anleitung als auch als Arbeitsbuch dienen will. Daher folgen nach jedem größeren Lernschritt Fragen, die du beantworten kannst, um dein Verständnis zu vertiefen. Ich werde mein Möglichstes tun, um dich auf dieser Reise zur Selbstentdeckung zu begleiten. Wir werden uns mit grundlegenden Begriffsbestimmungen beschäftigen, um tiefergehende Einsichten in die Gesamtheit deines Geburtshoroskops zu entwickeln.

Dieses Buch ist also eine Art Abenteuerfahrt, bei der du bestimmst, wohin die Reise geht. Wir werden uns eingehend mit Sonnenzeichen, Mond, Aszendent und Aszendentenherrscher beschäftigen. Blättere ruhig vor, bis du bei deinen spezifischen Daten ankommst. Mach dir Notizen. Arbeite mit den Vertiefungsfragen und Affirmationen, die dir hilfreich erscheinen. Greif immer wieder auf das Buch zurück, wenn du das Gefühl hast, jetzt neue Informationen über dein Geburtshoroskop brauchen zu können. Wenn du die Erlaubnis dazu hast, kannst du mithilfe des Buches auch an Horoskopen von anderen arbeiten. Es ist deine Reise. Dein Abenteuer. Ich bin nur ein Mensch unter vielen, die dir dabei Führung anbieten.

Ich werde im Buch immer wieder die Horoskope der Literaturwissenschaftlerin und Dichterin Dr. Maya Angelou und der Malerin Frida Kahlo heranziehen. Beide haben enormen Einfluss auf Kultur, Kunst und ihr jeweiliges Handwerk genommen. Ich habe mich für diese zwei Frauen entschieden, weil sie viele Menschen – mich eingeschlossen – tief beeindruckt haben und weil wir – ein praktischer Aspekt – bei beiden eine gesicherte Geburtszeit haben. Außerdem können wir sicher sein, dass beide ihr Leben voll gelebt haben, bevor sie diese Erde verließen. Wir sind also nicht auf Ratespiele angewiesen, die auf ungelebtes künftiges Potenzial verweisen. Beide Horoskope finden sich auch noch mal im Anhang (Seite 292f.).

CHECKLISTE FÜRS LESEN

Bevor du weitermachst, solltest du folgende Dinge zur Hand haben:

- *dein Geburtshoroskop*
- *Bleistift, Papier und farbige Marker*
- *dein Tagebuch*
- *Wasser und Snacks*

Bau dir einen Horoskop-Altar

Altare sind Orte, an denen wir ganz bewusst Raum für Augenblicke schaffen, die uns wichtig sind. Sie müssen nicht religiös oder spirituell sein, wenn dich das nicht so anspricht. Dein Altar sollte deine Bedürfnisse, deinen Stil, deine Kultur und deine ganz persönliche Herangehensweise widerspiegeln, um dir Raum für psychische und emotionale Heilung zu bieten.

Wenn du magst, kannst du dir also für unsere gemeinsame Arbeit einen Altar errichten, um deiner Erfahrung Ausdruck zu verleihen und deine Reise zu feiern. Gestalte deinen Altar danach, welchen Teil deines Horoskops du gerade mit Leben erfüllst. Auf meiner Website findest du weitere Infos über Planeten, Zeichen und so weiter. Welche Eigenschaften haben sie? Welche Farben, Geschmacksrichtungen, Gerüche, Kräuter, Nahrungsmittel, Metalle und Mineralstoffe gehören in ihr Reich? Auf diese Weise erwirbst du tiefere Einsicht in ihre Natur und die verschiedenen Möglichkeiten, in denen sich ihre Energie für dich zeigt.

Der Aufbau des Altars sollte damit beginnen, dass du zunächst einen sauberen, leeren Platz wählst, der idealerweise nach Osten ausgerichtet ist. Die Umgebung sollte so neutral wie möglich sein. Egal ob du einen Tisch, eine Anrichte oder ein Regalbrett für deinen Altar verwendest, achte darauf, dass der Altar immer an derselben Stelle bleibt. Das hat den Vorteil, dass du dich schon körperlich und seelisch auf seine Bedeutung einstellst, wenn du in seine Nähe kommst. So stößt du den Heilprozess an.

Gestalte deinen Altar so aufwendig bzw. schlicht, wie es dir richtig scheint. Eine Kerze, eine Blume und eine klar formulierte Absicht sind für den Anfang genug. Wenn du mehr über deine Sonne, deinen Mond und den Aszendentenherrscher weißt, kannst du Dinge auf deinen Altar legen, die diese Punkte deines Horoskops symbolisieren. Auf diese Weise erweist du ihnen besondere Ehre und lernst sie auch besser kennen.

II

DIE GRUNDLAGEN

Beginnen wir mit den Grundlagen der Astrologie. In deinem Geburtshoroskop gibt es Planeten, Tierkreiszeichen, Häuser und Aspekte. Zu verstehen, was sie bedeuten und wie sie zusammenspielen, ist die Voraussetzung für alles Weitere.

DAS WER: die Planeten

Die Astrologie beschreibt die Planeten als das »Wer« in unserem Geburtshoroskop. Sie sind die unterschiedlichen Figuren im Spiel unseres Lebens. Manche von ihnen scheinen nur darauf aus zu sein, uns Steine in den Weg zu legen und jeden unserer Pläne zu vereiteln, während andere den Verlauf unserer Geschichte stets helfend vorantreiben. So stellen unter anderem Saturn und Mars uns oft erst einmal auf die Probe, ehe sie uns ihre Gaben gewähren. Jupiter und Venus dagegen schütten ihr Füllhorn des Glücks und der Liebe über uns aus, ohne eine Gegenleistung zu verlangen. Wie jede Figur in einem Theaterstück ist jeder Planet wichtig und unverzichtbar. Ist einer zu dominant, werden andere in den Hintergrund gedrängt. Wir brauchen aber alle Akteure, um die ganze Geschichte erzählen zu können. Die Planeten besitzen charakteristische Eigenschaften, die auf körperlicher Ebene, im Leben und in unseren Beziehungen wirken.

Die traditionellen Planeten und ihre Rollen

☿ **Merkur** – der Bote

♀ **Venus** – die Liebende

♂ **Mars** – der Kämpfer

♃ **Jupiter** – der Weise

♄ **Saturn** – der Lehrmeister

Die modernen Planeten und ihre Rollen

♅ **Uranus** – der Revolutionär

♆ **Neptun** – der Träumer

♇ **Pluto** – der Wandler

DAS WIE: die Tierkreiszeichen

Jedes Tierkreiszeichen hat seine eigene Funktionsweise, seinen unverkennbaren Ausdruck. Die Aktivität jedes Planeten in deinem Geburtshoroskop wird durch die Eigenart des Zeichens geprägt, in dem er steht. Steht zum Beispiel Mars, der Planet von Mut, Elan und Begehren, im Widder, ist er handlungsbetont und reagiert schnell. In der Jungfrau ist er von geradezu rabiater Gründlichkeit. In den Fischen sucht er nach den großen Fluchten und spiritueller Nahrung. Mars ist der Arbeiter, der eine Sache zu erledigen hat – aber wie er das macht, hängt ganz von seinem Zeichen ab.

Die Tierkreiszeichen und ihre Ausdrucksweise

♈ **Widder** – unabhängig, handlungsbetont

♉ **Stier** – stabilisierend, geerdet

♊ **Zwilling** – kommunikativ, wissbegierig

♋ **Krebs** – einfühlsam, fürsorglich

♌ **Löwe** – selbstdarstellend, kreativ

♍ **Jungfrau** – kritisch, nachdenklich

♎ **Waage** – sozial, liebenswürdig

♏ **Skorpion** – leidenschaftlich, tiefschürfend

♐ **Schütze** – experimentierfreudig, positiv

♑ **Steinbock** – ausdauernd, zurückhaltend

♒ **Wassermann** – intellektuell, einsichtsvoll

♓ **Fische** – intuitiv, schöpferisch

Modalitäten und Elemente

Alle Tierkreiszeichen werden nach Modalitäten und Elementen eingeteilt. Es gibt drei Modalitäten (kardinal, fix und veränderlich) sowie vier Elemente (Feuer, Erde, Wasser und Luft).

Modalitäten

Die Modalität (Dynamik) eines Zeichens verrät uns, worin seine Hauptaufgabe besteht. Mit den Kardinalzeichen beginnt ein neuer Abschnitt. Die fixen Zeichen stabilisieren diesen, während die veränderlichen Zeichen ihn ausklingen lassen und eine neue Phase vorbereiten. Deswegen gleichen sich keine zwei Feuer-, Erd-, Luft- oder Wasserzeichen in ihrer Wirkungsweise.

Die Kardinalzeichen

♈ **Widder** – initiiert Handlung

♋ **Krebs** – initiiert emotionale Verbundenheit und Gefühle

♎ **Waage** – initiiert Beziehungen

♑ **Steinbock** – initiiert langfristige Pläne

Die fixen Zeichen

♉ **Stier** – nutzt die Kraft der materiellen Welt

♌ **Löwe** – nutzt seine Ausdruckskraft

♏ **Skorpion** – nutzt die Kraft seiner Leidenschaft

♒ **Wassermann** – nutzt die Kraft seines Intellekts

Die veränderlichen Zeichen

♊ **Zwilling** – vermittelt Information

♍ **Jungfrau** – vermittelt Fertigkeiten

♐ **Schütze** – vermittelt Begeisterung

♓ **Fische** – vermittelt Träume und Visionen

Elemente

Die Astrologie kennt vier Elemente: Feuer, Erde, Luft und Wasser. Jedes dieser Elemente hat sein eigenes Temperament. Das Element, zu dem ein bestimmtes Zeichen gehört, verrät dir, ob bei seinen Aktivitäten Inspiration (Feuer), praktisches Denken (Erde), Kommunikation (Luft) oder das Gefühl (Wasser) im Vordergrund stehen.

Feuerzeichen

Qualitäten: Spontan. Enthusiastisch. Inspiriert. Selbstdarstellung. Intuitiv.

♈ **Widder** ergreift die Initiative (kardinal) und zeigt so seinen Mut und die Fähigkeit, aus seiner eigenen Inspiration (Feuer) heraus zu handeln.

♌ **Löwe** festigt (fix) ein warmherziges, unterhaltsames Auftreten in der Hoffnung, so Aufmerksamkeit zu erregen und seinen kreativen Selbstausdruck (Feuer) bestätigt zu bekommen.

♐ **Schütze** sucht nach grenzenloser Bewegung (veränderlich) und Freiheit, um etwas Bedeutsames zu finden, das seinen Lebenssinn auf fröhliche, positive Weise erhellt (Feuer).

Erdzeichen

Qualitäten: Erdend. Stabilisierend. Manifestierend. Fruchtbar. Fleißig.

♉ **Stier** entwickelt Sicherheit, indem er seine Ressourcen zusammenhält (fix) und sie zu fruchtbarem (Erde) Terrain macht, das ihm Fülle und Überschuss liefert.

♍ **Jungfrau** verlangt es nach einer Vielzahl (veränderlich) von Fertigkeiten (Erde), um damit dem Leben zu dienen. In der Vervollkommnung ihrer Fähigkeiten findet die Jungfrau ihren Sinn.

♑ **Steinbock** gibt den Anstoß (kardinal) zu diszipliniertem Handeln, um bedeutsame Leistungen zu vollbringen. Seine Fähigkeit, mit den Mitteln (Erde) zu arbeiten, die ihm zur Verfügung stehen, lässt den Steinbock die nötige Selbstbeschränkung entwickeln, die es braucht, um jeden Berg zu bezwingen.

Luftzeichen

Qualitäten: Intellektuell. Konzentriert auf Ideen und Fakten. Kann gut kommunizieren.

♊ **Zwilling** verbreitet (veränderlich) Informationen (Luft). Knüpft vielfältige Kontakte durch intellektuell stimulierenden Austausch, aus dem neue Ideen und Beziehungen hervorgehen.

♎ **Waage** stiftet (kardinal) Beziehungen (Luft) und strebt nach Ausgleich, Harmonie und Gerechtigkeit.

♒ **Wassermann** formuliert (Luft) seine gut durchdachten Ideen und Visionen auf selbstsichere Weise (fix).

Wasserzeichen

Qualitäten: Intuitiv. Gefühlvoll. Offen für Eindrücke. Sensibel. Empfänglich.

♋ **Krebs** initiiert (kardinal) familiäre Bande durch Fürsorge (Wasser).

♏ **Skorpion** durchdringt (fix) die geheimen und geheimnisvollen (Wasser) Aspekte des Lebens.

♓ **Fische** sind in ihrer Offenheit gegenüber ihrer Umgebung beeindruckbar (veränderlich) und mit vielen in Mitgefühl (Wasser) verbunden.

Heimvorteil, Spitzenpositionen und ein schwieriges Umfeld

Jeder der zuvor aufgezählten Planeten hat zwei Zeichen, in denen er sich zu Hause fühlt, zwei Zeichen, in denen ihm nicht so wohl ist, ein Zeichen, in dem man ihm Anerkennung zollt, und eines, wo er sich missachtet vorkommt. Zwei Ausnahmen gibt es: Sonne und Mond, bekannt als die beiden »Lichter«, haben in allen Kategorien nur ein Zeichen. Alle übrigen Zeichen sind neutrales Gelände.

- **Domizil** – Das Zeichen, in dem sich ein Planet zu Hause fühlt. Hier haben wir Zugang zu unseren Ressourcen und können aus allen Rohren feuern. Uns ist so richtig wohl in unserer Haut.

- **Exil** – In diesem Zeichen fühlt sich ein Planet unbehaglich. Hier müssen wir doppelt so viel Kraft aufwenden, um unsere Aufgabe zu erledigen. Das ist eine Herausforderung für das innere Wachstum.

- **Erhöhung** – In diesem Zeichen findet ein Planet rundum Anerkennung. Geschenke und Segnungen fallen uns mit geringer Anstrengung zu.

- **Fall** – In diesem Zeichen genießt ein Planet keinerlei Anerkennung. Hier müssen wir uns ordentlich abstrampeln, um auch nur ansatzweise mit anderen gleichziehen zu können. In diesem Kampf ist es sinnvoll, uns unsere Außenseiterposition klarzumachen.

Planet[1]	Domizil	Exil	Erhöhung	Fall
☉ **Sonne**	Löwe	Wassermann	Widder	Waage
☾ **Mond**	Krebs	Steinbock	Stier	Skorpion
☿ **Merkur**	Zwilling/ Jungfrau	Schütze/ Fische	Jungfrau	Fische
♀ **Venus**	Waage/ Stier	Widder/ Skorpion	Fische	Jungfrau
♂ **Mars**	Widder/ Skorpion	Waage/ Stier	Steinbock	Krebs
♃ **Jupiter**	Schütze/ Fische	Zwilling/ Jungfrau	Krebs	Steinbock
♄ **Saturn**	Steinbock/ Wassermann	Krebs/ Löwe	Waage	Widder

DAS WO: die Häuser

Die Häuser sind der Ort in unserem Geburtshoroskop, wo die Planeten untergebracht sind. Betrachten wir die Planeten als die Darsteller und die Zeichen als ihre Ausdrucksweise oder ihre Kostümierung, dann sind die Häuser das Bühnenbild, vor dem ihre Geschichten spielen. Jedes Haus entspricht einem Himmelsabschnitt, wie wir ihn von der Erde aus sehen, und gleichzeitig einem bestimmten Bereich unseres Lebens. Unser Geburtshoro-

---

1 Anmerkung der Übersetzerin: Chani Nicholas arbeitet mit dem System der antiken Astrologie – auch bei der Beurteilung, ob ein Planet im Domizil, in der Erhöhung, im Exil oder im Fall steht. Die modernen Planeten – Uranus, Neptun und Pluto – brauchen sehr lange, um ein Zeichen bzw. ein Haus zu durchqueren, weshalb diese Stellung wenig aussagekräftig ist. Sie werden deshalb nicht als Zeichenherrscher zugeordnet, wie das in anderen Systemen der Fall ist. Das gilt nicht für die Aspekte, die diese Planeten zu anderen markanten Punkten des Horoskops bilden.

skop deckt das ganze Spektrum unserer Existenz ab – von unserer geistigen Gesundheit bis zu unseren Finanzen.

Die zwölf Häuser

- **Erstes Haus** – Selbst, Körper, Erscheinung, Lebenskraft

- **Zweites Haus** – Vermögen, Ressourcen, Lebensunterhalt, Selbstwert

- **Drittes Haus** – Kommunikation, Alltagsleben, Geschwister, erweiterte Familie

- **Viertes Haus** – Eltern, Heim, Herkunft

- **Fünftes Haus** – Sex, Kinder, kreative Projekte, Vergnügungen

- **Sechstes Haus** – Arbeit und Gesundheit

- **Siebtes Haus** – dauerhafte Partnerschaften

- **Achtes Haus** – Tod, geistige Gesundheit, Ressourcen anderer Menschen

- **Neuntes Haus** – Reisen, Erziehung, Veröffentlichungen, Religion, Astrologie, Philosophie

- **Zehntes Haus** – Karriere und öffentliche Stellung

- **Elftes Haus** – Gemeinschaft und glückliche Fügungen

- **Zwölftes Haus** – Geheimnisse, Tabus, Kummer, Verlust

EIN WORT ZUM HÄUSERSYSTEM

Die zwölf Häuser unseres Geburtshoroskops stehen für einzelne Himmelsabschnitte. Wie man diese Aufteilung genau vornimmt, dafür gibt es keine empirisch abgesicherte, »korrekte« Methode. In der Folge sind viele unterschiedliche Häusersysteme entstanden, mit denen Astrologen/Astrologinnen über die Jahrtausende gearbeitet haben. Ich persönlich verwende das äquale Häusersystem (englisch: »Whole Sign House System«), bei dem jedes Haus genau 30 Grad groß ist, weil ich damit die besten Resultate bekomme und es mir am einleuchtendsten erscheint. Beim äqualen Häusersystem fallen Haus und Tierkreiszeichen deckungsgleich zusammen. Liegt zum Beispiel dein Aszendent im Widder, dann ist der Widder zugleich das erste Haus, Stier das zweite, Zwilling das dritte und so weiter. Wenn dir jemand dein Geburtshoroskop mit einem anderen Häusersystem berechnet und interpretiert hat, bietet das äquale System trotzdem einen nützlichen Blick auf dein Horoskop. So wie du dich deinem Leben aus verschiedenen Blickwinkeln nähern kannst, gibt es auch viele verschiedene Perspektiven, aus denen man den Himmel und die Häuser seines Geburtshoroskops betrachten kann. Jedes dieser Häusersysteme schiebt einen Planeten ein bisschen mehr oder ein bisschen weniger in die eine oder in die andere Richtung. Verwende das Häusersystem, das dir am sinnvollsten erscheint, nachdem du dich mit der Logik und dem Prinzip dahinter befasst hast. Schließlich ist es dein Horoskop, und wichtig ist nur, wie du es verstehst und deutest.

Die Häuser in unserem Geburtshoroskop stecken den Rahmen ab, innerhalb dessen bestimmte Dinge geschehen. Hast du zum Beispiel die Sonne im zehnten Haus (Karriere) stehen, dann sind für deinen Selbstausdruck (Sonne) das berufliche Umfeld und die sozialen Rollen, die du einnimmst (zehntes Haus), wichtig. Steht deine Venus im elften Haus (Gemeinschaft), dann verdanken viele glückliche Erfahrungen sich deiner Fähigkeit, gute Beziehungen (Venus) zu anderen aufzubauen.

Jedes Haus, in dem ein Planet steht, markiert einen wichtigen Lebensbereich, den wir verstehen lernen müssen. Und die Häuser, in denen bei dir Sonne, Mond und der Herrscher deines Aszendenten stehen, sind Lebensbereiche von besonderer Tragweite, zu denen du eine Beziehung entwickeln, die du ausleben und erfahren musst. Diese Planeten fungieren als Wegmarken für unser Leben und unseren Lebenssinn. Je besser die Beziehung ist, die wir zu diesen Planeten und ihren Häusern aufbauen, desto leichter fällt es uns, uns selbst zu verstehen und voll und ganz anzunehmen.

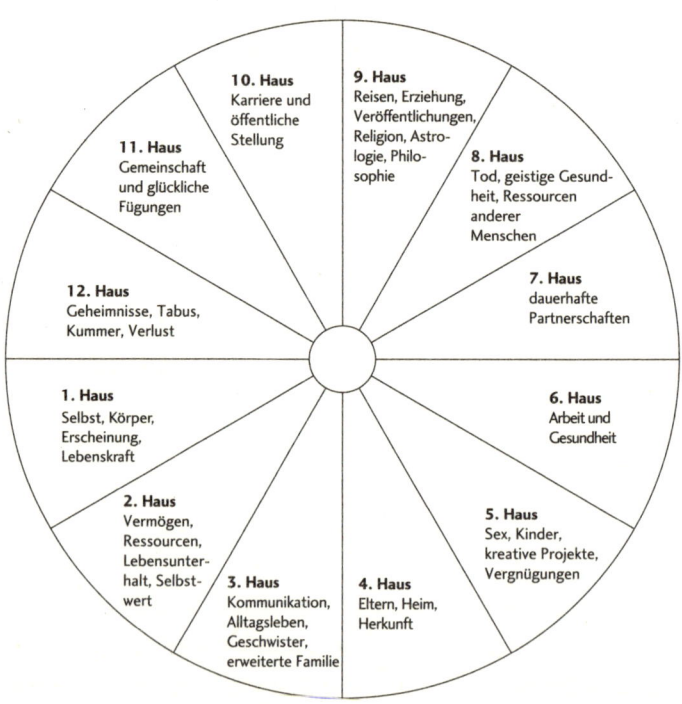

BEZIEHUNGSKISTE: die Aspekte

Unter »Aspekten« versteht man die Beziehungen, in denen zwei oder mehr Planeten bzw. Punkte deines Geburtshoroskops zueinander stehen. Und wie das mit Beziehungen so ist, sind manche unkompliziert und konstruktiv, während andere problematisch sind und uns vielleicht sogar runterziehen. Wir können die Aspekte in drei Gruppen einteilen: Geschenke, Herausforderungen und Zusammenschlüsse.

Steht beispielsweise Mars in einem herausfordernden Aspekt zu einem anderen Planeten in deinem Horoskop, dann wird er sehr wahrscheinlich Bedingungen schaffen, die sich hitzig anfühlen und zu Gereiztheit, Ärger und Wutausbrüchen führen, da Hitze eine der Begleiterscheinungen des Mars ist. Steht Jupiter in einem förderlichen Aspekt zu einem anderen Planeten in deinem Horoskop, dann schafft das Umstände, die sich positiv anfühlen und dir das Gefühl von Fülle und Glück geben – alles Eigenschaften, für die Jupiter bekannt ist.

Wenn wir die Aspekte unseres Horoskops in Verbindung zu unseren positiven wie negativen Lebenserfahrungen bringen, dann entwickeln wir Mitgefühl mit uns und unseren Kämpfen und lernen, die Denk- und Verhaltensmuster, mit denen wir uns selbst sabotieren, allmählich abzustellen. Das ist der Punkt, an dem die Astrologie den Weg zu Selbstverwirklichung und radikaler Selbstakzeptanz betritt.

Die Geschenke

Es gibt zwei Aspekte (Beziehungen), die zur Gruppe der Geschenke zählen: Sextile und Trigone. Beide schütten ihre Gaben, ihre Segnungen und ihren Schutz über die Planeten aus, mit denen sie in

Verbindung stehen. Sie sind wie die gute Fee oder die Lieblingstante, die uns ihre Liebe schenkt, uns Mut macht und Geld zusteckt.

• **Sextile** – verbinden Planeten, die zwei Zeichen voneinander entfernt sind: eines in einem Erdzeichen, das andere im Wasserzeichen; oder eines im Luftzeichen und das andere im Feuerzeichen. Ihr Abstand beträgt 60 Grad.

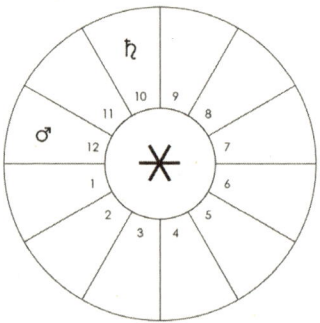

Planeten in Häusern mit einem Abstand von 60 Grad bilden ein Sextil.

• **Trigone** – verbinden Planeten, die vier Zeichen voneinander entfernt sind, also im gleichen Element stehen. So können zwei oder mehr Planeten in unterschiedlichen Feuerzeichen stehen. Ihr Abstand beträgt 120 Grad.

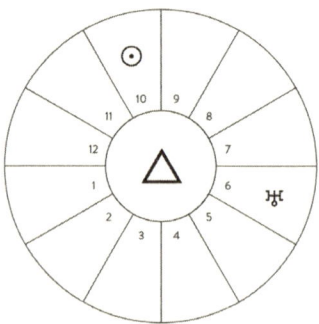

Planeten in Häusern mit einem Abstand von 120 Grad bilden ein Trigon.

Sextile wirken subtiler als Trigone, aber sie sind beide positiv. Man kann sich auf sie verlassen, wenn das Leben schwierig wird, wie auf Freunde, wenn du in der Patsche sitzt, einen guten Rat brauchst oder dich irgendwie verloren fühlst. Das Sextil ist der charakteristische Aspekt der Venus, deshalb wirken Sextile mit Beteiligung der Venus am stärksten. Dasselbe gilt für Trigone mit Jupiterbeteiligung, da das Trigon der charakteristische Aspekt des Jupiters ist.

Die Herausforderungen

Es gibt zwei Arten von Aspekten, die eine Herausforderung darstellen: Quadrat und Opposition. Beide sind auf ihre ganz eigene Art fordernd. Meist verlangen sie eine besondere Anstrengung von uns. Quadrate signalisieren Reibungsstellen, die uns zum Handeln anregen. Manchmal kann die Reibung auch schmerzen wie eine Abschürfung. Die Opposition hingegen ist wie ein Tauziehen und verlangt von uns, dass wir zwischen zwei Polen vermitteln, Gegensätze ausgleichen und ein tieferes Verständnis dafür erwerben, was wir auf die Welt projizieren und was wir für uns beanspruchen müssen.

Es gibt allerdings auch Ausnahmen von der Regel: Quadrate und Oppositionen zu Venus und Jupiter sind nicht »schlecht«. Diese Planeten haben niemals eine negative Auswirkung, uns können allerdings jene Dinge schwerer fallen, die ihrer Natur entsprechen.

- **Quadrat** – Planeten, die drei
  Zeichen voneinander entfernt
  sind, stehen im Quadrat zueinander, z.B. einer im Stier, der andere
  im Löwen. Ihr Abstand beträgt
  90 Grad.

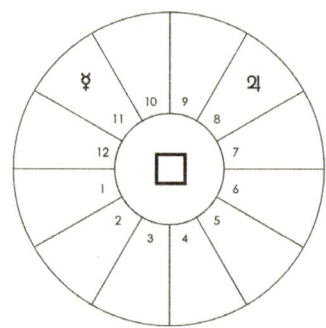

*Planeten in Häusern mit einem Abstand von
90 Grad bilden ein Quadrat.*

- **Opposition** – Planeten, die sechs Zeichen voneinander entfernt
  sind (also in einander gegenüberliegenden Zeichen stehen), z.B.
  einer in Schütze, der andere in Zwilling. Das entspricht einem
  180-Grad-Abstand.

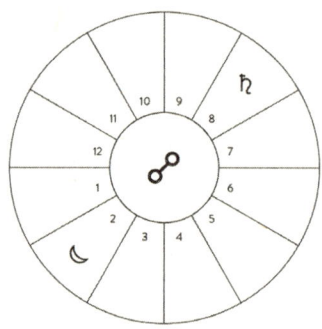

*Planeten in Häusern mit einem Abstand von 180 Grad
stehen in Opposition zueinander.*

Ein Quadrat, an dem der Mars beteiligt ist, gilt als einer der
schwierigsten Aspekte, denn das Quadrat ist charakteristisch für
den Mars. Die Opposition ist charakteristisch für Saturn, daher
gilt auch diese Zusammenstellung als fordernd. Doch auch wenn
Quadrate und Oppositionen Hindernisse schaffen, lässt unsere
Fähigkeit, sie zu überwinden, uns wachsen, sodass wir uns unse-

rem Lebenssinn immer weiter nähern. Ohne diese Herausforderung hätten wir vielleicht gar keine Gelegenheit, unsere Talente einzusetzen.

Der Zusammenschluss

Zu Zusammenschlüssen, sogenannten Konjunktionen, kommt es, wenn zwei Planeten im selben Zeichen stehen. Konjunktion heißt, dass man seine Energien zusammenlegt, dass sie miteinander verschmelzen. Je näher die Planeten zueinander stehen, desto stärker die Auswirkung des Aspekts. Konjunktionen mit Venus oder Jupiter tragen positiv dazu bei, dass man sich mit anderen gut versteht (Venus) und Fülle schafft (Jupiter). Konjunktionen mit Mars und Saturn sind eine Herausforderung, weil sie von uns verlangen, rigorose Disziplin (Saturn) zu entwickeln, um unsere Ziele zu erreichen, oder Möglichkeiten zu finden, um unseren Ärger in ein angemessenes und positives Handeln (Mars) zu überführen. Konjunktionen zwischen den »Lichtern« Sonne und Mond und den anderen Planeten werden wir später noch ausführlicher behandeln (vgl. Seite 108ff. und 169ff.).

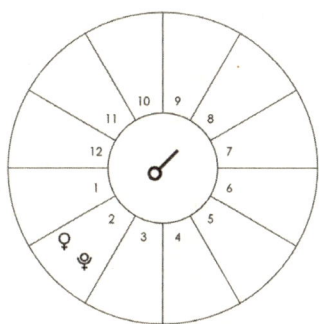

Planeten im selben Zeichen stehen in Konjunktion miteinander.

KURZ GESAGT: Regeln

Solange uns all diese Informationen nicht in Fleisch und Blut übergegangen sind, ist es nützlich, die Regeln immer mal wieder zu wiederholen. Sonst verliert eine archetypische Sprache wie die Astrologie leicht ihre begriffliche Schärfe und wird zu einem Mischmasch von Zusammenhängen, die letztlich die Bedeutung eher verhüllen als klären. Im Anhang (ab Seite 284) habe ich dir »Spickzettel« zusammengestellt, auf denen du die wichtigsten Infos schnell findest. Zur Erinnerung:

- WER: Planeten sind die Darsteller unseres Horoskops.

- WIE: Tierkreiszeichen bestimmen den Stil und Charakter, mit dem die Planeten in unserem Horoskop auftreten.

- WO: Die Häuser zeigen dir, in welchen Lebensbereichen die Planeten ihre Geschichte erzählen oder ihr Drama ausleben.

- Die Aspekte sagen dir, welche Planeten für dich eine Herausforderung darstellen, wo deine Gaben liegen und wo sie als Einheit agieren (ob nun harmonisch oder nicht).

- Jeder Planet steht in einem Tierkreiszeichen und einem Haus.

- Jeder von uns hat alle Planeten, alle Tierkreiszeichen und alle Häuser in seinem Horoskop, möglicherweise aber nicht alle Aspekte. Es gibt auch Planeten in deiner Sternenmatrix, die keinerlei Beziehung zu anderen Planeten haben.

III

DEINE SONNE

Dein Lebenszweck

Jeden Morgen geht die Sonne triumphierend am östlichen Horizont auf. Wiedergeboren nach einer langen Nacht, in der sie durch die Unterwelt reiste, ruft sie uns auf, es ihr gleichzutun. Dankbar zu sein. Unsere Rituale durchzuführen. Uns dem Dienst am anderen zu widmen. Das menschliche Leben beginnt in der Dunkelheit des Mutterleibs, aber sobald es den Ort seiner Empfängnis verlassen hat, ist es auf eine verlässliche Quelle von Licht und Wärme angewiesen. Die Sonne in deinem Geburtshoroskop ist deine Lebenskraft. Daher steht sie für deinen Lebenszweck. Vermutlich ist dies auch der Grund, warum die Zeitschriftenastrologie dein Sonnenzeichen so sehr in den Mittelpunkt stellt.

Astrologie ist eine Weisheitstradition, die auf Naturbeobachtung beruht, die Planeten in unserem Horoskop stehen in Beziehung zu Elementen der Natur. Würde die Sonne nicht Wärme und Licht schicken, gäbe es zum Beispiel kein Leben auf der Erde. Alles, was dieselben Merkmale besitzt wie sie, hängt mit der

Sonne zusammen. Sie scheint hell und klar, ist erfüllt von Licht.
Gold ist ihr Metall und ihre Farbe. Das Herz, der Mittelpunkt
unseres Körpers, ist das Organ, über das sie herrscht. Wenn wir
uns klarmachen, wie die Sonne auf alles wirkt, was das Sonnen-
licht in der Natur alles gedeihen lässt, wird Astrologie sofort
greifbarer. Sie ist nicht irgendwo da draußen, sie beginnt unmittelbar in unserer Umgebung. Genau hier.

Wenn die Sonne in deinem Horoskop gut steht, verleiht sie dir
ein grenzenloses, produktives, großzügiges, mutiges, hochherzi-
ges und strahlendes Selbstwertgefühl. Hat die Sonne einen eher
schwierigen Stand, kann sie sich nicht voll ausleben. Wie an einem stürmischen Tag können Wolken das Licht und die Wärme
deines Sonnenstandes verdunkeln.

Für mich, die ich einen fordernden Aspekt zwischen Sonne
und Saturn habe, heißt das, dass die Depression häufig das letzte
Wort hat, wenn ich mir selbst überlassen bin. Wenn ich nicht
bewusst an diesem Aspekt arbeite, verfalle ich schnell in Frustra-
tion und Verzweiflung. Meine Frau wiederum, die keine herausfordernden Aspekte zwischen Sonne und jenen Planeten hat, die
traditionell als schwierig betrachtet werden (Saturn und Mars),
stattdessen aber einen günstigen Aspekt von der Sonne auf Jupiter, den Planeten des Optimismus, findet stets Mittel und Wege,
solchen Tendenzen bei mir auf aktive und positive Weise gegen-
zusteuern. Ich bin unglaublich dankbar für die Unterstützung,
die ihr Geburtshoroskop und ihr Herz in unser Leben bringen.
Ich kann dir nur dringend raten, dich mit Menschen zu umgeben, die dich emotional, psychologisch und astrologisch ausgleichen.

Die Sonne tritt uns im Horoskop in drei verschiedenen Bereichen gegenüber, die du kennen solltest, bevor du deinen Lebenszweck erkundest:

1. das Tierkreiszeichen, in dem sie steht (wie du strahlen kannst)

2. das Haus, in dem sie steht (der Lebensbereich, in dem du strahlst)

3. die Planeten, die Aspekte zu deiner Sonne bilden (wer dein Strahlen beeinflusst)

DER BLICK IN DEIN HOROSKOP

FINDE DEINE SONNE

Suche in deinem Geburtshoroskop nach diesem Zeichen: ☉
Das ist deine Sonne.

In welchem Tierkreiszeichen steht deine Sonne?
Meine Sonne steht im Zeichen _____.

In welchem Haus steht deine Sonne?
Meine Sonne steht im _____ **Haus.**

ASPEKTE ZU DEINER SONNE

Hast du dir dein Horoskop auf meiner Website (www.Chani Nicholas.com) berechnen lassen, siehst du, welche Planeten Aspekte zu deiner Sonne bilden. Es kann auch sein, dass deine Sonne keinerlei Aspekte mit anderen Planeten bildet. Wir werden uns später damit beschäftigen, was die verschiedenen Aspekte bedeuten. Halte sie für den Moment einfach nur schriftlich fest.

Die Planeten, die im gleichen Zeichen wie meine Sonne stehen, sind: _____.

Die Planeten, die im 120-Grad-Abstand (Trigon, d.h. vier Zeichen auseinander) zu meiner Sonne stehen, sind:

_____.

Die Planeten, die im 60-Grad-Abstand (Sextil, d.h. zwei Zeichen auseinander) zur Sonne stehen, sind:

_____.

Die Planeten, die im 90-Grad-Abstand (Quadrat, d.h. drei Zeichen auseinander) zur Sonne stehen, sind:

_____.

Die Planeten, die meiner Sonne gegenüberstehen, sind:

_____.

Merkpunkte zu deiner Sonne

- Deine Sonne ist deine Lebenskraft, deine Identität, dein Lebenszweck.

- Das Tierkreiszeichen, in dem sie steht, signalisiert die Art deines Strahlens.

- Das Haus, in dem sie steht, sagt dir, in welchem Lebensbereich du strahlen wirst.

- Planeten, die Aspekte zu deiner Sonne bilden, unterstützen entweder dein Strahlen und deinen Lebenszweck oder fordern dich heraus.

DEIN SONNENZEICHEN
Wie strahlst du?

In welchem Tierkreiszeichen steht deine Sonne?

Das Sonnenzeichen steht für die Art und Weise, wie wir unseren Lebenszweck verfolgen. Da die Sonne für unser essenzielles Selbst steht, sagt uns das Tierkreiszeichen, in dem sie sich befindet, wie und womit wir strahlen. Steht sie beispielsweise im Wassermann, wird sich ihr Strahlen darin äußern, dass sie ihrem Umfeld einen logischen, wohldurchdachten Modus zum Verständnis der Welt liefert, ein System, eine geistige Struktur. In der Waage strahlt sie in ihrer Beziehung zu anderen Menschen. Und im Löwen konzentriert die Sonne sich auf das hellstmögliche Strahlen, einzig, um ihre Brillanz mit der Welt zu teilen. Doch nicht jedes Tierkreiszeichen liebt Aufmerksamkeit, Lob oder Applaus. Das stellt manche Sonnenzeichen vor eine schwierige Aufgabe, denn die Sonne ist ein durch und durch ungenierter Selbstdarsteller.

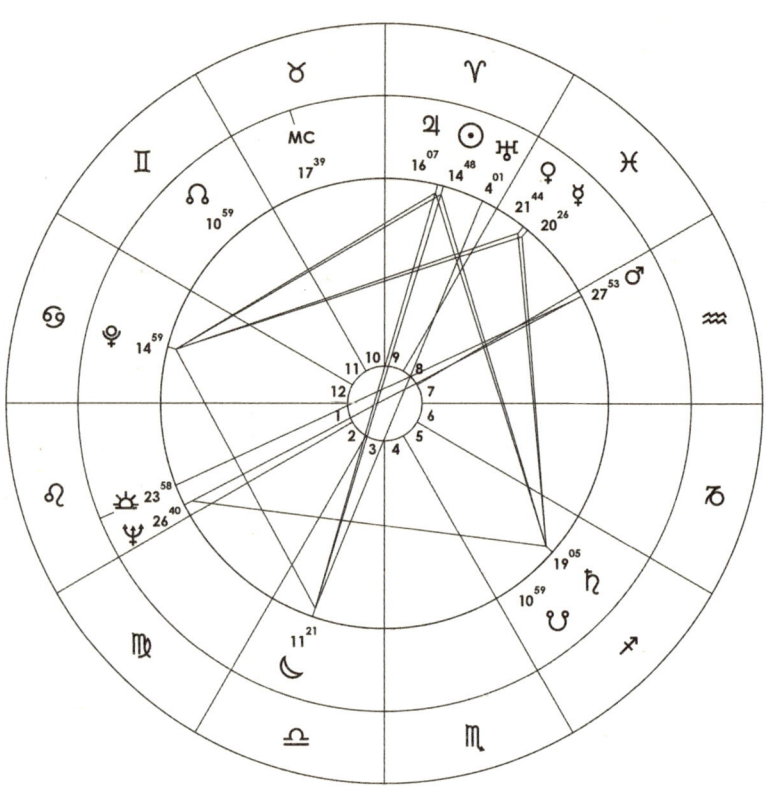

GEBURTSHOROSKOP VON DR. MAYA ANGELOU

Geburtsdatum und -zeit: 4. April 1928, um 14:10 Uhr
Geburtsort: St. Louis, Missouri, USA

Maya Angelou hatte ihre Sonne im Widder. In dieser Position strahlt die Sonne, indem sie ihrer Individualität offen Ausdruck verleiht, sie gedeiht, wenn sie Grenzen überschreitet, die die Kultur ihr aufzuerlegen sucht. Maya Angelou war eine der ersten Schwarzen, die in San Francisco als Straßenbahnschaffnerin arbeitete. Damals war sie gerade mal sechzehn. Anfangs verweigerte man ihr die Anstellung, aber Maya Angelous Mutter empfahl ihr, täglich zur Behörde zu gehen und ihre Einstellung zu fordern. »Ich saß zwei Wochen lang dort (vor dem Büro), jeden einzelnen Tag. Dann, nach zwei Wochen, kam ein Mann aus dem Büro und sagte: ›Komm mal her‹. Und er fragte mich: ›Warum willst du diesen Job?‹ Ich sagte: ›Ich mag Uniformen‹. Und: ›Ich mag Menschen‹. Und so bekam ich den Job.«[2] Und das war keineswegs das einzige Mal, dass sie die Grenzen des rassistischen amerikanischen Weiße-Männer-Patriarchats herausforderte. Dr. Angelou verbrachte ihr Leben damit, genau das zu tun, was andere für unmöglich erklärten.

 Jetzt beginnt dein Abenteuer. Blättere vor zu deinem Sonnenzeichen.

Die Sonne im Widder

♈ ☉

Die Sonne ist im Kardinal-Feuerzeichen Widder »erhöht«. Das bedeutet, sie hat volles Selbstbewusstsein. Deswegen hast du nicht unbedingt ein Leben ohne Schwierigkeiten und freie Bahn zu Ansehen und Ruhm. Aber deine Sonne verspricht dir eine Kraftquelle, auf die du dich in der Not stets verlassen kannst. Sie ist stark. Voller Energie. Unabhängig.

Auf der nördlichen Halbkugel markiert die Sonne beim Eintritt in das Zeichen Widder die Frühjahrs-Tagundnachtgleiche, den Beginn des Frühlings. Von diesem Augenblick an nimmt die Sonne ständig an Wärme und Licht zu. Diese Intensität zeigt sich auch bei allen Menschen mit der Sonne im Widder.

---

2 »Maya Angelou Was San Francisco's First Black Streetcar Conductor«, in: Radio WYNC vom 28. Mai 2014.

Das Zeichen Widder wird vom Mars beherrscht und will daher Kampfkraft unter Beweis stellen. Steht deine Sonne im Widder, zeigst du vollen Einsatz, wenn dir etwas am Herzen liegt. Als kardinales Feuerzeichen steht der Widder für Anfänge und energisches Handeln. Er befeuert jeden Planeten, der in diesem Zeichen steht.

Das astrologische Symbol steht für den Widder als Tier. Auch dieser signalisiert Erneuerung, unter anderem, weil sein Fell nachwächst, wenn man ihn schert. Der Widder als Zeichen fühlt sich, als könne nichts und niemand ihn aufhalten, als sei er jedem Hindernis gewachsen. Der Widder weicht nicht zurück. Er braucht Stress, um die Dinge interessant zu finden.

Wenn deine Sonne im Widder steht, ist es wahrscheinlich, dass du dich beweisen willst – durch mutiges, tapferes und entschiedenes Handeln. Dieser Impuls kann aber auch zum Selbstzweck werden, wenn es dir nur darum geht, recht zu behalten. Nicht jede Begegnung mit anderen ist ein Duell. Der Sonne im Widder erscheint allerdings mancher Konflikt einfach zu verlockend. Wird die Sonne im Widder verzerrt, kann sie zu einer penetranten, aufdringlichen, aggressiven, arroganten und streitsüchtigen Persönlichkeit führen. Ist dies dein Sonnenzeichen, wirst du vermutlich von einer Prise Selbstreflexion profitieren, die dir eine überlegte Reaktion garantiert.

👁 Affirmationen für die Widdersonne

- Ich akzeptiere meine Energie und ihre Kraft, indem ich an dem arbeite, was mich frei macht.

- Ich bin nicht allein. Wenn ich Hilfe brauche, denke ich daran, mich mit Freunden in Verbindung zu setzen, mit Lehrern/Lehrerinnen, älteren Menschen, unterstützenden Netzwerken – und mit einer Energie, die größer ist als ich selbst.

✍ Fragen zur Selbstreflexion

- Was tust du, wenn du dich auf dem Höhepunkt deiner Energie fühlst?

- Welche Kämpfe sind dir so wichtig, dass du sie wirklich führen willst?

- Wie kannst du deine Fähigkeit, mutig auf die Welt zuzugehen, einsetzen, um deinen Lebenszweck zu verwirklichen? Du musst noch nicht verstehen, wie beides aktuell in deinem Leben zusammenhängt, aber hast du den aufrichtigen Wunsch, es zu tun?

Die Sonne im Stier

Die Sonne im fixen Erdzeichen Stier strahlt, wenn sie stabilisierend wirkt, etwas verstetigt und mit den Ressourcen, die ihr zur Verfügung stehen, etwas aufbaut. Der Stier nimmt die rauschende, überströmende und unverfälschte Energie des Lebens und schafft daraus sein Werk. Formt aus ihr ein Meisterstück. Bestellt die Felder seines Potenzials mit seiner außergewöhnlichen Fähigkeit, etwas ins Leben zu rufen.

Die Magie des Stiers mag langsam wirken, aber sie ist auf eine eigensinnige Weise stark. Stiere lassen sich nicht drängeln, zwingen oder antreiben. Die Natur hat es nicht eilig, und das gilt auch für dieses gehörnte Tier.

Das Symbol des Tierkreiszeichens Stier sind die Hörner des Bullen. Sie stehen für Fruchtbarkeit. Da der Stier domestiziert und für die Landwirtschaft eingesetzt wurde, stehen die Hörner dieses wunderschönen Tieres auch für den zunehmenden Mond, für die große Göttin, die Schöpferin, die Leben schenkt. Mit den Eileitern kann man das Bild der Hörner ebenfalls assoziieren, aber die Energie des Stiers ist auch schöpferisch, ohne Kinder zu zeugen. Das Zeichen wird von Venus beherrscht, der Göttin der Liebe und Verbundenheit. So ist dem Zeichen eine ganz eigene natürliche Fruchtbarkeit inne.

Als fixes Erdzeichen ist der Stier Dreh- und Angelpunkt und versammelt alle um sich, die ihn brauchen. Wenn dein Sonnenzeichen Stier ist, dann schöpfst du vermutlich neue Energie, wenn du großzügig, erfinderisch und entspannt bist. Niemand kann sich so perfekt locker machen wie der Stier.

Er liebt alles, was gut schmeckt, bequem oder luxuriös ist und folglich die Sinne erfreut. Die Sonne im Stier weiß, wie sie irdische Freuden genießt. Sie ist auf der Welt, um ein Leben voller Vergnügen und Produktivität aufzubauen und dieses zu genießen.

Ist diese Energie verzerrt, wird der Stier kontrollsüchtig, besitzergreifend, stur und viel zu sehr auf Beständigkeit bedacht. Die Sonne im Stier verschanzt sich gerne hinter Gewissheiten. Sie neigt zur Unnachgiebigkeit, Rechthaberei und Streitsucht. Da die Kräfte deiner Sonne auf Stabilität aus sind, fällt es dir schwer, Risiken einzugehen oder einen Kurswechsel einzuleiten – und sei es nur, mitten im Film aufzustehen und das Kino zu verlassen. Du verfängst dich leicht in deinen Plänen, Gewohnheiten und fixen Vorstellungen vom Leben. Für die Sonne im Stier besteht die Herausforderung vor allem darin zu lernen, wie du deinen Wunsch nach Beständigkeit mit dem Bedürfnis nach nötigen Risiken ausbalancieren kannst, damit du dich persönlich weiterentwickelst.

👁 Affirmationen für die Stiersonne

- Es ist in Ordnung, wenn ich meine Meinung ändere.

- Ich bin ebenso der Liebe und Unterstützung würdig wie die Menschen, denen ich Liebe und Unterstützung gebe.

📝 Fragen zur Selbstreflexion

- In welchem Bereich deines Lebens glaubst du, gut im Aufbauen, Stabilisieren und Erschaffen zu sein?

- In welchem Bereich deines Lebens neigst du zu Sturheit und Unbeweglichkeit?

- Wo steht deine Fähigkeit, etwas sowohl Dauerhaftes als auch Großes zu schaffen in Verbindung mit deinem Lebenszweck? Wenn du diesbezüglich noch keine Idee hast, dann überlege dir: Bei welchem Thema klingelt es bei dir, sodass du dir vorstellen kannst, etwas in dieser Art könnte dir Freude und Befriedigung schenken?

Die Sonne im Zwilling

♊ ☉

In diesem veränderlichen Luftzeichen, das im intellektuellen Austausch Information und Wissen verbreitet, ist die Sonne nie um einen sinnvollen Redebeitrag verlegen.

Veränderliche Zeichen haben vielfältige Interessen. Im Luftzeichen Zwilling, das vom Götterboten Merkur beherrscht wird, sind diese meist intellektueller Natur. Die wissbegierige Zwillingsonne ist ständig auf der Suche nach interessanten Gesprächsthemen, mit denen sie glänzen kann. Widersprüche, Dualismen und Paradoxe gehören zu ihrem Naturell, sie will immer alle Facetten ergründen, jedes Thema von allen Seiten betrachten. Als Zwilling schwirrst du von Gedanken zu Gedanken, ohne dich je einer Idee gänzlich zu verschreiben.

Das Symbol für das Tierkreiszeichen Zwilling ist die römische Zwei – ein Hinweis auf die duale Natur des Zeichens und die ihm eigene Sehnsucht nach Wandel. Wie der Wind, der in alle möglichen Richtungen bläst, bist du überall und nirgends zur gleichen Zeit. Deine Sonne wird sich stets so bewegen, dass sie die Gesetze von Raum und Zeit auszuhebeln scheint. Nach innen und außen gleichzeitig. Nachdenklich und ansprechbar, introvertiert und extrovertiert zugleich ist der Zwilling das Sinnbild des Widerspruchs.

Sein Herrscher Merkur ist der Archetyp des Magiers, und so erscheint auch der Zwilling in vielerlei Gestalt. Auch wenn du dich in sozialen Zusammenhängen wohlfühlst, wirst du dein Innenleben vermutlich nur solchen Menschen offenbaren, denen du tatsächlich vertraust. Und umgekehrt. Die Sonne im Zwilling kann heißen, dass du zum Gestaltwandler wirst, der seine Erscheinungsform nach Belieben verändern kann. Dabei besteht die Gefahr, dass du den Kontakt zu deinem Innersten verlierst.

In verzerrter Form kann die Sonne im Zwilling unbeständig werden. Sie lässt sich dann allzu leicht ablenken, neigt zum Klatsch und erscheint aalglatt. Luftzeichen, die man nicht im Zaume hält, verbreiten Gerüchte nahezu mit Lichtgeschwindigkeit. Daher sollte der Zwilling seinen Wunsch nach konstantem Informationsfluss mit Diskretion und Integrität paaren. Wenn du das Gefühl hast, deine Wurzeln zu verlieren, brauchst du vielleicht Zeit, um dich zu erden und zu zentrieren. Versuch, dich auch in Beziehungen zu solchen Menschen zurechtzufinden, die du nicht mit deiner Fähigkeit, fantastische Geschichten zum Besten zu geben, bezaubern, narren oder faszinieren kannst.

👁 Affirmationen für die Zwillingsonne

- Ich habe und brauche nicht alle Antworten, um dorthin zu kommen, wo ich hinmöchte.

- Ich vertraue darauf, dass ich alle notwendigen Informationen bekommen werde, wenn ich sie brauche.

🖊 Fragen zur Selbstreflexion

- Welche Art von Informationen teilst du am liebsten mit anderen?

- In welchem Lebensbereich bist du Lehrer*in? In welchem Lebensbereich bist du Schüler*in?

- In welchem deiner Lebensbereiche hast du das Gefühl, dass der Austausch von Ideen deinem Lebenszweck nahekommt?

Die Sonne im Krebs

In diesem kardinalen Wasserzeichen werden wir in das Reich der Gefühle eingeführt. Hier schenkt die Sonne eine erstaunlich kraftvolle emotionale Stärke. Wie das Tier, das diesem Zeichen seinen Namen gab, bewegt sich der Krebs immer seitwärts, möglichst weg vom Ort der Konfrontation. Schwankend wie die Gezeiten, die ihn wiegen, kann er, wenn er in die Enge getrieben wird, trotzdem zum Angriff übergehen und alles in die Zange nehmen, was er erwischt.

Im Krebs begegnen wir dem schöpferischen Wasser der Uranfänge, das unsere gesamte menschliche Geschichte und jedes

Gefühl, das wir mit ihm verbinden, prägt. Die Sonne im Krebs fungiert also als eine Art Erinnerungsspeicher. Mit diesem Sonnenzeichen gehörst du zu den tiefen Wassern. Der Krebs gilt als das fürsorglichste, liebevollste Zeichen des Tierkreises. Wenn du jemanden liebst, lässt du daran keinen Zweifel.

Deine Sonne strahlt, wenn du Beziehungen zu anderen Menschen knüpfst. Wasserzeichen sind stets nachdenklich. Der Krebs wird vom Mond beherrscht, seine Aufgabe ist es, das Licht der anderen widerzuspiegeln. Wie Eltern oder Pfleger*innen spürst du, was andere hören oder wissen wollen und was sie zur Unterstützung brauchen. Deine Sonne im Krebs will Räume schaffen, in denen enge Bindungen entstehen können. Sie hat keine Angst vor tiefen emotionalen Erfahrungen. Doch die Sonne in diesem Wasserzeichen macht es mitunter nötig, sich von den emotionalen Rückständen zu reinigen, die sie unbewusst aufnimmt. Alte Konflikte können dein Gewässer vergiften. Wenn du regelmäßig dafür sorgst, dass dein psychisches System therapeutisch geflutet wird, bleibst du vital und gesund.

Die Sonne im Krebs erkennt intuitiv die Bedürfnisse anderer und erfüllt sie gerne. Der Krebs merkt sich lange, wenn man ihn gekränkt hat. Andererseits kennt er auch das Lieblingsrestaurant und den Lieblingsfilm des oder der Liebsten. Er erinnert sich sogar noch an die Lehrer*innen aus der Schule.

Der Krebs ist so wandelbar wie der Mond, der ihn beherrscht. In verzerrter Form neigt er zu einer launischen, melancholischen Persönlichkeit, die immer auf dem Rückzug ist und am liebsten der Vergangenheit nachhängt. Die Krebssonne pendelt zwischen Märtyrertum und Reizbarkeit hin und her, wenn sie stets für andere sorgt und nichts zurückbekommt.

Als Krebs entwickelt man mitunter eine zu harte Schale. Das ist zwar ein guter Schutz für die weiche Bauchregion, kann aber in die Selbstisolation führen. Mit der Sonne in diesem Zeichen ist es wichtig, dass du Mittel und Wege findest, den Grad deiner Verwundbarkeit zu erkennen und gesunde Grenzen zu setzen. Diese werden dir helfen, das Leben zusammen mit anderen chaotischen, liebevollen und wandelbaren Menschen zu leben.

👁 Affirmationen für die Krebssonne

- Die Sorge für andere ist meine größte Stärke.

- Gefühle sind keine Fakten, aber sie tragen in sich den Kern der Wahrheit, die ich entdecken möchte.

📝 Fragen zur Selbstreflexion

- Wo wird nach deinem Gefühl deine emotionale Stärke am meisten geschätzt und sinnvoll eingesetzt?

- Wer darf sich um dich kümmern?

- Hat es etwas mit deinem Lebenszweck zu tun, wenn du emotionale Bande entwickelst oder anderen hilfst, ihre Gefühle zu entdecken? Wenn nicht: Kennt man dich als Menschen, der sich in der Welt der Gefühle auskennt? Ist dies ein wichtiger Part deiner Identität? Wie beeinflusst dies die Menschen um dich herum?

Die Sonne im Löwen

♌ ☉

Auf der nördlichen Erdhalbkugel, wo dieses astrologische System entstanden ist, entfaltet die Sonne im Juli und August ihre stärkste Kraft. Daher ist die Sonne Herrscherin über das Zeichen, das die meiste Hitze bringt: des Löwen. Dort ist sie in ihrem Domizil, dort steht ihr Thron, dort fächert sie ihre volle Majestät auf.

Die Sonne im Löwen hat Zugriff auf all ihre Ressourcen, Talente und ihren Glanz. Mit diesem fixen Sonnenzeichen sollst du hell lodern. Selbstvertrauen, Ansehen und Herz zählen zu den positiven Aspekten. Hier kann die Sonne ohne Scham glänzen. Majestätisch, prächtig und unerschrocken ist sie diejenige, die uns allen Wärme und Licht schenkt. Die Sonne im Löwen will feiern und gefeiert werden.

Königlich, wie sie ist, braucht die Löwensonne etwas, das sie beherrschen kann. Nicht jeder Mensch, der unter dem Zeichen des Löwen geboren ist, wird zum Anführer. Aber es ist deine zentrale Aufgabe im Leben, eine Möglichkeit zu finden, deine Lebenskraft zu verströmen und dafür Beifall zu erhalten.

Die Menschen fühlen sich vom Licht angezogen. Dem Löwen ist das klar, und er weiß damit umzugehen. Er ist der archetypische Performer, der Spaßvogel, der mit seiner Wärme und seiner Ausstrahlung alle Herzen stiehlt. Leidenschaft, Liebe, Drama, Verspieltheit, Edelmut, Romantik, Tapferkeit und Selbstdarstellung sind typische Merkmale der Sonne im Löwen.

Ein ungeliebter Löwe hingegen kann gefährlich werden. Ist diese Sonne verzerrt, wird sie zum Egomanen, der über andere herrschen will und sich nur selbst sieht. Ohne die richtige Bühne kann diese Sonne zur verbitterten, gebrochenen Kreatur werden, deren spielerische Natur vom Anspruchsdenken überschattet wird. Wenn sie jedoch herausfindet, wo ihr Charisma und ihr Charme am sinnvollsten wirken, wird die Selbstgerechtigkeit im Keim erstickt. Gebrauche deine Persönlichkeit als Mittel, jene Aufgabe zu erledigen, die dir in dieser Welt zukommt. Dann wird die Sonne im Löwen dir große Befriedigung bescheren.

👁 Affirmationen für die Löwensonne

- Ich darf den Applaus genießen, den ich bekomme.

- Ich würdige meine Energie, indem ich Wege finde, sie auf jenen Bühnen freudig auszudrücken, die sich dafür am besten eignen.

📝 Fragen zur Selbstreflexion

- Wo im Leben hast du das Gefühl, dass man dir Beifall zollt, dich anerkennt und dich für deine Gaben schätzt?

- Tadelst du dich dafür, dass du Applaus und die Wertschätzung anderer brauchst? Wenn ja, warum?

- Glaubst du, dass deine kreative Energie und dein Selbstausdruck, deine Art zu glänzen, mit deinem Lebenszweck verbunden sind? Selbst wenn du noch überlegst, wie deine Art zu strahlen aussehen könnte: Fühlt es sich für dich richtig und wichtig an, deine kreative Energie zu diesem Zweck einzusetzen?

Die Sonne in der Jungfrau

In diesem veränderlichen Erdzeichen, das sich erworbenes Wissen zu eigen macht, strahlt die Sonne durch eine Persönlichkeit hindurch, die stolz darauf ist, sich nie mit einem »gut genug« zufriedenzugeben.

Du ruhst dich nie auf deinen Lorbeeren aus. Vermutlich fühlst du dich innerlich gestärkt, wenn du deine Zeit, Energie und Anstrengung darauf verwendest, jene Fähigkeiten zu entwickeln und zu vervollkommnen, die du für dein Werk einsetzen möchtest. Die Jungfrausonne ist stets damit beschäftigt, die einzelnen Aspekte ihrer Gaben zu verfeinern und zu schärfen.

Da die Sonne in der Jungfrau ein sehr ernsthaftes Naturell hat, konzentriert sie sich ganz auf ihre Arbeit und hasst es, wenn man sie dabei stört. Natürlich können hier auch andere astrologische Faktoren wirksam werden, aber im Allgemeinen wirst du dich am wohlsten fühlen, wenn du effizient an etwas arbeiten kannst, das dir viel bedeutet. Erdzeichen leuchten, wenn sie Dinge erledigen können, ein greifbares Resultat erzielen und sich praktisch engagieren können. Wenigstens beruhigt sich die Jungfrau schnell, wenn sie an der Arbeit ist und Resultate sieht.

Die anspruchsvolle Natur der Jungfrau hört häufig auf die Stimme ihres inneren Kritikers. Die Sonne in der Jungfrau kann lernen, mit den inneren Dämonen des Perfektionismus umzugehen, wenn sie ihre Aufmerksamkeit darauf richtet, einer Sache zu dienen, die sie als heilig empfindet. Der Planetenherrscher der Jungfrau ist der Merkur. Das heißt, dass der Geist ständig von einem Thema zum nächsten springt. Im Falle der Jungfrau kann das heißen, dass sie einen Fehler nach dem anderen aufspürt.

Nicht jeder Mensch mit einer Jungfrausonne ist introvertiert, im Allgemeinen aber neigen Menschen mit diesem Zeichen dazu, ihr Gewahrsein auf ihr Innenleben zu richten. Es ist die Aufgabe der Jungfrau herauszufinden, auf welche Reserven du dich stützen kannst, welche wiederum sparsam eingesetzt und welche dringend aufgetankt werden müssen. Die gereizten Nerven der Jungfrau lassen sich oft durch Putzen und Aufräumen beruhigen. Diese täglichen, profanen Rituale können für dich zu Initiationsriten werden. Dinge in Ordnung zu bringen trägt dazu bei, dass deine geistigen, körperlichen und emotionalen Energien wieder in Fluss kommen.

Die Jungfrau ist der Archetyp eines Menschen, der sich selbst genügt. Sie ist die Hohepriesterin, daher hat die Sonne in der

Jungfrau ein intuitives Verständnis für naturgemäßes Heilen. Da die Jungfrau ein klares Gespür für Heilungsprozesse hat, verlangt die Sonne in diesem Zeichen, dass du deine Energie auf jene Dinge lenkst, die Problem und Lösung gleichzeitig klären, verdeutlichen und auf den Punkt bringen.

Ist die Sonne in der Jungfrau verzerrt, verschwendest du deine Energie darauf, überkritisch zu sein, an Details herumzukritteln und deine eigenen Anstrengungen zu unterlaufen, weil du unbedingt alles hundertprozentig richtig machen möchtest. So sieht die Jungfrau manchmal den Wald vor lauter Bäumen nicht. Sie weiß die Liebe nicht zu schätzen, weil sie angeblich nicht richtig erklärt wird. Und ihr entgeht die Schönheit des Augenblicks, weil sie sich einzig darauf stürzt, wie die Dinge eigentlich sein sollten. Die Sonne in der Jungfrau erfordert, dass du alle Wege erkundest, auf denen du deine Energie, dein Wissen und deine Bemühungen so ausrichtest, dass du dich nützlich fühlst, denn genau das wird dir guttun.

👁 Affirmationen für die Jungfrausonne

- Ich vergebe mir selbst. Ich mag mich, eben weil ich menschlich bin.

- Die höchste Vollkommenheit, die ich erreichen kann, ist die Hingabe an meine Entwicklung.

📝 Fragen zur Selbstreflexion

- Wo hindert dein innerer Kritiker dich, aktiv zu werden, Dinge zu schaffen, mit anderen zusammenzuarbeiten oder einfach in deinem Leben präsent zu sein?

- Was willst du unbedingt perfekt machen? Wo ist dir dieser Wunsch dienlich? Und wo hält er dich davon ab, ein Projekt zu beenden?

- Hast du das Gefühl, deine Ansprüche verbinden sich mit deinem Lebenszweck? Wo in deinem Leben dient dir deine klare Sicht am besten? Wo in deinem Leben hilft dir deine Fähigkeit, Heilprozesse zu verstehen, deine Berufung zu entdecken?

Die Sonne in der Waage

♎ ☉

Dieses Luftzeichen strebt nach Gleichgewicht zwischen dem Selbst und seiner Umwelt. Zwischen Form und Klang. Textur und Schattierung. Die Sonne in der Waage ist der liebenswürdige Künstler, der mit allen zurechtkommt. Ein Friedensstifter, der persönliche Probleme löst. Der Diplomat, der sich engagiert für Dinge einsetzt. Als Kardinalzeichen, das von der Venus beherrscht wird, steht die Waage für den Schritt in die Beziehung und für ästhetische Partnerschaften.

Die Sonne in der Waage strahlt, wenn sie fair sein kann, gemessen und stets bereit, dem anderen auf halbem Weg entgegenzukommen. Sie weiß immer, wie es ihrem Gegenüber geht, was es braucht oder warum es schlecht drauf ist. Du strahlst, wenn du zu anderen in Beziehung trittst und ihnen in schwierigen Zeiten das Leben leichter machst. Die Sonne in der Waage lindert Leid, indem sie instinktiv das Gleichgewicht wiederherstellt.

Die Sonne in der Waage bedeutet, dass du auf der Welt bist, um diplomatisch, fair und ausgeglichen zu sein. Offen für alle Seiten. Da die Waage so viel Wert darauf legt, von anderen geschätzt zu werden, steht das Zeichen im Fall im Gegensatz zu dem, was die Sonne eigentlich bedeutet. Denn schließlich ist die Sonne da, um sich auszudrücken, ganz egal, wie die Folgen aussehen mögen.

Wenn die Sonne in einem Zeichen steht, das auf die Meinung anderer Wert legt und unbedingt friedliche Beziehungen zu ihnen pflegen möchte, kann dies deine Fähigkeit, mutig du selbst zu sein, beeinträchtigen. Auf deine ureigenste Weise zu strahlen fällt dann schwer.

Die Sonne in der Waage zuckt selbst bei der geringsten Ungerechtigkeit oder Unfairness zusammen. Das führt mitunter dazu, dass du deine eigenen Bedürfnisse nicht erfüllen kannst. Verlierst du dich häufig, weil du für Gerechtigkeit kämpfst?

Die Sonne in der Waage macht dich zu einem Magneten für andere Menschen. Mit deinem unbekümmerten Naturell ziehst du andere an, sie haben dich einfach gerne um sich. Ist die Sonne in der Waage verzerrt, kommt es zu Unentschiedenheit. Dann verbiegst du dich, um anderen zu gefallen, wirst eitel und verlierst an Kontur, weil du Angst hast, dich um andere kümmern zu müssen.

Die Sonne in der Waage bringt strahlende Gaben mit sich: Gleichgewicht, Harmonie und Gerechtigkeit. Aber es ist auch wichtig zu lernen, dass es absolut in Ordnung ist, wenn du dich für deine eigenen Bedürfnisse einsetzt.

⊗ Affirmationen für die Waagesonne

- Uneinigkeit ist die Wurzel weiteren Wachstums.

- Letztlich kann ich nur mir selbst gefallen, also fange ich jetzt damit an.

✎ Fragen zur Selbstreflexion

- In welchem Lebensbereich kannst du Uneinigkeit, Ungleichgewicht und Disharmonie zulassen?

- Mit welcher Kraft verbindest du dich, wenn du dich auf ästhetische Weise authentisch fühlst?

- Hast du das Gefühl, dass deine Fähigkeit, Schönes zu schaffen, Beziehungen anzuknüpfen und Harmonie zu wahren, dich in deinem Lebenszweck unterstützt? In welchem Lebensbereich denkst du, dass die Beziehungen, die du geknüpft hast, eine Brücke bilden, auf der du zu deinem Lebenszweck voranschreiten kannst?

Die Sonne im Skorpion

♏ ☉

Die Sonne in diesem fixen Wasserzeichen erstrahlt in geheimnisvoll anziehendem Glanz. Ein fixes Wasserzeichen fließt nicht munter dahin, reicht aber weit in die Tiefe. Es birgt Geheimnisse und Schätze. Es hält seine Energie zusammen wie im Poker, wenn man eine gute Hand hat. Dieses Zeichen kannst du nicht täuschen. Es weiß meist über unsere Beweggründe Bescheid, bevor wir selbst das tun.

Das Zeichen Skorpion wird vom Mars regiert. Daher vermag es alle Panzerungen zu durchschauen, die die Wahrheit verbergen sollen. Die Sonne im Skorpion strahlt durch eine Persönlichkeit hindurch, die mühelos in emotionale, psychische und übersinnliche Reiche vordringt. Du willst das Geheimnis hinter dem Geheimnis kennen. Die Sonne im Skorpion hat etwas von einem unbewegten Eisberg. Ihre Tiefe lässt sich nicht auf den ersten Blick erahnen. Sie fühlt sich wohler, wenn sie nicht alle Aspekte ihrer Kräfte offenbart, bis ihr Gegenüber zufällig darauf stößt. Da in ihnen die emotionalen Erinnerungen eines ganzen Lebens gespeichert sind, können die eisigen Wasser des Skorpions, sollten sie plötzlich auftauen, uns alle hinwegschwemmen.

Durch die fixe Natur dieses Zeichens kann dich mit der Sonne im Skorpion nichts so leicht umwerfen. Deine Kraft liegt darin, dass du deine Energie zu konzentrieren weißt. Du gewinnst vielleicht nicht immer auf Anhieb, aber du bleibst länger im Spiel als alle anderen. Deine Skorpionsonne ist nicht impulsiv, sie verhält sich immer strategisch, weil dies ihr innerster Antrieb ist. Diese Art von Stärke schenkt dir eine Resilienz, die anderen mitunter unheimlich ist. Der Skorpion scheut nicht zurück vor dem Schaurigen, dem Schwierigen, dem Katastrophalen. Die Sonne im Skorpion weiß: Mit der gesamten Bandbreite der Lebenserfahrung in Verbindung zu stehen – auch mit dem Tod – hat eine unglaublich regenerierende Kraft. Und genau darum geht es im Leben.

Symbolisiert wird dieses Zeichen durch den Skorpion. Skorpione lauern auf ihre Beute. Sie gehen nicht auf die Jagd. Sie rennen nicht jeder sich bietenden Chance hinterher. Sie vergeuden ihre Zeit nicht mit Dingen, deren sie nicht sicher sein können. Sobald sie aber etwas ins Auge gefasst haben, nehmen sie alles auf sich, um es zu bekommen – sei es Schmerz, Angst oder auch Langeweile.

👁 Affirmationen für die Skorpionsonne

- Ich vertraue meinem Bauchgefühl. Seine Botschaften sind ein Geschenk.

- Meine persönlichen Wandlungen sind ein natürlicher Teil des Lebens.

📝 Fragen zur Selbstreflexion

- Brauchst du persönliche Wandlungsprozesse, um dich lebendig zu fühlen? Was waren deine intensivsten Transformationserfahrungen?

- Wenn du nichts hast, was du dein Eigen nennst, neigst du dann dazu, deine äußeren Lebensumstände zu kontrollieren? Wo zeigt sich das in deinem Leben?

- Denkst du, dass deine Fähigkeit, deine Macht zu zeigen und einzusetzen, Geheimnisse zu bewahren, Neues zu erkunden und Dinge zu tun, die einen Wandel bewirken, deinen Lebenszweck fördert? Wenn sich das bisher in deinem Leben noch nicht gezeigt hat, kannst du mit der Idee etwas anfangen?

Die Sonne im Schützen

Die Sonne in diesem veränderlichen Feuerzeichen weiß, wie sie die Welt durchstreift. Der Schütze ist stets auf der Suche. Die Sonne in diesem Zeichen bringt eine philosophische, selbstsichere und optimistische Persönlichkeit. Du bist bereit, das Leben in all seinen Facetten zu erkunden. Da dein Sonnenzeichen vom Jupiter beherrscht wird, ist Teil deines Lebenszwecks, dass du bei allem, was du tust, sämtliche Register ziehst. Und vermutlich willst du alles wenigstens einmal gemacht haben.

Wenn die Sonne im Schützen etwas gut findet, dann will sie möglichst viel davon haben. Der Schütze fühlt sich nur wohl, wenn er galoppierend neue Horizonte erobert. Dabei setzt dieses überschwängliche Feuerzeichen auf Glauben und enorme Mengen Wissen. Jupiter ist der Planet der Weisheit. Er steht für Lehrer*innen, Gelehrte und Priester*innen aller Art. Hier taucht die Sonne ganz in diese Archetypen ein und drückt sich durch deren Persönlichkeit aus.

Das Symbol des Schützen zeigt den Kentauren, der mit Pfeil und Bogen auf die Wahrheit zielt. Die Sonne im Schützen ist dieser Pfeil, der in den Raum abgefeuert wird, um die endgültige Antwort auf die tiefsten Fragen des Lebens zu finden, immer auf der Suche nach dem, was zu glauben sich lohnt, um damit alle Menschen zu ermutigen und ihnen Auftrieb zu geben.

Wie alle veränderlichen Zeichen ist der Schütze zwiegespalten. Halb Mensch, halb Pferd – die Sonne im Schützen zielt dahin und dorthin, dieses Feuerzeichen braucht immer mehrere Projekte gleichzeitig. Das kann dazu führen, dass es dir schwerfällt, dich für etwas zu entscheiden. Andererseits hast du damit genug Energie, um dich nicht auf eine Sache allein beschränken zu müssen. Feuerzeichen haben ohnehin ein besonderes Gespür für Gelegenheiten. Und sie brauchen den Raum und die Unabhängigkeit, um auf ihre Intuition zu reagieren.

Die Sonne im Schützen kann unüberlegt und unsensibel handeln. Als Feuerzeichen hast du den innigen Drang, aktiv zu werden. Das lässt mitunter wenig Zeit, um zu überlegen, wie das eigene Handeln sich auf andere auswirkt. Gerät dieses Feuerzeichen aus der Balance, besteht die Gefahr der Selbstüberschätzung. Der Zeichenherrscher Jupiter neigt selbst zur Übertreibung, daher gerät der Schütze häufig in Schwierigkeiten. Er meint es gut, aber nichtsdestotrotz macht er Ärger. Wer die Sonne im Schützen hat, muss jene Wege finden, die die seinen sind. Wenn er auf diesen vorwärtsstürmt, wird er andere inspirieren, es ihm gleichzutun.

☸ Affirmationen für die Schützesonne

- Ich halte inne, um zu überlegen, woran ich gerade vorbeijage.

- Mein inniger Glaube schafft mein Glück.

✍ Fragen zur Selbstreflexion

- In welchem Lebensbereich fühlst du dich frei, deinem eigenen Rhythmus zu gehorchen? Wo neigst du zur Überforderung? Und warum?

- Sagen die Leute dir häufig, dass du sie inspirierst? Woran liegt das deiner Meinung nach?

- Hast du den Eindruck, dass deine Fähigkeit, Optimismus, Glauben und Weisheit auszudrücken, deinem Lebenszweck dient? Wenn ja, wie? Führt deine Fähigkeit, Lösungen zu finden und dafür deine unerschöpfliche Energie einzusetzen, dich zum Ausleben deines Lebenszwecks?

Die Sonne im Steinbock

♑ ☉

In diesem kardinalen Erdzeichen findet die Sonne Wege, deine Ressourcen praktisch einzusetzen. Den erdverbundenen Steinbock interessiert nur, was ihm hilft, seinen ganz persönlichen Gipfel zu erreichen. Er will, dass alles funktioniert. Was hierfür nicht dienlich ist, juckt ihn nicht weiter. Hier erwirbt sich die Sonne den Ruf, sehr leistungsfähig zu sein.

Die Sonne im Steinbock strahlt, wenn sie pragmatisch vorgeht. Dieser Pragmatismus entsteht aus dem kreativen Umgang mit dem, was dir zur Verfügung steht. Dazu musst du die Kunst der Selbstbeschränkung beherrschen. Kein Zeichen weiß besser als der Steinbock, was es braucht, um langfristig erfolgreich zu sein.

Der Steinbock wird vom Saturn regiert. Dieser ist der langsamste Planet unter den »alten« Planeten, er weiß das Geschenk der Zeit zu schätzen. Es braucht viele Monde, bis ein Jahr vorüber ist, und beide – Steinbock und Saturn – können sich ihre Energie einteilen.

Meist fühlt sich die Sonne im Steinbock wohler, wenn sie ein wenig Zeit übrig hat, denn im Grunde gehört sie zu den Silberfüchsen, die ihre Zeit geduldig abwarten. »Mit dem Alter besser werden« – das ist genau die richtige Maxime für dieses Zeichen.

Das Maskottchen des Steinbocks ist der antike »Ziegenfisch« – wie der Name schon sagt, halb Ziege, halb Fisch. Das bedeutet, dass du jeden Berg erklimmen und in jede Meerestiefe eintauchen kannst. Deine Sonne ist also nicht nur vom Erklettern der Höhen fasziniert. Sie taucht auch gerne in die Wasser der Schöpfung ein. Der Steinbock zeigt nach außen hin keine Emotionen. Er bestimmt selbst, in welcher Form er sich auf Gefühle einlässt. Steinböcke sind ja auch eher einzelgängerische Geschöpfe.

Da der Saturn über dieses Zeichen herrscht, ist der Steinbock geschickt im Setzen von Grenzen. Selbstgenügsamkeit ist seine Parole, seine Überlebenstaktik. Deine Regeln solltest du ernst nehmen – und deine Mitmenschen sollten das auch tun, vor allem, wenn sie etwas von dir wollen. Denn selbst wenn andere deine Grenzen nicht gleich erkennen, werden sie es merken, wenn sie eine davon überschritten haben.

In verzerrter Form kann die Sonne im Steinbock zu rigiden Verhaltensweisen führen. Dann wird der Steinbock übermäßig skeptisch, kritisch und mitunter auch ruppig. Die Sonne im Steinbock hält sich – wie der Saturn auch – gerne fern vom Gewühl. Das kann zur Folge haben, dass du dich nicht gerne mit anderen zusammentust, solange es dafür keinen triftigen Grund gibt. Du strebst nicht nach Wertschätzung von außen, sondern hältst dich an deinen eigenen Ehrenkodex. Wenn du trotzdem lernst, dich für die Chancen des Lebens zu öffnen, kannst du auch mal die Früchte deiner Arbeit genießen, statt ständig nur das Feld zu bestellen.

👁 Affirmationen für die Steinbocksonne

- Es liegt in meiner Verantwortung, Liebe, Freude und Vergnügen genauso hoch zu schätzen wie meine Arbeit in der Welt.

- Ich akzeptiere mein Bedürfnis nach Einsamkeit.

✍ Fragen zur Selbstreflexion

- Welcher Teil deiner selbst leidet oder bekommt nicht genug Aufmerksamkeit, damit du die Dinge erreichst, die dir am wichtigsten sind? Ist das wirklich nötig?

- Für was oder wen fühlst du dich am meisten verantwortlich?

- Glaubst du, dass deine Fähigkeit, deine kreative Energie auszuleben, indem du beständig, verantwortungsvoll, zurückhaltend und zuverlässig bist, deinem Lebenszweck dient? Und wenn du dafür noch keinen Weg gefunden hast: Hört sich das für dich gut an?

Die Sonne im Wassermann

♒ ☉

In diesem fixen Luftzeichen drückt deine Sonne ihr Wesen aus, indem sie deine Energie auf intellektuelle Errungenschaften lenkt. Die Sonne im Wassermann hilft dir, eine Persönlichkeit zu entwickeln, die Beifall findet, weil sie es versteht, Systeme zu ersinnen und zu verbessern, die für alle funktionieren. Die Sonne in einem Luftzeichen drückt sich immer durch Intellekt, Kommunikation und die Fähigkeit zum Gedankenaustausch aus. Der Wassermann wird allerdings traditionell dem Saturn zugeordnet, was bedeutet, dass er wenig distanziert ist. Cool. Und er weiß gut, wie man Grenzen setzt. Der Planet mit dem Bauchring hat seine eigene Art, sich den Raum zu verschaffen, den er braucht.

Das Symbol des Wassermanns deutet auf den Wasserträger hin, der seine Wohltaten der Menschheit zukommen lässt. Hier hat die Sonne die unvergleichliche Gabe, sich unbeirrbar für eine Vision einzusetzen. Der Wassermann ist ein Tierkreiszeichen, das intellektuelle Einsicht fördert. Gelöstheit und Überschwang hebt er sich allerdings auf, bis er die Lage vollkommen durchdrungen hat. Seine Klarheit durchleuchtet die trüben Wasser der Emotionen, damit Probleme gelöst werden können.

Die Sonne steht im Wassermann im Exil, denn Wassermann ist das Zeichen, das ihrem Domizil (Löwe) genau gegenübersteht. Hier muss die Sonne in einem Zeichen arbeiten, das sich auf die Gruppe konzentriert, nicht auf ihre persönlichen Bedürfnisse. Die Sonne im Wassermann fühlt sich im Nachdenken über die Menschheit wohler als im direkten Kontakt mit ihr (außer ein anderer Faktor im Horoskop deutet in diese Richtung). Luftzeichen fühlen sich im Kopf immer wohler als im Herzen. Der Geist ist die größte Stärke des Wassermanns. Wenn der Rest der Persönlichkeit mit der Entwicklung allerdings nicht Schritt halten kann, wird er zur Belastung.

Genau wie im Zeichen ihres Falls (Waage) hat die Sonne auch hier im Exil (Wassermann) zu kämpfen. Sie verliert an Stärke, weil sie sich nicht auf den Selbstausdruck konzentrieren kann. Das soll nun nicht heißen, dass du nicht genauso mächtig oder selbstverliebt sein kannst wie jeder andere. Du konzentrierst dich jedoch darauf, Strukturen zu schaffen, die Gleichberechtigung fördern.

Die Sonne im Wassermann kann auch auf einen Menschen hinweisen, der anders arbeitet als andere. Du bist jedenfalls nicht abhängig von der Aufmerksamkeit anderer, die die Sonne gewöhnlich anstrebt. Deshalb wirkst du manchmal abgehoben und unnahbar.

Es ist für dich nichts Ungewöhnliches, der oder die Klügste im Raum zu sein. Wenn dir das zu wichtig wird, spricht das für eine verzerrte Wassermannsonne. Die Sonne im Wassermann ist manchmal so logisch, dass sie dich dazu verführt, die Botschaften deines Herzens zu überhören. Es kann Wunder wirken, dich mit deinen Gefühlen zu verbinden und sie auszudrücken und dich deinem körperlichen Selbst zuzuwenden. Sobald du die Weisheit spürst, die in diesen Dingen liegt, bist du nicht mehr aufzuhalten.

👁 Affirmationen für die Wassermannsonne

- Meine Gefühle haben ihre eigene Logik.

- Es ist in Ordnung, nicht zu wissen, was man in einer bestimmten Situation tun, sagen oder denken soll.

📝 Fragen zur Selbstreflexion

- In welchem Lebensbereich kommt deine Logik dir am meisten zugute? Wo im Leben behindert es dich, wenn du dich nur auf die Logik verlässt? An welchen Punkten wirst du übermäßig starrsinnig im Denken?

- Was hilft dir, eine Verbindung zu deinem Gefühlsleben zu finden und aufrechtzuerhalten?

- Hast du das Gefühl, dass deine Fähigkeit, Systeme zu durchdringen und zu erneuern bzw. deinen Intellekt unter Beweis zu stellen, dir beim Verwirklichen deines Lebenszwecks hilft?

Die Sonne in den Fischen

In diesem veränderlichen, doppelbödigen Wasserzeichen will die Sonne sich möglichst in alle Richtungen bewegen. Wasser ohne ein Gefäß verläuft in allen Ritzen, die es erreichen kann. Da dein Sonnenzeichen sowohl ein Wasserzeichen als auch veränderlich ist, neigt deine Persönlichkeit dazu, sich von anderen formen zu lassen. Manchmal bist du regelrecht leichtgläubig. Du passt dich schnell an, spiegelst andere wider und neigst zu Illusionen. Die Sonne in diesem Zeichen ermutigt dich, eine Persönlichkeit zu entwickeln, die Einflüsse von so vielen Quellen wie nur möglich aufnimmt. Die Sonne in den Fischen kann gar nicht anders, sie muss sich voll und ganz auf ihr Umfeld einlassen. Deshalb giltst du als mitfühlend, gütig, einfühlsam und friedliebend. Du hast eine Neigung zur Krankenpflege, Heilkunst sowie allen anderen Künsten. Die Sonne in den Fischen versteht es, in der Welt Eindruck zu machen.

Die Fische sind ein höchst fruchtbares Zeichen. Hier kommt die Sonne zum Strahlen, indem sie vielfältig ist. Du fühlst deine Energien wachsen, wenn du so viele Erfahrungen wie nur möglich machst, sowohl innerhalb als auch außerhalb der materiellen Welt. Das soll nun nicht heißen, dass du keine Ruhe brauchst, keine Zeit zum Nachdenken. Wie alle Wasserzeichen muss auch der Fisch die emotionale Energie wieder nachtanken, die er ständig verströmt. Und wie alle veränderlichen Zeichen fühlt sich der Fisch ermüdet, wenn er seine Aufmerksamkeit auf zu viele verschiedene Bereiche richtet.

Das Symbol für dieses Zeichen sind zwei Fische, die in verschiedene Richtungen schwimmen, aber durch ein Band verbunden sind. Dieses Symbol zeigt sehr schön, welches Paradox den Mittelpunkt dieses Zeichens bildet. Wie zwei Menschen, die im selben Boot in zwei verschiedene Richtungen rudern, vergeudet der Fisch viel Energie, weil er im Kreis schwimmt. Der Strudel, der so entsteht, kann ihn durchaus einmal in andere Dimensionen tragen. Aber die Persönlichkeit mit einer Fischesonne fühlt sich häufig zerrissen, weil sie alles miterleben möchte, unglaublich viele Talente hat und sich im Beständigen schnell langweilt.

Die Lebensadern verlaufen bei dir selten geradlinig. Du schwimmst im Rhythmus deiner ureigensten Strömung, lässt dich durch den Fluss deines Lebens tragen, statt einen bestimmten Weg zu verfolgen. Man schreibt dir häufig mystische Fähigkeiten zu, dem Zugriff von außen entziehst du dich gerne. Es kann Leute in den Wahnsinn treiben, aber du kannst in jeder Sekunde deines Lebens einfach verschwinden. Die Sonne in den Fischen ist ein fantastischer Entfesselungskünstler.

Ist die Sonne hier verzerrt, neigt sie zum Märtyrertum. Sie findet keine Struktur, wandert ziellos herum, lässt sich leicht ablenken und ist ständig verloren, vernebelt und verwirrt. Dabei haben die Fische ein großes Herz und gehen an keiner streunenden Katze, keinem verletzten Vogel vorüber. Mitgefühl ist die schönste Eigenschaft der Fische, aber ohne gesunden Durchblick ist es eben nutzlos. Wenn deine Sonne in den Fischen steht, wirst du davon profitieren, wenn du lernst, persönliche Grenzen zu ziehen. Es ist nicht deine Aufgabe, die ganze Welt zu heilen – oder überhaupt irgendjemanden! Dieses Wissen ist für dich lebenswichtig.

👁 Affirmationen für die Fischesonne

- Ich hole mir aus meiner Umwelt meine Energie zurück.

- Klare Ansagen, was ich will und brauche, lehren mich, wie ich für mich sorgen kann.

📝 Fragen zur Selbstreflexion

- Wo im Leben kannst du deine Sensibilität als Stärke einsetzen?

- Fühlst du dich von den Gefühlen anderer manchmal überfahren? Wenn ja, was hilft dir, wieder loszulassen, was du von den anderen aufgenommen hast?

- Denkst du, dass deine Fähigkeit, dich in andere einzufühlen, Mitgefühl zu zeigen und kreative Visionen zu verwirklichen, deinem Lebenszweck dient? Hast du das Gefühl, dass du deine Sensibilität, deine Vorstellungskraft für etwas einsetzen kannst, worin du Erfüllung findest?

DAS HAUS DEINER SONNE

In welchem Lebensbereich brauchst du das Strahlen?

In welchem Haus steht deine Sonne?

Wir erinnern uns: Der Planet zeigt das Was, das Tierkreiszeichen das Wie und das Haus das Wo an. Wenn wir uns also ansehen, in welchem Haus deine Sonne steht, dann geht es um den Punkt im Leben, an dem du lernen solltest zu strahlen, deine Persönlichkeit zu entwickeln und einen Teil deiner Lebensaufgabe zu erfüllen.

Ist dein Sonnenzeichen Jungfrau – die für Fleiß, analytische Fähigkeiten und präzises Denken bekannt ist – und steht die Sonne im zweiten Haus, das mit Lebensunterhalt, Vermögenswerten und Ressourcen zu tun hat, dann wirst du deinen Lebenszweck finden, indem du für deinen Unterhalt arbeitest. Du brauchst also eine Arbeit, die du als sinnvoll empfindest, die dir das Gefühl gibt, dass dein Leben einen Zweck hat. Vielleicht wirst du Schriftsteller*in (Jungfrauen können wirklich gut formulieren) und konzentrierst deine Arbeit auf sozialkritische Themen. Oder du bist Analyst*in, Arzt/Ärztin, Heiler*in oder Kräuterkundige*r. Der entscheidende Punkt ist, dass du dein Selbstgefühl (Sonne) in deiner Beziehung zu Geld, Lebensunterhalt und Vermögen (zweites Haus) entwickeln musst, und zwar, indem du aufmerksam, hilfreich, kritisch, genau und heilend (Jungfrau) bist.

Die Sonne von Maya Angelou steht im Widder und damit erhöht (das Zeichen, das der Sonne Stärke und möglicherweise sogar Ruhm verleiht). Und sie steht im neunten Haus, das für Reisen, Erziehung, Veröffentlichungen und Philosophie zuständig ist. Die Sonne hat – wie jeder Planet – ein Haus, in dem sie in der Freude steht. Das ist das neunte Haus, das traditionell als Haus Gottes bekannt ist. Jeder Planet, der im Haus seiner Freude steht, ist dort am glücklichsten und vermag, seine Arbeit voller Zuversicht zu verrichten. Diese Konstellation – eine erhöhte Sonne im Haus der Freude – macht die Sonne besonders stark. So hatte Dr. Angelou die Zuversicht, die Fähigkeit und die Vitalität, die ihr erlaubten, im Verlagswesen Erfolg zu haben. Kein Wunder also, dass schon ihr erstes Buch – *Ich weiß, warum der gefangene Vogel singt* (Original: *I Know Why the Caged Bird Sings*) – die festgefahrenen Vorstellungen der Verlagswelt, die Autobiografie einer schwarzen Frau interessiere niemanden, vollkommen aushebelte. Ihr erstes Werk schilderte unverblümt die Auswirkungen von weißem Rassismus, vor allem im Hinblick auf Sklaverei und Rassendiskriminierung. Sie war auch eine der Ersten, die über die Vergewaltigung von Kindern schrieb. Das Buch hielt sich zwei Jahre lang auf den Bestsellerlisten und hat einen festen Platz im US-amerikanischen Literaturkanon.

 Jetzt beginnt dein Abenteuer. Schau auf Seite 51 nach, in welchem Haus deine Sonne steht, und blättere vor bis zum entsprechenden Abschnitt.

Die Sonne im ersten Haus

Das erste Haus steht für Vitalität, Energie, Selbst, Körper und Erscheinungsbild. Es ist das einzige Haus im Geburtshoroskop, das sich auf die eigene Identität bezieht. Bei jedem anderen Haus geht es um einen anderen Aspekt unseres Lebens. Jeder Planet im ersten Haus ist wesenhaft mit unserem Selbst verbunden.

Wenn deine Sonne im ersten Haus steht, lebst du dein Potenzial durch deine Persönlichkeit aus. Durch dich und für dich. Das heißt nicht, dass du im Leben keine Beziehungen brauchst oder dass diese nichts mit deinem Lebenszweck zu tun haben. Aber es ist ganz besonders wichtig, dass du einen Weg findest, um deine Sonne zum Strahlen zu bringen. Sowohl das erste Haus als auch die Sonne haben mit dem Selbst und der Energie unserer Lebenskraft zu tun. Möglicherweise legst du also sogar zu viel Wert auf deine persönliche Entwicklung, wenn die Sonne im ersten Haus steht. Das Selbst und die Persönlichkeit müssen durch den Stil des Sonnenzeichens ausgedrückt werden und auch durch die anderen Planeten, die damit in Verbindung stehen. Deine Sonne aber drängt dich, authentische Wege zum Ausdruck deiner Sonnennatur zu finden. Finde heraus, wie du dem Leben und seinem Zweck dienen kannst.

🖉 Fragen zur Selbstreflexion

- In welcher Weise dient deine Persönlichkeit deinem Lebenszweck?

- Bekommst du Anerkennung für das, was du tust und wer du bist (auch wenn du dich damit nicht wohlfühlst)?

- Stört es dich, wenn dich die Welt bemerkt, oder kannst du damit gut umgehen?

Die Sonne im zweiten Haus

Das zweite Haus repräsentiert Besitztümer, Geld, Werte und Eigentum. Wenn deine Sonne im zweiten Haus steht, dann sind Einkommen, finanzielle Ressourcen, Arbeit und Selbstwert wichtig für deine innere Entwicklung. Mit dieser Konstellation musst du einen Beruf finden, der es dir erlaubt zu strahlen, Raum einzunehmen und dein Potenzial auszuleben. Deine Identität ist dein Pluspunkt und wird dir helfen, dich zu ernähren. Eine der größten Herausforderungen, vor der viele von uns stehen, ist es, unseren Lebensunterhalt auf eine Weise zu verdienen, mit der wir weder uns noch der Umwelt schaden. Es ist kapitalistischer Wildwuchs, wenn Erde und Menschen ausgebeutet werden. Deine Identität dort zu suchen, wo du dich engagierst, protestierst oder den Austausch von Arbeit und Gütern neu erfindest, könnte ein zentrales Thema in deinem Leben werden. Welche Arbeit du tust, hat eher mit deinem Sonnenzeichen zu tun, aber ganz egal, in welchem Zeichen das Prachtgestirn auch steht: Du entwickelst dich dadurch, wie und wo du deinen Lebensunterhalt verdienst. Das hat nun nichts damit zu tun, wie viel oder wenig Geld du verdienst. Oder wie mühselig du deinen Lebensunterhalt erstreitest. Die Sonne im zweiten Haus weist nur darauf hin, dass du dir auf deine Weise deinen Raum schaffen musst. Und dass du dabei begreifst, wer du bist und wo dein Potenzial liegt.

📝 Fragen zur Selbstreflexion

- Wo in deinem Arbeitsleben fühlst du dich fähig, zuversichtlich und sinnerfüllt?

- Welche Qualitäten deines Sonnenzeichens würdest du am liebsten in deiner Arbeit für den Lebensunterhalt ausdrücken?

- Wie drückt sich ein Teil deines Lebenszwecks in deiner Beziehung zu Vermögen, Talenten und Werten aus?

Die Sonne im dritten Haus

Das dritte Haus steht für Kommunikation, Alltagsleben, Nachbarschaft, Geschwister, Angehörige und gute Freunde. In Bewegung sind wir weniger stabil und offener für Einflüsse aus der Umwelt. Steht deine Sonne im dritten Haus, fühlst du dich sehr lebendig, wenn du unterwegs bist oder dich an Orten aufhältst, die für Übergänge stehen. Hier strahlt die Sonne durch deine täglichen Verrichtungen. Mit der Sonne im dritten Haus verwendest du deine Energie auf Kommunikation, Austausch und die Verbreitung von Ideen. In deinem Leben ist meist eine ganze Menge los. Die Beziehungen zu Geschwistern, Cousins und Cousinen, überhaupt der ganzen großen Familie und alle Freundschaftsbande spielen bei der Verwirklichung deines Lebenszwecks eine entscheidende Rolle. Das soll nun nicht heißen, dass diese immer einfach sind. Aber die Themen, die in diesen Bindungen zur Sprache kommen, prägen dich. Da das dritte Haus auch für Rituale steht (traditionell galt es als Tempel der Göttin), zeigt die Sonne im dritten Haus, dass du eine natürliche Neigung zu spirituellen Ritualen hast, zum Kult der Göttin, zu Mythologie und Religion. Spiritualität ist möglicherweise ein Kernthema deiner Identität.

📝 Fragen zur Selbstreflexion

- Wie viel von deinem Tag bringst du mit körperlicher oder geistiger Bewegung zu?

- Fühlst du dich wohler, wenn du jeden Tag viele verschiedene Dinge erledigen kannst?

- Wie viel von deinem Tag wendest du für Lesen, Schreiben oder Gespräche mit anderen auf?

- Wie haben deine Beziehungen zu Geschwistern, Angehörigen oder Freunden dein Selbstgefühl geprägt?

Die Sonne im vierten Haus

Das vierte Haus gilt als Anfang und Ende aller Dinge. Hier finden wir unsere Wurzeln, unsere Traditionen wieder. Es ist das Haus der Eltern, Großeltern und Ahnen.

Mit der Sonne im vierten Haus ist deine Identität tief in deine Familiengeschichte eingebettet – ob diese sich nun positiv oder eher schwierig gestaltet. Das muss nicht unbedingt bedeuten, dass du dich als Teil deiner Ursprungsfamilie fühlst oder dass die Beziehungen zu dieser für dich einfach sind. Aber es gibt auf jeden Fall eine enge Verbindung zwischen deiner persönlichen Entwicklung und der Familienstruktur, die deinen Ursprung ausmacht. Vielleicht arbeitest du ja mit deiner Familie oder schlicht zu Hause. Oder deine Arbeit bringt dich mit anderen Familien in Verbindung. Mit der Sonne im vierten Haus ist es wichtig für dich, deine Wurzeln, deine Herkunft zu erkunden und zu verstehen. Auch die Gründung eines eigenen Heimes oder das Schaffen einer soliden Grundlage für dein Leben kann für dich unverzichtbar sein.

📝 Fragen zur Selbstreflexion

- Wie und wo hast oder hattest du das Gefühl, dass deine Identität als Mitglied deiner Familie, deine Verwurzelung in ihr dir Sicherheit und Freude schenkt?

- Welche Familienkonstellationen machen es dir schwer, dein Selbstgefühl zu erspüren?

- Was hast du über die Loslösung von deinen Wurzeln gelernt, was dir helfen kann, deine Identität zu entdecken? Fällt es dir schwer, das zu tun?

Die Sonne im fünften Haus

Das fünfte Haus ist der Ort des Vergnügens, der Freude und des Selbstausdrucks. Dort sind kreative Projekte, Kinder, Sex, Sexualität, erotische Energie und Romantik zu Hause. Steht deine Sonne im fünften Haus, musst du Mittel und Wege finden, hier zu strahlen. Mit der Sonne im Haus der Lüste kann es allerdings auch sein, dass du einen Großteil deiner Zeit damit verbringst, Vergnügungen hinterherzujagen. Andere Menschen brauchen dich häufig, damit du sie aufheiterst oder ihnen beibringst, wie man Spaß im Leben hat. Überhaupt bist du der Mittelpunkt jeder Party. Aber mitunter kostet dich die Neigung zu romantischen Abenteuern, zum Glücksspiel und zu anderen Vergnügungen enorme Energie. Andererseits kann das, was für die Außenwelt wie bloße Zerstreuung wirkt, letztlich deine Art zu arbeiten sein.

✍ Fragen zur Selbstreflexion

- Welche Ventile hast du für deine schöpferische Energie?

- Widmest du einen Großteil deiner Energie dem Bemühen, Kindern ein besseres Leben zu ermöglichen? Hast du selbst Kinder, oder kümmerst du dich um die Sprösslinge anderer Leute? Wenn ja: Ist dies eine Aufgabe, die dich prägt?

- Was lernst du aus deiner Beschäftigung mit kreativen Projekten oder aus deiner Hingabe an Spaß und Lebensgenuss über dich selbst?

Die Sonne im sechsten Haus

Das sechste Haus steht für Gesundheit, gesundheitliche Probleme, Arbeit, Angestellte und die Schwierigkeiten, die entstehen, wenn Arbeitsstrukturen nicht passen. Die Sonne im sechsten Haus bedeutet nicht, dass du gesundheitliche Probleme bekommst, oder gar, dass diese ein Leben lang bestehen bleiben. Vielleicht bist du vielmehr besonders geschickt im Umgang mit Schmerz und Leid.

Mit der Sonne in diesem Haus brauchst du ein Arbeitsumfeld, in dem du leuchten kannst. Vermutlich bist du sehr effektiv in dem, was du tust. Es ist für dich also von entscheidender Bedeutung, dass du jene Stellen und Menschen findest, die dir zusagen. Die Sonne ist eine lodernde Lebenskraft, und das sechste Haus macht es ihr mitunter schwer, ihre Strahlkraft zu entfalten. Deine Vitalität, dein Lebenszweck kann es sein, systematische Unterdrückung aufzudecken, anzusprechen und zu beenden. Vor allem, wenn sie mit Arbeit zu tun hat: Menschenhandel, Geschichte und Erbe der Sklaverei, wirtschaftliche Ungleichheit.

Fragen zur Selbstreflexion

- Welcher Teil deines Lebens ist dem Engagement für Befreiung, Gerechtigkeit und Gleichberechtigung gewidmet?

- Nimmst du im Beruf häufig eine unterstützende Funktion ein? In welchen Fällen tut dir das gut? Unter welchen Umständen ist das nicht so? Arbeitest du häufig zu viel?

- Was findest du gut an deinem Körper? Und was frustriert dich eher? Wie kannst du die Beziehung zu deinem Körper heilen?

Die Sonne im siebten Haus

Das siebte Haus ist der Ort der Ehe, der engagierten Partnerschaft und der Geschäftsbeziehungen. Die Sonne in diesem Haus heißt, dass dein Lebenszweck zumindest teilweise in einer Beziehung oder in Bezug auf Partnerschaften ausgelebt werden will. Vermutlich machst du die Erfahrung, dass du, gleichgültig wie unabhängig du bist, in der Beziehung zu anderen dein Potenzial besser verwirklichen kannst. Mit der Sonne im siebten Haus ist das Leben voller bedeutsamer Partnerschaften. Das sieht von außen toll aus, aber dir selbst kann es schwerfallen, in diesem Beziehungsgeflecht deine eigenen Träume umzusetzen.

☑ Fragen zur Selbstreflexion

- Welche Partnerschaften waren für die Entfaltung deines Lebenssinnes wichtig?

- Welches Feedback bekommst du von Menschen, mit denen du in Beziehung stehst?

- Sind Partnerschaften für dich eher schwierig, obwohl du weißt, dass du sie in diesem Leben lernen musst?

Die Sonne im achten Haus

Im achten Haus geht es um Tod, Erbe, geistiges Leid, die Ressourcen anderer Menschen sowie um die Frage, wie wir unsere Energie, Zeit, Werte und Talente mit anderen teilen können. Die Sonne in diesem Haus, in dem die Verlustängste und -schmerzen ihren Ort haben, kann dich sehr sensibel für Leid machen, sei es dein eigenes oder das anderer Menschen. Bei Therapeut*innen, Traumaspezialist*innen, Heiler*innen, Spezialist*innen für Trauerarbeit, Medien und anderen Menschen, die uns helfen, die Untiefen unserer emotionalen Schwierigkeiten zu meistern, ist das achte Haus häufig stark betont.

Mit der Sonne im achten Haus kann es sein, dass du mit schweren Verlusten zu kämpfen hast. Vielleicht hast du Nahtoderfahrungen erlebt oder musstest dich mit psychischen Erkrankungen auseinandersetzen. Oder du hattest mehrfach Erlebnisse, die dich an den Rand des Todes brachten. Solche Erfahrungen prägen dich und offenbaren dir, was dein Schicksal ist, was dich antreibt und wo dein Lebenssinn liegt.

Auf praktischer Ebene verleiht die Sonne im achten Haus das Gespür, Vermögenswerte, Ressourcen und Talente geschickt einzusetzen, sodass am Ende alle profitieren.

✍ Fragen zur Selbstreflexion

- Hast du das Talent, aus den Fähigkeiten oder Ressourcen anderer etwas zu machen, das diese Menschen ohne deine Hilfe nicht geschafft hätten?

- Gehen dir das Leid, der Schmerz und der Verlust anderer Menschen besonders nahe?

- Ist es Teil deines Lebenszwecks, einen Raum zu schaffen, in dem traumatisierte Menschen Heilung finden können?

Die Sonne im neunten Haus

Das neunte Haus galt in der traditionellen Astrologie als das Haus Gottes. Da die Sonne wie auch der Mond als Gottheit gesehen wurden, ist das neunte Haus eben jenes, in dem die Sonne in der Freude steht. Die Sonne in diesem Haus zu haben verleiht ihr eine besondere Stärke. Das neunte Haus steht für Spiritualität, Religion, Philosophie, höhere Bildung, Veröffentlichungen, Fernreisen und langfristige Pläne.

Mit der Sonne im neunten Haus musst du vermutlich Wege finden, wie du dich durch Erkundung der Welt ausdrücken kannst. Alles, was dich auf internationale Abenteuer lockt und mit anderen Ländern und Kulturen in Kontakt bringt, ist wie für dich gemacht. Allerdings sollte man nicht glauben, dass die Sonne hier nur nach äußeren Abenteuern strebt. Sie schätzt es auch, sich auf geistig-philosophische Weise auf die Reise zu begeben. Möglicherweise besitzt du auch die Begabung (oder gar den Anspruch), eine Führungsaufgabe zu übernehmen, Menschen spirituell zu beraten oder als Erzieher*in oder Verleger*in tätig zu werden.

🖊 Fragen zur Selbstreflexion

- Schenkt dir das Reisen neue Energien? Hilft es dir, deinen Lebenszweck zu verwirklichen?

- Haben Religion oder Spiritualität dich entscheidend geprägt? Welche negativen Erfahrungen hast du mit organisierten Religionen gemacht? Welche positiven Erfahrungen haben dir Kirchen, Tempel, Moscheen oder andere Orte der Anbetung vermittelt?

- Wundern sich Menschen manchmal, wie geschickt du Wissen vermitteln kannst? Wenn ja: Was lehrst oder lernst du, wenn du dich ganz im Einklang mit deiner Berufung fühlst?

Die Sonne im zehnten Haus

Im zehnten Haus haben Karriere, Öffentlichkeit und Berühmtheit bzw. ein entsprechender Ruf ihren Ort. Die Sonne im zehnten Haus muss sich einfach in der Welt da draußen manifestieren. Steht deine Sonne in diesem Haus, wirst du dein Licht dort verströmen, wo es gesehen wird. Im zehnten Haus kannst du dich nicht verstecken. Hier ist alles öffentlich. Deine Persönlichkeit wird zum Instrument deiner Tätigkeit, oder deine Identität hat mit Dingen zu tun, die dich hinaus in die Welt führen. Das Leben wird dich unbarmherzig ins Licht der Scheinwerfer ziehen, oder du wirst ewig das Gefühl haben, einen Teil deines Potenzials nicht gelebt zu haben. Ob du dich im Rampenlicht nun wohlfühlst oder nicht, mit der Sonne im zehnten Haus musst du dich darauf einlassen.

 Fragen zur Selbstreflexion

- Welche Rolle, die du in der Öffentlichkeit spielst, gibt dir das Gefühl, deinen Lebenssinn gefunden zu haben?

- Lockt dich der Ruhm? Strebst du danach, und schadet dieses Streben mitunter deiner Integrität?

- Findest du dich häufig in beruflichen Rollen wieder, in denen deine Persönlichkeit mindestens ebenso wichtig ist wie die Arbeit, die du leistest?

Die Sonne im elften Haus

Das elfte Haus gilt traditionell als das Haus guter Geister. Es schenkt jenes Glück, das aus der Gemeinschaft mit anderen entsteht. Im elften Haus haben Freunde, Gruppen, Organisationen, Verbündete ihren Platz – die Gemeinschaft all jener, die deine Hoffnungen und Träume teilen. Mit der Sonne in diesem Haus kommst du dorthin, wo du hinmöchtest, weil deine Bekannten dich unterstützen. Freunde, Gruppen und soziale Events sind dir wichtig. Je mehr du die Gesellschaft Gleichgesinnter genießt, desto schneller kommst du auf deiner Bahn voran, desto eher entdeckst du deinen Lebenszweck. Die Sonne im elften Haus zeigt dir, dass du von guten Verbindungen profitieren kannst. Je mehr du dir Menschen aussuchst, die deine Ziele teilen, desto eher wirst du feststellen, dass Leute, die dir dazu verhelfen können, dies auch gerne tun.

📝 Fragen zur Selbstreflexion

- Hast du das Gefühl, dass sich ein Teil deines Lebenszwecks durch deine Verbindungen zu Freunden, Mäzenen und Gemeinschaften erfüllt? Wo hattest du Glück, weil du die richtigen Leute kanntest oder zur richtigen Zeit am richtigen Ort warst?

- Fühlst du dich lebendig, wenn du mit anderen in Kontakt trittst, die deine Visionen für die Zukunft teilen?

- Hast du Schwierigkeiten mit Gruppen, obwohl du aus irgendeinem Grund immer in einer Gruppe landest? Obwohl du weißt, wie wichtig sie für dein Lebensziel sind?

Die Sonne im zwölften Haus

Das zwölfte Haus steht für alles, was sich im Verborgenen abspielt, hinter den Kulissen, und damit auch für die Welt der Geheimnisse und die in der Tiefe liegende Quelle schöpferischer Energie, die uns ihre Wasser spendet, wenn wir unsere tiefsten Wunden heilen. Es ist das Haus der Sorgen, der Selbstsabotage, der Verluste, des Gefangenseins, der Einweisung in Kliniken, aber auch des kollektiven Unbewussten und der Tabus. Möglicherweise will deine Sonne in diesem Haus, dass du mit Häftlingen arbeitest oder mit Menschen, die mit geistigen, seelischen, spirituellen und körperlichen Krankheiten zu kämpfen haben. Die Sonne im zwölften Haus hält uns dazu an, Leid und Schmerz besser zu verstehen. Zu begreifen, was die Menschheit weiter ans Leid fesselt, führt letztlich dazu, dass du dein schöpferisches Potenzial entfalten kannst. Die Sonne im zwölften Haus kann tiefen Respekt vor dem Menschsein entwickeln und einen Weg zur eigenen Befreiung finden. Hier gibt es keine Sofortlösungen. Nur tiefe Transformation eröffnet uns den Zugang zum Goldschmelztiegel unserer Seele. Dieser Ort im Geburtshoroskop will mit der Außenwelt nichts zu tun haben. Mit diesem Sonnenstand kann es durchaus sein, dass du viel Zeit in Einsamkeit verbringst, versteckt in der Dunkelkammer der Schöpfung.

Fragen zur Selbstreflexion

- Beginnst du zu strahlen, wenn du in die Dunkelkammer, ins Studio, in die geheimen Orte der Meditation oder andere »Brutkästen« der Kreativität eintauchst? Brauchst du Zeit in einer solchen Umgebung, um dich wieder aufzuladen, um Zugang zu deiner schöpferischen Kraft zu finden?

- Spielten in deinem Leben seelische Erkrankungen, Gefangenschaft und das Leid anderer eine wichtige Rolle?

- Hast du ein Gespür dafür, was andere brauchen, was irgendwann relevant sein wird oder sehr beliebt?

BEZIEHUNGEN ZU ANDEREN PLANETEN
Wer beeinflusst deine Fähigkeit zu strahlen?

Welche Planeten bilden Aspekte zu deiner Sonne?

In der Astrologie wie im Leben wird alles von unseren Beziehungen beeinflusst. Aspekte sind die Beziehungen zwischen den Planeten. Manche bringen deine Sonne dazu, dass sie mit Leichtigkeit strahlen kann (Sextil und Trigon – die »Geschenke«), andere wiederum legen dir Hindernisse in den Weg, die du auf dem Pfad zu Selbstverwirklichung und Selbstakzeptanz überwinden musst (Quadrat und Opposition – die »Herausforderungen«). Manchmal hängt auch einfach alles davon ab, welcher Planet in enger Verbindung zur Sonne steht (Konjunktion – der »Zusammenschluss«).

In vielen astrologischen Schriften werden die Aspekte unter dem Stichwort »Zeugenschaft« aufgeführt, ein Planet sieht also den anderen. Wenn jemand uns sieht, kann er anderen von uns erzählen – im guten wie im schlechten Sinne. Was kann es für die Sonne heißen, wenn sie von ihrem astrologischen Erzfeind »gesehen« wird? Saturn wird uns genauestens in Augenschein nehmen, Venus nur unsere Schokoladenseite sehen. Mars erkennt auf Anhieb unsere Schwächen, Neptun wird sich in Fantasien über unsere Chancen und Möglichkeiten ergehen.

Planeten, die in Konjunktion mit der Sonne stehen, treten in deiner Persönlichkeit deutlich hervor. Sie vermengen sich untrennbar mit deiner Identität. Die Sonne, das Selbst, kann sich ohne die Bedeutung anderer Planeten, die in so enger Beziehung zu ihr stehen, gar nicht ausdrücken. Konjunktionen können hilfreich sein, aber auch schwierig. Das hängt ganz von der Natur des

Planeten ab, der die Konjunktion bildet. Mars und Saturn sind eine Herausforderung, Venus und Jupiter eine Hilfe. Merkur bleibt in diesem Spiel gerne neutral. Uranus, Neptun und Pluto hingegen lösen ganz unterschiedliche Reaktionen aus.

Im Horoskop von Dr. Maya Angelou erkennen wir, dass ihre Sonne in Konjunktion mit Jupiter (Optimismus, Fülle und Wohlstand) und Uranus (Innovation, Rebellion, Bruch und Wandel) steht.

Dass in Maya Angelous Horoskop der Erfolg angelegt ist, sieht man schon daran, dass die Sonne in ihrem Zeichen erhöht und dazu noch im Haus ihrer Freude steht. Hinzu kommt die Konjunktion zu Jupiter, der Fülle, Optimismus, Weisheit und Großzügigkeit schenkt und bewahrt. Wenn ich in einem Geburtshoroskop eine so markante Konstellation bemerke, werde ich aufmerksam. Natürlich oblag es dann Maya Angelou selbst, etwas aus dieser erfolgversprechenden Konstellation zu schaffen, das für sie wichtig war. Doch wir sehen, dass sie von Geburt an Zugang zu Gaben hatte, die sie ausdrücken sollte. Statt sich durch das Leben verbittern zu lassen – was mehr als verständlich gewesen wäre –, wurde sie Künstlerin, engagierte sich politisch und trug zur Bildung anderer bei. In jedem dieser Bereiche hielt ihre Arbeit dem weißen Rassismus den Spiegel vor und zeigte, wo die Wurzel des Übels lag. Es ist ein Geschenk Jupiters, Härten durch den Glauben an sich selbst zu überwinden. Die Gewissheit, selbst größer zu sein als die hartherzigen Unterdrücker*innen, zeigt sich vielleicht am besten in ihrem berühmtesten Gedicht *Dennoch erhebe ich mich* (Original: *Still I Rise)*, eine Ode auf ihre Arbeit als Künstlerin und Aktivistin. Hier ein Ausschnitt zur Verdeutlichung:

Ihr mögt mich mit euren Worten erschießen,
Ihr mögt mich mit euren Blicken zerschneiden,

Ihr mögt mich töten mit eurem Hass,
Ich werde, wie Luft, dennoch aufsteigen.[3]

Maya Angelous Sonne steht auch in einer 10-Grad-Konjunktion mit Uranus, dem Erwecker, dem Radikalen, dem Rebellen. Dieser Aspekt schlägt sich im realen Leben als Engagement für viele soziale Anliegen und für die Bürgerrechtsbewegung nieder. Ihr Leben lang hat Dr. Angelou es verstanden, Apathie, Ungerechtigkeit und Unglück zu überwinden. Entweder mit ihren direkten, aber wohlüberlegten Äußerungen oder durch beharrliche, wenig glamouröse Arbeit. Bevor sie zur berühmten Autorin wurde, war sie Künstlerin und Organisatorin. Sie war Direktorin der Martin Luther King Jr.'s Southern Christian Leadership Conference, arbeitete mit Malcolm X zusammen und war Mitgründerin der Cultural Association for Women of African Heritage. Des Weiteren dokumentierte sie den Kampf gegen den Kolonialismus, indem sie in Kairo den *Arab Observer* herausgab.

Die Sonne in Konjunktion mit Uranus kann sowohl schaden als auch hilfreich wirken. Da der Uranus vorhandene Strukturen aufbricht, kann seine Neigung zum Neuen durchaus belastend wirken, solange wir nicht gelernt haben, diesen exzentrischen Pfad zu beschreiten. Konkret zeigt sich dies an den überraschenden Wendungen in Dr. Angelous Leben, aber auch in ihrer unkonventionellen Persönlichkeit. Zum Beispiel in den chaotischen Lebensumständen ihrer Kindheit, in denen sie ständig zwischen Mutter und Großmutter hin und her geschoben wurde.

Jetzt beginnt dein Abenteuer. Schau auf Seite 51 f. nach, welche Aspekte du zu deiner Sonne notiert hast. Lies durch, was auf dich

---

3   Aus Maya Angelou: »Dennoch erhebe ich mich«, in: *Phänomenale Frauen. Gedichte*, übersetzt von Judith Zander, Berlin 2020, S. 10f.

zutrifft. Dann blättere vor zu den Fragen zur Selbstreflexion am Ende dieses Kapitels (Seite 111).

Die Geschenke

Das Sextil

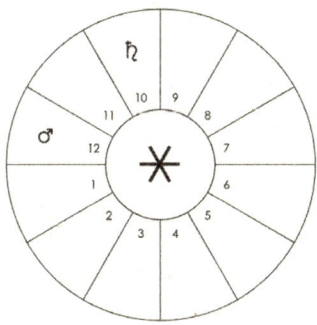

Ein Sextil bezeichnet einen Abstand von 60 Grad zwischen zwei Planeten. Der Aspekt gilt als positiv und sanft, als hilfreich und ermutigend[4]. Ein Sextil zur Sonne ist daher immer positiv, wenn auch auf subtile Weise.

Ein Sextil zwischen Sonne und ...

- **Mond** stiftet eine harmonische Beziehung zwischen deinem Lebenszweck und deiner Art, ihn auszudrücken.

---

4   Die Venus steht nie mehr als 48 Grad von der Sonne entfernt, kann also, rein technisch betrachtet, gar kein Sextil zur Sonne bilden. Sie kann zwei Zeichen weiter stehen, aber nie in voller 60-Grad-Distanz. Aus demselben Grund kann Venus nie im Trigon, Quadrat oder in Opposition zur Sonne stehen. Merkur kann nie mehr als 28 Grad von der Sonne entfernt sein. Auch er kann weder ein Sextil noch ein Trigon, weder ein Quadrat noch eine Opposition zur Sonne bilden.

- **Mars** verbindet deine Identität mit Mut und Energie. Er fördert deine Fähigkeit, einen Weg durchs Leben zu finden, völlig unbekümmert um Dinge, die anderen Menschen Angst machen.

- **Jupiter** schenkt dir Optimismus und Vertrauen ins Leben. Dieser Aspekt verstärkt deine Fähigkeit, dir durch Begeisterung Chancen zu verschaffen, die sich für dich als Segen herausstellen.

- **Saturn** hilft dir, deine Autorität zu unterstreichen, Grenzen zu setzen und dabei diszipliniert vorzugehen. Dieser Aspekt schenkt dir die Ausstrahlung eines Chefs.

- **Uranus** schenkt deiner Persönlichkeit jenen Hauch von Exzentrik, der dich bekannt macht, dich offen deine Meinung sagen lässt und dich ohne Umschweife anders agieren lässt als alle anderen.

- **Neptun** macht deine Persönlichkeit verträumt, glamourös und fantasievoll. Mit diesem Aspekt verstehst du es, dich mitfühlend und verständnisvoll auf andere einzulassen.

- **Pluto** schenkt Tiefe, Intensität und unleugbar auch Macht. Dieser Aspekt schenkt Kontakte zu einflussreichen Menschen.

Das Trigon

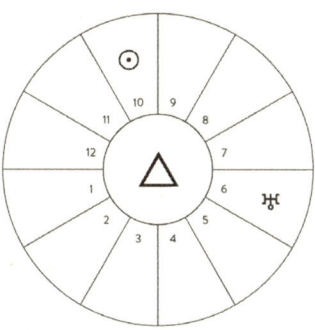

Das Trigon bezeichnet einen 120-Grad-Abstand zwischen zwei Planeten, der harmonisch und hilfreich ist. Es wirkt sich stärker aus als das Sextil und beeinflusst das Leben der Menschen intensiver. Trigone zwischen Sonne und anderen Planeten fördern deine Talente und Begabungen. Leider nehmen wir diese Geschenke meist als selbstverständlich, weil sie uns alles gar so leicht von der Hand gehen lassen. Wenn wir uns für etwas nicht anstrengen mussten, vergessen wir häufig seinen Wert. Doch wenn uns ein scharfer Wind um die Nase weht, besinnen wir uns gerne auf die Trigone im Geburtshoroskop und auf die Segnungen, die sie uns bescheren. Denn so finden wir leichter zurück in die Spur.

Ein Trigon zwischen Sonne und …

- **Mond** schafft eine harmonische Beziehung zwischen deinem Lebenszweck und deiner Art, ihn auszudrücken.

- **Mars** sorgt dafür, dass deine riskanten Unternehmungen und die Demonstration deiner Stärken für die Außenwelt immer locker wirken. Dieser Aspekt hilft dir, das zu verteidigen und zu pflegen, was du tatsächlich brauchst.

- **Jupiter** hilft dir, dich auf inspirierende, bedeutsame und überschwängliche Art auszudrücken. Du schaffst dein eigenes Glück,
indem du daran glaubst, dass schon alles klappen wird. Das ist das
stärkste Trigon, das ein Planet haben kann. Wenn die Sonne im
Trigon zum Jupiter steht, bist du beschützt und hast Glück.

- **Saturn** schenkt dir die Gabe der Selbstdisziplin, die Fähigkeit,
Dinge zu strukturieren, und die Kraft, deine Vorhaben auch zu
vollenden. Dieser Aspekt führt zu einer Identität, die aufblüht,
wenn sie ihre Ziele erreicht.

- **Uranus** kann zu einer Persönlichkeit führen, die sich keinen Kopf
macht, wenn sie mit Traditionen bricht, und die gerne mit persön-
lichem Selbstausdruck experimentiert.

- **Neptun** bringt erhöhte Sensibilität, eine lebhafte Fantasie und
eine gelassene, entspannte Haltung, die andere absolut faszinierend finden.

- **Pluto** schenkt Tiefe, Leidenschaft und Macht. Mitunter zieht dieser Aspekt einflussreiche Menschen an.

Die Herausforderungen

Das Quadrat

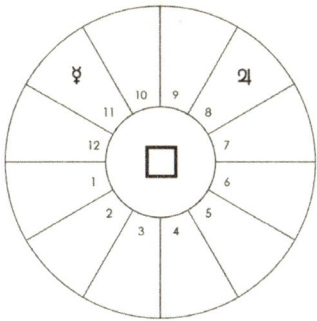

Es besteht ein Quadrat zur Sonne, wenn ein Planet sich im 90-Grad-Abstand rechts oder links von ihr befindet. Quadrate verursachen Spannungen, Ärger und bringen eine gewisse Dynamik mit sich. Sie können zu emotionalen, geistigen und mitunter auch körperlichen Problemen führen. Diese Probleme entwickeln sich meist so, dass wir aktiv werden müssen, um sie zu beseitigen.

Ein Quadrat zwischen Sonne und ...

- **Mond** lässt in dir den Wunsch entstehen, aktiv zu werden, zu handeln. Ein Gefühl innerer Spannung treibt dich an.

- **Mars** ist ein schwieriger Aspekt, der zu Gewalt, Wut und Aggression führen kann. Wenn du dich aber damit auseinandersetzt, wirst du lernen, auch Situationen zu meistern, vor denen andere Angst haben. Du kannst deine Energie in mutiges Handeln umsetzen.

- **Jupiter** sorgt gewöhnlich für Optimismus und Überfluss, kann in diesem Fall aber auch dein Ego übermäßig stärken, deine Maske, sodass du deine Fähigkeiten überschätzt.

- **Saturn** kann sich wie ein Hindernis anfühlen, das die Lebenskraft dämpft. Vielleicht bedrückt dich deine Verantwortung, und innere wie äußere Kritik legen dir Steine in den Weg. Aber wenn du daran arbeitest, bringt es das Beste in dir zum Vorschein. Du kannst mitfühlende Disziplin entwickeln und dich bemühen, dir ein sinnvolles Leben aufzubauen. So befreist du dich von den schwierigen Seiten dieses Aspekts.

- **Uranus** kann zu Störungen führen, die dir oder durch dich geschehen. Meist wird dabei das Bestehende infrage gestellt (ob sich das nun positiv oder negativ auswirkt). Diese Konstellation bringt häufig eine Persönlichkeit mit sich, die den Widerspruch liebt oder andere gerne schockiert. Für dich und andere kann sich das positiv, notwendig und aufregend anfühlen. Es kann aber auch einfach zermürbend sein.

- **Neptun** führt mitunter zu Selbsttäuschung. Die Grenzen scheinen zu verschwimmen, was es dem Betreffenden schwer macht, auf dem Boden der Tatsachen zu bleiben. Allerdings bringt Neptun auch eine erhöhte Sensibilität und künstlerische Talente mit sich und damit eine positive Art, sich auf diese sehr überirdische Energie einzulassen.

- **Pluto** konfrontiert dich mit Erfahrungen von Kontrollverlust, Missbrauch oder Auseinandersetzungen um deine Unabhängigkeit. Du musst um deine Macht kämpfen. Gewöhnlich bringt dieser Aspekt eine tiefgründige, introvertierte Persönlichkeit zum Vorschein. Wenn du dich entschließt, mit den schwierigen Seiten dieses Aspekts zu arbeiten, bist du auch bereit, in die Untiefen der Seele hinabzusteigen. Das schafft eine unverkennbare persönliche Stärke.

Die Opposition

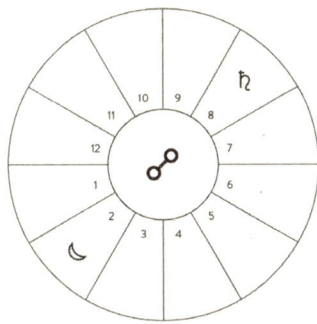

Eine Opposition zur Sonne bedeutet, dass ein Planet im gegenüberliegenden Zeichen steht, also in einem Abstand von 180 Grad. Oppositionen fordern uns heraus, zwingen uns, uns mit bestimmten Dingen auseinanderzusetzen. Sie drängen uns dazu, auch in schwierigen Zeiten ein Gleichgewicht zu finden.

Eine Opposition zwischen Sonne und ...

- **Mond** bedeutet, dass du kurz vor, bei oder kurz nach Vollmond geboren wurdest. Du verwirklichst dein Potenzial in der Welt, indem du wichtige Partnerschaften mit anderen eingehst, bei denen es sozusagen zu kreativer Kreuzbestäubung kommt.

- **Mars** kann leicht das Gefühl verursachen, durch seelisch oder körperlich schädigende Erfahrungen die eigene Kraft und Energie verloren zu haben, den Antrieb, den eigenen Ehrgeiz. Das kannst du ausgleichen, wenn du lernst, wie du mit deiner Wut umgehst, wie du bewusst Konflikte handhaben und dich selbst so gut wie möglich vor Schaden bewahren kannst.

- **Jupiter** kann eine Dynamik erzeugen, in der du dich selbst ständig überforderst, weil du einfach zu hoch hinauswillst. Da der an sich positive Jupiter beteiligt ist, besteht die Herausforderung weniger in schwer zu überwindenden Hindernissen, sondern eher im Exzess.

- **Saturn** kann zu Problemen mit einer oder mehreren Autoritäts-personen führen, vor allem, wenn diese Züge einer strengen Vater-figur tragen. Wenn du Möglichkeiten findest, durch disziplinierte Bemühung deine Fähigkeiten zu entwickeln und deine Selbstbe-stimmung zurückzugewinnen, kannst du die damit verbundenen Gefühle von Unfähigkeit, Scham, Selbstkritik und Gehemmtheit überwinden. Alle schwierigen Saturnaspekte werden im Alter ein-facher, da der Saturn Reife fordert.

- **Uranus** bringt destabilisierende Lebenserfahrungen mit sich, Zu-sammenbrüche, traumatische Ereignisse, aber auch Durchbrüche, die dein ganzes Leben verändern können. Mit dieser Konstellation musst du aufregende oder exzentrische Aspekte in deine Persön-lichkeit integrieren.

- **Neptun** fordert dich mit Erfahrungen heraus, die zu einem Verlust persönlicher Grenzen, Energien und Vitalkräfte führen können. Es kommt häufig zu Angst, Depression und Orientierungsverlust, vor allem in jungen Jahren. Um das auszuhalten, kann es sein, dass du Fluchttendenzen über Verantwortung stellst, Fantasie über Reali-tät und Illusionen über das, was sich vor deiner Nase befindet. Findest du jedoch in deinem Leben einen Platz für deine Sensibilität, kannst du übersinnliche oder künstlerische Talente entwickeln, weil du intuitiv Verständnis für das Leid anderer aufbringst und ein klares Bewusstsein für die Vernetztheit aller Dinge hast.

- **Pluto** schafft eine Verbindung zu Kraftquellen, die sich überwältigend anfühlen können. Pluto ist der Gott der Unterwelt. Er sagt uns, was jenseits vom Licht der Öffentlichkeit passiert. Verbrechen, Machtmissbrauch, Geheimnisse sind Themen, mit denen sich ein Mensch mit Sonne-Pluto-Opposition unter Umständen auseinandersetzen muss. Entweder machst du selbst solche Erfahrungen, oder du fühlst dich von Tabus angezogen bzw. musst mit extremen Lebenssituationen fertigwerden. Deine Aufgabe ist es, mit Obsessionen umgehen zu lernen und mit deinem Wunsch, das Leben zu kontrollieren. Lenke stattdessen deine Energie auf eine Arbeit, die sich für dich tiefgründig und kathartisch anfühlt, die dich auf den Weg der Wandlung führt.

Der Zusammenschluss

Die Konjunktion

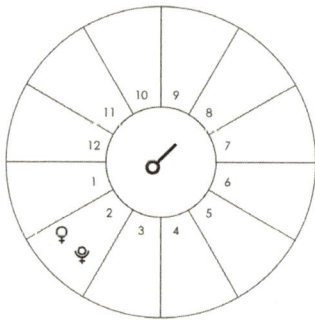

Ein Planet steht in Konjunktion mit der Sonne, wenn er sich im selben Zeichen wie diese befindet. An diesem Punkt verschmelzen die Energien beider Planeten. Das kann sich je nach Planet positiv oder negativ auswirken.

Eine Konjunktion von Sonne und ...

- **Mond** heißt, dass du kurz vor, bei oder nach Neumond geboren bist. Diese Konstellation bringt es mit sich, dass du dich von deinem Instinkt lenken lässt. Dabei hast du entweder das Gefühl, dass du das schon immer gemacht hast (wenn du kurz vor Neumond geboren bist, der Mond also vor der Sonne steht) oder dass dir das vollkommen neu ist (wenn der Mond genau am selben Ort steht wie die Sonne oder nach ihr kommt). Beide Aspektvarianten müssen sich auf ihre intuitive Reaktion auf das Leben verlassen.

- **Merkur** ist relativ häufig, weil Merkur sich nur maximal 28 Grad von der Sonne wegbewegen kann. Dieser Aspekt eröffnet einen klaren, beständigen Kanal zwischen dem Selbstgefühl und der Art, in der du mit der Welt kommunizierst.

- **Venus** ist für die Sonne sehr hilfreich. Venus verleiht der Sonne eine angenehme Liebenswürdigkeit, Charme und einen lockeren Umgang mit erotischen und schöpferischen Energien. Dieser Aspekt wird noch verstärkt, wenn Sonne und Venus im Stier, in der Waage, in den Fischen oder im Löwen stehen.

- **Mars** kann für die Sonne schwer zu verkraften sein, ein wenig wie die Sonne-Saturn-Konjunktion. Die positiven Attribute des Mars sind Mut, Vitalität, Antriebskraft und Stärke. Die schwierigen Eigenschaften haben mit Wut, Gewalt und seelischen bzw. körperlichen Wunden zu tun. Bei einer Mars-Sonne-Konjunktion ist eines der entscheidenden Hindernisse bei der Erfüllung deines Lebenszwecks, dass dieser dich zu Kontroversen führt. Wenn du lernst, deinen Drang, andere zu überrunden, auf hilfreiche Dinge zu lenken, wirst du es weit bringen. Dieser Aspekt lässt sich leichter leben, wenn Sonne und Mars im Widder, im Skorpion oder im Steinbock stehen.

- **Jupiter** unterstützt die Sonne. Die Begeisterung, die diese Konjunktion mit sich bringt, ist kaum zu bändigen. Optimismus, Vitalität, Überschwang und positive Ausstrahlung prägen die Persönlichkeit. Mit diesem Aspekt hast du lebhafte philosophische Interessen, du willst das große Ganze erkunden. Noch ausgeprägter ist diese Neigung, wenn Sonne und Jupiter im Schützen, in den Fischen, im Krebs, Löwen oder Widder stehen.

- **Saturn** kann zu Pessimismus führen. Die Neigung dieses Planeten zur Schwarzmalerei verdüstert den Wunsch der Sonne, hell zu strahlen, wie eine finstere Wolke. Andererseits versetzt diese Kon-

junktion dich in die Lage, eine Situation offen und ehrlich einzu-
schätzen. Für dich ist es besonders wichtig, eine sinnvolle Arbeit
zu finden, der du dich widmen kannst. Saturn ist häufig recht
harsch, mitunter sogar unfair. Mit diesem Aspekt musst du lernen,
auch mal lockerzulassen, sonst wird nichts je gut genug sein, auch
du selbst nicht. Meist geht es bei dieser Konstellation darum, das
eigene Urteil mit Mitgefühl zu paaren, und zwar für dich ebenso
wie für andere. Mit dem Alter wird der Drang zur Kritik schwächer.
Du wirst deinen Weg zur Selbstbeherrschung und Autonomie finden. Steht dieser Aspekt im Steinbock, Wassermann oder der
Waage, fällt dir das leichter.

- **Uranus** bringt eine Persönlichkeit hervor, die aufregend, unbere-
chenbar, chaotisch, innovativ und exzentrisch ist. Da Uranus übli-
cherweise sieben Jahre in einem Zeichen verbleibt, hat jeder
Mensch, dessen Sonne in diesem Zeichen steht, diesen Aspekt.
Daher betrachte ich diesen Aspekt für Persönlichkeit und Leben
nur dann als maßgeblich, wenn Sonne und Uranus nicht weiter als
10 Grad voneinander entfernt sind.

- **Neptun** kann zu einem Gefühl des Selbstverlustes führen, wenn er
nicht weiter als 10 Grad von der Sonne entfernt ist, da Neptun
alles auflöst, was er berührt. Er macht durchlässig. Das führt
manchmal dazu, dass man sich zu sehr mit anderen Menschen
identifiziert (oder andere Menschen sich zu sehr mit einem). Hier
ist Arbeit an den persönlichen Grenzen erforderlich. Die mit Neptun verbundene Sensibilität sollte auf Projekte gelenkt werden,
die dir helfen, mit dem in Verbindung zu treten, was größer ist als
du selbst. Spiritualität und Sucht, Gesundung, Heilung, Fantasie,
Kunst und Träume spielen vielleicht eine große Rolle, wenn du
dich auf die Suche nach deinem Lebenssinn machst.

- **Pluto** verleiht innerhalb eines 10-Grad-Abstands von der Sonne eine starke Persönlichkeit, die nach Kontrolle strebt. Wenn Menschen mit diesem Aspekt lernen, ihre Schwierigkeiten in Antriebskraft umzuwandeln, sind sie nicht mehr aufzuhalten. Möglicherweise musst du jene Seiten deines Lebens genauer in Augenschein nehmen, die etwas mit verborgenen Welten zu tun haben. Wenn du innere Kraft mit äußeren Gütern verwechselst, kann das Ansammeln von Reichtümern zur Obsession werden.

🖉 Fragen zur Selbstreflexion

- Welche Planeten helfen deiner Sonne, ihr Licht erstrahlen zu lassen? Spürst du ihre Gaben? Oder nimmst du sie vielleicht nicht ernst bzw. hältst sie für selbstverständlich? Wie kannst du das Beste aus dieser Leichtigkeit in deinem Horoskop machen, damit du letztlich dein Potenzial voll ausleben kannst?

- Welche Planeten hindern deine Sonne am Strahlen oder machen es ihr schwer? Bringt es dir etwas, das aus deinem Geburtshoroskop zu erfahren? Was kannst du tun, damit du diese Herausforderungen als Anstoß zum Wachstum erlebst und nicht als unumgängliche Hindernisse?

- Was an deiner Sonne musst du radikal akzeptieren, um deinen Lebenszweck voll ausleben zu können?

IV

DIE ZWEITE SCHLÜSSELPOSITION
DEIN MOND

Deine körperlichen und emotionalen Bedürfnisse

Der Mond war für die Menschheit stets eine bewegende, geheimnisvolle Quelle der Inspiration. Als zweithellstes Licht am Firmament ist der Mond unser sich ständig wandelnder Führer durch die Nacht. Astrologisch steht er für unsere Bedürfnisse, Wünsche und Sehnsüchte. Er symbolisiert unsere sich verändernden Gefühle, unseren Körper, den Körper der Frau, die uns geboren hat, die Fürsorge, die unsere Bezugspersonen uns angedeihen ließen, sowie unsere Vergangenheit und die Geschichte unserer Ahnen.

Wie der Mond am Himmel spiegelt der Mond im Horoskop das Licht der Sonne wider, also unseren Lebenszweck. Er sagt uns, wie wir diesen Lebenszweck in der materiellen Welt umsetzen können. Er beeinflusst unsere Art, unser spirituelles Selbst im Alltag zu leben. Und er steht bildlich für die Seelenerfahrung in unserem Körper.

Unglücklicherweise ist es schwierig, diese Seite ohne Vorurteile zu akzeptieren, weil der Körper in unserer Kultur ständig einer

Bewertung unterzogen wird. In einer Kultur zu leben, in der Rasse, Kleidergröße, Geschlecht, Behinderung, Sexualität und soziale Klasse das Leben definieren, führt leider häufig dazu, dass wir unseren Körper herabwürdigen. Schließlich bedeutet es für den Kapitalismus Profit, wenn wir uns hässlich fühlen. Er verführt uns dazu, unsere Energie und unser Geld dafür zu verschwenden, Dinge zu kaufen, die uns zu jemand anderem machen sollen, als wir sind.

Wenn wir den Mond in unserem Horoskop verstehen, können wir einige der schwierigeren Erfahrungen unseres Lebens besser begreifen. Vielleicht hilft er uns sogar, sie schätzen zu lernen.

Wie bei der Sonne gibt es auch beim Mond drei Faktoren zu beachten, wenn wir die körperlichen und emotionalen Umstände ergründen wollen, die bei der Realisierung unseres Lebenszwecks eine Rolle spielen:

1. das Zeichen, in dem der Mond steht (Wie kannst du deine körperlichen und emotionalen Bedürfnisse erfüllen?)

2. das Haus, in dem er steht (Wo finden deine körperlichen und emotionalen Bedürfnisse Erfüllung?)

3. die Planeten, die mit unserem Mond sprechen (Wer beeinflusst deine Fähigkeit, deine körperlichen und emotionalen Bedürfnisse zu erfüllen?)

Sobald wir alt genug sind, um unsere Bedürfnisse selbstständig zu erfüllen, ist es an uns, die Dinge zu finden, die uns wirklich guttun. Der Mond sagt uns, was wir brauchen und in welcher Form. Das Wissen darum kann uns helfen, radikal zu akzeptieren, wer wir sind, und uns besser um uns selbst zu kümmern. Steht dein Mond in einem Luftzeichen, wünscht er sich Verbundenheit, Gespräche,

Beziehungen (nicht nur romantischer Natur) und intellektuelle Anregung. In einem Erdzeichen hingegen braucht er eine feste Grundlage, weil er sich greifbare Resultate wünscht und materielle sowie körperliche Annehmlichkeiten. In einem Wasserzeichen will er emotionalen Zuspruch, will weinen dürfen und wünscht sich einen Ort, an dem er gefahrlos seine Gefühle ausdrücken und emotionale Bindungen eingehen kann. Der Mond in einem Feuerzeichen braucht Action, Abenteuer und Leidenschaft, und dies täglich.

Merkpunkte zu deinem Mond

- Dein Mond steht für körperliche und emotionale Bedürfnisse, für deine Geschichte und dein Verhältnis zum Versorgen und Versorgtwerden, aber auch für deine Beziehung zu deinen Eltern bzw. deinen Bezugspersonen. Der Mond ist jener Himmelskörper, der als Heimat der Seele gilt, weil er ihr Lebensziel auslebt.

- Der Mond in deinem Geburtshoroskop hat mit deiner körperlichen Alltagserfahrung zu tun.

- Durch den Mond können wir Tag für Tag unseren Lebenszweck verwirklichen.

- Das Zeichen, in dem dein Mond steht, sein Haus und die Aspekte, die er zu anderen Planeten im Horoskop bildet – all diese Dinge geben dir wichtige Aufschlüsse darüber, wie du deinen Tag gerne lebst, welche Aktivitäten du in deinen Alltag einplanen solltest und wie du eine regelmäßige Selbstfürsorge sicherstellen kannst.

DER BLICK IN DEIN HOROSKOP

FINDE DEINEN MOND

Suche in deinem Geburtshoroskop nach diesem Zeichen: ☽
Das ist dein Mond.

In welchem Tierkreiszeichen steht dein Mond?
Mein Mond steht im Zeichen _____.

In welchem Haus steht dein Mond?
Mein Mond steht im _____ **Haus.**

ASPEKTE ZU DEINEM MOND

Hast du dir dein Horoskop auf meiner Website (www.Chani Nicholas.com) berechnen lassen, siehst du, welche Planeten Aspekte zu deinem Mond bilden. Es kann auch sein, dass dein Mond keinerlei Aspekte mit anderen Planeten bildet. Wir werden uns später damit beschäftigen, was die verschiedenen Aspekte bedeuten. Halte sie für den Moment einfach nur schriftlich fest.

Die Planeten, die im gleichen Zeichen wie mein Mond stehen, sind: _____.
Die Planeten, die im 120-Grad-Abstand (Trigon, d.h. vier Zeichen auseinander) zu meinem Mond stehen, sind:

_____.

Die Planeten, die im 60-Grad-Abstand (Sextil, d.h. zwei Zeichen auseinander) zum Mond stehen, sind:

_____

Die Planeten, die im 90-Grad-Abstand (Quadrat, d.h. drei Zeichen auseinander) zum Mond stehen, sind:

_____.

Die Planeten, die meinem Mond gegenüberstehen, sind:

_____.

DEIN MONDZEICHEN

Wie kannst du deine körperlichen und emotionalen Bedürfnisse erfüllen?

In welchem Tierkreiszeichen steht dein Mond?

Das Tierkreiszeichen, in dem dein Mond steht, sagt dir alles über die Art, wie du empfindest, wie du deine Bedürfnisse erfüllt bekommst, Beziehungen aufbaust und deinen Alltag gestaltest. Es zeigt dir auch, wie du deine Eltern und Bezugspersonen erlebt hast. Obwohl jedes Mondzeichen für bestimmte psychische Qualitäten steht, dürfen wir nicht vergessen, dass der Mond nicht in jedem Zeichen mit derselben Stärke auftritt. Einige Zeichen sind schwierig für den Mond, andere neutral, und in wieder anderen fühlt er sich pudelwohl.

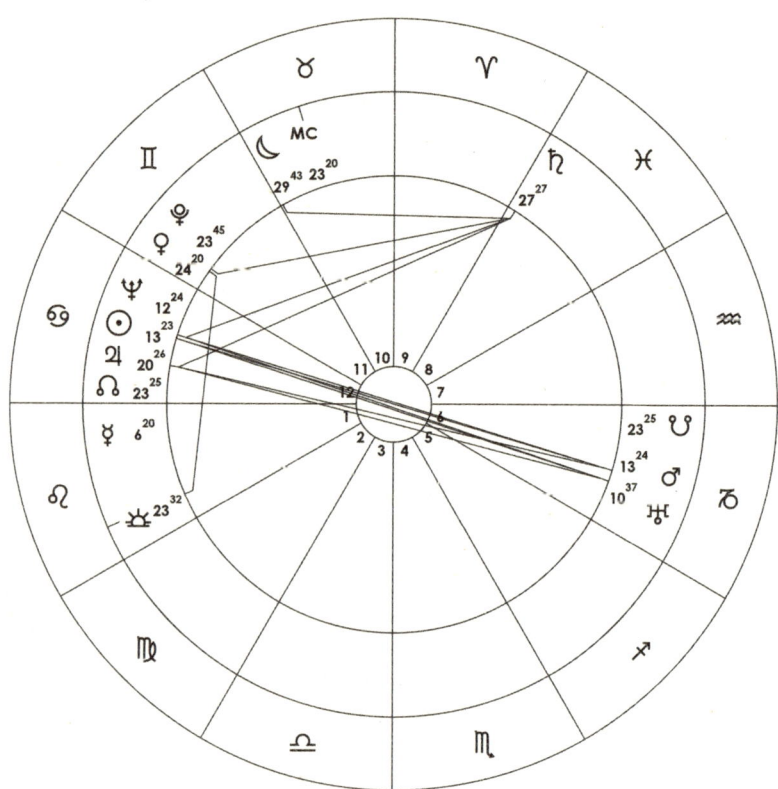

GEBURTSHOROSKOP VON FRIDA KAHLO

Geburtsdatum und -zeit: 6. Juli 1907, um 8:30 Uhr
Geburtsort: Coyoacán, Mexico City, Mexiko

Frida Kahlos Mond stand im Stier, dem Zeichen, in dem der Mond erhöht ist. Hier wünscht sich der Mond etwas Dauerhaftes, das solide aufgebaut ist und sinnliches Vergnügen schenkt. Wenn der Mond in einem Zeichen steht, das zu ihm passt, kann man seinen Lebenszweck voller Selbstvertrauen anstreben und erhält Anerkennung dafür.

Da der Stier von der Venus beherrscht wird, besteht eine gewisse Neigung zu Schmuck und Juwelen. Venus schmückt sich gerne. Das fixe Erdzeichen hat eine absolute Leidenschaft für Steine, Kristalle und Juwelen, die das Auge fesseln, aber auch den Geist erden. Frida Kahlo trug häufig große Ringe und Ohrringe sowie massige Halsketten. (Körperlich gehört zum Stier die Halsregion.) Sie lebte also ihren Mond im Stier auf spektakuläre Weise aus (wozu sicher auch ihr Aszendent Löwe beitrug). Frida Kahlo dienten Kleidung und Schmuck als Mittel zum Selbstausdruck. Sie erinnerte die Welt gerne an die indianische und koloniale Vergangenheit ihres Landes und trug Statement-Stücke, die beides ausstrahlten. Darüber hinaus wurde ihr Körper (der Mond) und das, was ihm widerfuhr, zum wiederkehrenden Thema ihrer malerischen Arbeit. Der Mond steht auch für das Heim, da passt es doch gut, dass ihr Zuhause am Ende in ein Museum umgewandelt wurde, denn der Stiermond liebt Bleibendes.

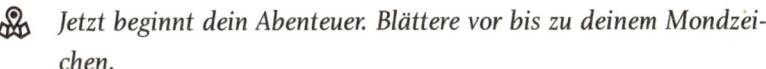 *Jetzt beginnt dein Abenteuer. Blättere vor bis zu deinem Mondzeichen.*

Der Mond im Widder

♈ ☾

Der Mond im kardinalen Feuerzeichen Widder braucht Action. Sein Alltag wird vermutlich abenteuerlich ausfallen, und für dieses Mondzeichen ist dies eine Form der Selbstfürsorge. Wenn du die Initiative ergreifst, fühlst du dich in der Welt sicherer. Herausforderungen sind nötig, damit du dich vital und lebendig fühlst.

Mit dieser Konstellation musst du unabhängig und frei sein, um ein emotionales Gleichgewicht zu erreichen. Welchen Grad an Unabhängigkeit du brauchst, hängt letztlich von den anderen

Elementen deines Horoskops ab. Auf jeden Fall wird es dir guttun, wenn du regelmäßig Dampf ablassen kannst. Deine Gefühle sind schnell ansprechbar, bleiben aber selten länger bestehen. Der Widder liebt den Wechsel.

Bei dieser Mondstellung kommt es häufig vor, dass man eine hitzköpfige, unabhängigkeitsliebende und mutige Bezugsperson hat. Das kann eine Person sein, deren Selbstwert nicht von anderen abhing und die dich ermutigte, dasselbe zu tun. Oder jemand, der einfach zu feurig war, um sich ihm nähern zu können, und der dir deshalb nicht geben konnte, was du gebraucht hättest.

Affirmationen für den Widdermond

- Ich würdige mein Bedürfnis nach Unabhängigkeit.

- Ich schätze mein Bedürfnis, mich an meinen eigenen Bestleistungen zu messen.

Fragen zur Selbstreflexion

- Gehst du im Streben, deinen Lebenssinn zu verwirklichen, gerne Risiken ein, weil du Abenteuer suchst?

- Was haben deine Bezugspersonen dir über das Kanalisieren und den Ausdruck von Wut beigebracht? Hast du gelernt, mit dieser Emotion zu arbeiten? Welche Vorstellungen haben diese Menschen dir über Unabhängigkeit vermittelt? Was hast du immer schon ganz allein gemacht oder wolltest es?

- Wann bringt deine Freude am Wettbewerb dich in emotional schwierige Situationen? Wann bringt sie mehr Isolation, als du dir wünschen würdest? Geht das gewöhnlich von dir aus oder von den anderen? Wann und wo fühlt Wettbewerbsfreude sich gesund an und inspiriert dich zu persönlichen Bestleistungen?

Der Mond im Stier

☿ ☾

Der Mond ist im Stier erhöht, hier entwickelt er eine besondere Stärke und erfüllt glänzend seine Aufgabe – nähren, Bande knüpfen, empfangen und gebären (im wörtlichen und übertragenen Sinn). Im Stier braucht der Mond stabile, verlässliche Stützen. Der Stier baut gerne Dinge auf, und der Mond schafft dies besonders gut in Beziehungen, im häuslichen Bereich und bei allen Dingen, die ein Gefühl der Sicherheit vermitteln. Mit abstrakten Dingen hat der Stier nichts am Hut. Er schätzt das Konkrete. Der Mond im Stier braucht sinnliche Freuden, die ihm vor allem in Zeiten der Unsicherheit und der emotionalen Instabilität helfen.

Wie alle Planeten im Zeichen ihrer Erhöhung trägt auch der Mond im Stier dazu bei, dass du für deine Begabung geschätzt wirst, deinen Talenten konkreten Ausdruck zu verleihen. Hier kann der Mond unglaublich stur sein, aber er hat eben auch festen Boden unter den Füßen. Planeten, die im Zeichen ihrer Erhöhung stehen, erregen mit ihrer Fähigkeit, ihre Aufgabe zu erfüllen, meist Aufmerksamkeit. Hier ist der Mond fruchtbar, er versteht es, zu geben und Dinge hervorzubringen. Ein Mond, auf den andere sich verlassen können. Sich stützen können. Von dem sie zehren können. So schmeichelhaft dies sein mag, dieser Mond muss lernen, dass er nicht der Futtertrog für alle hungernden Herzen ist.

Der Mond in einem Venuszeichen (Stier und Waage) weiß, wie er Verbindungen knüpft. Im Stier geschieht dies durch langsame und beharrliche Entwicklung der Partnerschaft. An Zuverlässigkeit wird es dem Stiermond nie fehlen.

Möglicherweise hattest du eine Bezugsperson, die stark, stur, solide, aber unter Umständen auch kontrollwütig war. Jemand, der auf seine Weise als berühmt oder berüchtigt galt. Jemand, dem Sicherheit und Beständigkeit wichtiger waren als alles andere.

👁 Affirmationen für den Stiermond

- Ich akzeptiere mein Verlangen nach Stabilität, Sicherheit und Beständigkeit, ermutige mich aber gleichzeitig, da und dort wohlüberlegte Risiken einzugehen.

- Ich weiß, dass meine Kraft etwas ist, das andere beruhigend finden. Das heißt aber nicht, dass ich ihnen mehr geben muss, als ich zu geben habe.

📝 Fragen zur Selbstreflexion

- Erhältst du häufig das Feedback, dass du für andere eine wichtige Unterstützung bist? Wenn ja, geht das vielleicht auf deine Kosten? Kann es sein, dass das Bild von der geerdeten und starken Persönlichkeit für dich bedeutet, dass niemand je fragt, was du brauchst?

- Hattest du eine Bezugsperson, die besonders bodenständig, zuverlässig und unnachgiebig war? Wie bist du mit diesen Zügen umgegangen? Hast du sie vielleicht sogar übernommen? Was davon funktioniert für dich? Was behindert dich eher? Und warum?

- Wenn du dich halt- und orientierungslos fühlst, wächst dann bei dir das Bedürfnis, etwas aufzubauen, dich dauerhaft für etwas zu engagieren und Dinge zu tun, die konkrete Resultate bringen? Kannst du auf diese Weise deinen Lebenssinn verwirklichen? Woran arbeitest du im Moment, das zum Mond im Stier passt?

Der Mond im Zwilling

♊ ☾

Der Mond im Zwilling steht auf Kommunikation, auf Austausch und Verarbeitung von Fakten und Ideen, die er ständig sammelt. Er braucht auch viele verschiedene Informationsansätze. Er stellt Fragen. Weil er stets lernen will, sich bewegen, intellektuelle Grenzen überschreiten.

Ein Zwillingmond schafft sich durch Gespräche das Gefühl von Sicherheit und Zugehörigkeit. Er beruhigt sich mit Lernen (das ist die introvertierte Seite des Zwillings) oder Kommunikation (die extrovertierte Seite) und sollte dabei sowohl auf Logik wie auf Intuition setzen. Du brauchst das introvertierte und das extrovertierte Erleben, um deine Mitte zu finden. Möglicherweise aber verspürst du den Zwang, ständig in Kontakt mit anderen zu sein, damit du dich sicher fühlst.

Mit dem Mond im Zwilling hattest du vielleicht eine Bezugsperson, die sich intellektuell besser ausdrücken konnte als körperlich oder emotional. Dieser Mensch war vielleicht charmant und intelligent, eine echte Plaudertasche, aber auch unzuverlässig und unbeständig.

👁 Affirmationen für den Zwillingmond

- Ich weiß mein Bedürfnis nach einer großen Bandbreite von Beziehungen zu würdigen.

- Ich schätze mein Bedürfnis, meine Emotionen auch intellektuell zu verstehen, lasse aber trotzdem zu, dass ich sie auch fühlen kann.

📝 Fragen zur Selbstreflexion

- Hast du das Gefühl, dass es dir in Zeiten der Unsicherheit hilft, etwas zu lernen oder ein gutes Gespräch zu führen? Und wenn ja, welche Art von Informationen beruhigt dich am ehesten?

- Brauchst du eine Vielfalt von Möglichkeiten, Beziehungen und Interessen, damit du deine Bedürfnisse erfüllen kannst? Hat das etwas mit deiner Kindheit oder deiner Erziehung zu tun? Gehört es unverzichtbar zu deinem Lebenszweck?

- War eine deiner Bezugspersonen besonders neugierig, intellektuell, sozial geschickt oder auch doppelzüngig?

Der Mond im Krebs

Im Krebs, seinem eigenen Zeichen, nährt der Mond die Massen. Hier ist er besonders stark, erfüllt seine Bedeutung, und seine Macht ist völlig unstrittig. Der Mond im Krebs muss andere nähren, und die anderen brauchen dies auch. Um sich in der Welt sicher zu fühlen, entwickelt der Mond im Krebs emotionale Bindungen, die sich in vielen Fällen familiär anfühlen. Ein Gefühl von Sicherheit entsteht durch den Kontakt mit anderen Menschen, auch wenn dies nicht umsonst zu haben ist. Manchmal nämlich verliert der Mond sich in der Sorge für andere und vergisst, dass seine eigenen Bedürfnisse genauso wichtig sind wie die seines Umfelds.

Der Krebsmond ist unglaublich sensibel, einfühlsam und intuitiv. Da kann es schon passieren, dass du, ohne es zu merken, die unverarbeiteten Emotionen von anderen Menschen übernimmst.

Zu lernen, diese Energien wieder loszulassen, ist für dich eine wichtige Überlebensstrategie.

Wer seine emotionalen Grenzen aus dem Blick verliert, wird gerne launisch. Um hier einen Ausgleich zu finden, brauchst du einen sicheren Ort, ein Heim, eine Muschel, in die du dich verkriechen kannst. Ein Heiligtum, in dem du dich von allen verbliebenen Spuren fremden menschlichen Leids wieder reinigen kannst.

Mit dem Mond in seinem Domizil kann es sein, dass du mit den materiellen Aspekten des Lebens spielend zurechtkommst. Das hängt allerdings vom Haus ab, in dem der Mond steht. Da diese Konstellation so stark ist, identifizierst du dich vielleicht mehr mit deinem Mond als mit deiner Sonne. Alles, was mit dem Mond zusammenhängt (Nähren, Fürsorge, Sorge um andere, Bindungen, Schreiben und durch die Welt ziehen), spielt in deinem Leben eine bedeutsame Rolle.

Mit dieser Konstellation geschieht es häufig, dass man seine Bezugspersonen als sehr fürsorglich und tröstlich erlebt. Oder aber als emotional erstickend. Ein Krebsmond kann auch auf eine Bezugsperson hinweisen, die bei deiner Entwicklung eine sehr dominante Rolle gespielt hat. Natürlich gilt dies in gewisser Weise für all unsere Bezugspersonen, aber mit einem Krebsmond fühlt man sich den Dingen, die man von dieser Person gelernt hat, besonders innig verbunden.

👁 Affirmationen für den Krebsmond

- Meine Bedürfnisse sind genauso wichtig wie die anderer Menschen. Ich kümmere mich aufmerksam um mein spirituelles, intellektuelles und körperliches Selbst.

- Es ist okay, wenn ich über meine Vergangenheit hinauswachse.

✎ Fragen zur Selbstreflexion

- In welchem Lebensbereich hast du das Gefühl, dass hier dein Selbstvertrauen und deine Talente am größten sind? Überprüfe im nächsten Abschnitt, ob das mit dem Haus deines Mondes zusammenhängt.

- Wie sorgst du gewöhnlich für andere? Ist dies ein Teil deines Lebenszwecks?

- Spielte einer deiner Elternteile eine besonders starke Rolle im Leben? Wenn ja, welche Bedeutung hatte er oder sie für deine Entwicklung? Waren seine oder ihre emotionalen Bedürfnisse zu viel für dich?

Der Mond im Löwen

♌ ☾

Der Mond im Löwen braucht Aufmerksamkeit, Applaus, Wertschätzung und Anerkennung im Alltag. Er muss sich kreativ ausdrücken können und inspirierende Dinge tun. In deinen frühen Jahren mag es schwierig gewesen sein, ohne Publikum genug Selbstbewusstsein zu sammeln, aber es ist unverzichtbar, dass du lernst, wie du dich selbst wertschätzen und loben kannst.

Dein Löwemond will leuchten. Es ist Teil deiner Lernprozesse, für deinen Mond das richtige Ambiente zu finden.

Dieser Mond fühlt sich als etwas Besonderes, und das finden viele Menschen anziehend. Leider ist nicht jede Art zu feiern gut für die Seele. Wenn man dich als Kind dafür gescholten und dir das Gefühl gegeben hat, du würdest dich ständig in den Mittelpunkt drängen, kann sich diese Konstellation als schwierig herausstellen. Denn dann sehnst du dich unbewusst nach Aufmerksamkeit, weißt aber nichts damit anzufangen, wenn du sie bekommst.

Vielleicht fühlst du dich auch schuldig und unbehaglich, wenn man dich lobt. Schließlich ist das nichts, was du kontrollieren kannst, aber trotzdem tief innen brauchst. Viele Menschen mit dieser Konstellation werden süchtig nach Lob und Anerkennung. Du bist richtig gut darin, dir Aufmerksamkeit zu verschaffen. Sobald sie ausbleibt, hast du das Gefühl, dein Selbst habe sich aufgelöst.

Du gehst recht selbstbewusst durch den Alltag. Selbst wenn du dich unsicher fühlst, wirst du dich emotional stark präsentieren. Hin und wieder allerdings solltest du alles Publikum vermeiden, um sicherzugehen, dass du dir immer noch selbst treu bist.

Vielleicht hattest du eine Bezugsperson, die aufregend und glamourös war, vielleicht sogar eine gewisse Berühmtheit besaß. Aber natürlich kann solch eine Person auch herrisch, egoman und selbstsüchtig sein. Möglicherweise musst du dir dein Selbst von einer solcherart überbordenden Persönlichkeit zurückerobern, vor allem dann, wenn diese ein feuriges Temperament zeigte, das einerseits inspirierend, andererseits wie die sprichwörtliche heiße Kartoffel war.

🜨 Affirmationen für den Löwemond

- Ich brauche Beifall, aber zuerst sorge ich dafür, dass ich mich selbst gut finde.

- Ich bin liebenswürdig und verdiene Aufmerksamkeit, ganz egal, wer zusieht.

☑ Fragen zur Selbstreflexion

- Hast du ein natürliches Talent, andere zum Lachen zu bringen? Fühlen die Menschen sich in deiner Gegenwart wohl? Bekommst du Aufmerksamkeit für das, was du tust? Wie fühlst du dich in einem solchen Fall?

- Bist du offen dafür, in den Positionen, die du ausfüllst, Führungsaufgaben zu übernehmen und zu strahlen? Gehört das vielleicht gar zu deinem Lebenszweck?

- Hattest du eine Bezugsperson, die besonders dramatisch oder glamourös auftrat? Die viel Beifall brauchte? Wenn ja, wie hast du dich dabei gefühlt?

Der Mond in der Jungfrau

♍ ☾

Der Mond fühlt sich in der Jungfrau im Allgemeinen recht wohl. In der Gelassenheit dieses Erdzeichens kann er sich nützlich machen und andere Geschöpfe und das Leben fördern. Er sorgt für Sicherheit und Zugehörigkeit, indem er fleißig ist, lernt, seine Begabungen ausbaut, sich dienstbar macht, Informationen verarbeitet und Daten analysiert. Die Jungfrau will reinigen, klären, organisieren, läutern. Ihre Art, mit Gefühlen ins Reine zu kommen, ist es, darauf zu achten, dass alles einsatzfähig und betriebsbereit ist. Das Nervensystem des Jungfrauenmondes profitiert sehr von Entschlackung, ob nun im Heim, im Geist oder im Körper. Der Jungfrauenmond braucht Rituale. Das mag nicht durchgängig der Fall sein, aber wann immer er etwas veredeln kann, beruhigt dies seine Seele.

Da dieser Mond recht kritisch ist, kommt es zu Schwierigkeiten, wenn er diese Energie gegen sich selbst oder andere Menschen richtet. Ein verzerrter Jungfraumond demontiert auf der Suche nach Lösungen einfach alles, nur um am Ende mit verletzten Gefühlen und Brüchen und Rissen in seinem Umfeld dazustehen.

Vielleicht bist du ja besessen von Perfektion und gestehst dir weder das Recht auf das Menschsein noch seine Schönheit zu. Es ist deine Lebensaufgabe zu lernen, wie du diese Energie verwenden kannst, um deine Fähigkeiten zu verbessern. Dazu gehören Rituale, die dich von zerstörerischer Selbstkritik befreien. Da die Jungfrau ihr Augenmerk immer auf das richtet, was nicht funktioniert, ist dein Mond besonders geschickt darin, die Rhythmen, Systeme und Wege zu begreifen, die eine natürliche Heilung herbeiführen.

Vielleicht hattest du eine Bezugsperson, die großen Wert auf Gesundheit legte, in den Heilkünsten versiert und ausgesprochen introvertiert war. Andererseits könnte diese Person auch überkritisch gewesen sein und völlig unfähig, sich selbst zu akzeptieren. War Letzteres der Fall, solltest du überlegen, wie sich dies auf dich und auf dein Selbstwertgefühl ausgewirkt hat.

👁 Affirmationen für den Jungfraumond

- Ich darf Fehler machen, lernen und es noch mal versuchen.

- Meine Gefühle müssen nicht verständlich sein, um sie zu akzeptieren.

📝 Fragen zur Selbstreflexion

- Ist es deine Gewohnheit, irgendetwas zu reparieren, anzupassen oder dich selbst zu verändern, wenn es in der Außenwelt Schwierigkeiten gibt? Hattest du in deiner Kindheit mit einem Elternteil zu tun, der dich ständig kritisiert hat? Gab es andere Bezugspersonen in deinem Leben, die dir das Gefühl vermittelt haben, dass du dich anpassen musst, damit sie dich annehmen?

• Welche besonderen Gaben hast du, die dir ein tiefes Verständnis für Kräutermedizin oder andere Formen der Naturheilkunde vermitteln? Beschäftigst du dich mit Möglichkeiten, Geist, Körper und Emotionen zu »reinigen«?

• Wie kannst du deine Begabung zu schreiben, zu kommunizieren, zu organisieren, zu säubern oder Texte zu korrigieren anwenden? Ist dies Teil deines Lebenszwecks?

Der Mond in der Waage

♎ ☾

Der Waagemond will Schönheit schaffen, Frieden bringen und sich Tag für Tag für mehr Gerechtigkeit einsetzen. Dieser Mond weiß haargenau, wann die Dinge nicht mehr im Gleichgewicht sind. Ungerechtigkeit ist ein falscher Ton im Klang der Welt, der ihn tief verstört. Daher beruhigt es ihn, wenn er wieder für harmonische Beziehungen sorgen kann. Ob er dabei auf Farben zurückgreift, auf Klänge, Texturen, Worte oder die Partnerschaft mit anderen – der Mond in der Waage versucht zu befrieden.

Mit dieser Konstellation bist du besonders geschickt darin, Verbindungen mit anderen zu knüpfen und ihnen zu helfen. Andere Menschen fühlen sich von dir wahrgenommen. Du sorgst dafür, dass deine Bedürfnisse erfüllt werden, weil du dich liebenswürdig verhältst. Konzentrieren sich deine emotionalen Bedürfnisse aber auf eine Partnerschaft, dann wirst du ausgesprochen ängstlich, wenn es zu notwendigen Konflikten kommt. Zwistigkeiten sind dir zutiefst zuwider, sodass du dich nötigenfalls komplett verbiegst, um sie zu vermeiden.

Mit diesem Mond fällt es dir schwer, mit Menschen zu streiten, die du liebst. Und wenn du zwischen mehreren Möglichkeiten, Menschen oder auch nur Hauptgerichten wählen sollst, fühlst du dich unwohl. Daher solltest du es dir zur täglichen Gewohnheit machen, deine Bedürfnisse über die der anderen zu stellen.

Vielleicht hattest du auch mit einer Bezugsperson zu tun, die Konfrontationen nicht mochte, die sich allzu sehr um den äußeren Anschein bekümmerte und sich stets besonders liebenswürdig verhielt. Oder du hast gelernt, wie du mit einem gefälligen Auftreten ihren Mangel an Takt überspielen konntest.

Affirmationen für den Waagemond

- Uneinigkeit ist Teil des Friedensprozesses.
- Ich konzentriere mich auf meine Bedürfnisse, damit ich für die Menschen in meinem Leben ein besserer Partner sein kann.

Fragen zur Selbstreflexion

- Was hilft dir, dich daran zu erinnern, dass Konflikte ein notwendiger Teil des Lebens sind?
- In welchem Lebensbereich strebst du nach Gerechtigkeit? Wo schaffst du jeden Tag Schönheit? Ist dies Teil deines Lebenszwecks?
- Hattest du einen Elternteil oder eine Bezugsperson, die Auseinandersetzungen nicht ertrugen, dir beibrachten, immer »gut« und »lieb« zu sein? Oder jemanden, der eine gewisse Anmut besaß und in dessen Gegenwart man sich stets wohlfühlte?

Der Mond im Skorpion

♏ ☾

Der Mond sucht Geborgenheit, Stabilität und Sicherheit. Er fühlt sich in Zeichen wohl, die für Ungezwungenheit und Bodenständigkeit stehen. Er will sich einrichten, den Alltag genießen. Den Skorpion allerdings bringen solche Aussichten nur zum Gähnen. Im emotional tiefgründigen, zu Extremen neigenden und hoch resilienten Tierkreiszeichen Skorpion steht der Mond daher im Fall. Das bedeutet nicht, dass das Leben an sich schwierig wird, aber du wirst tief schürfen müssen, um deinen Schmerz in etwas Sinnvolles umzuwandeln.

Der Mond im Skorpion lebt das Ziel seiner Seele auf eine Art aus, die zu intensiven Gefühlen führen kann. Er will tiefschürfende, transformative Bindungen zu anderen herstellen. Das wird mitunter recht besitzergreifend (entweder von deiner Seite oder von der deines Gegenübers). In verzerrter Form fixiert sich der Skorpionmond auf Kontrolle, statt Wege zu suchen, schwierige Emotionen zu verarbeiten und so neue Erfahrungen möglich zu machen.

Du hast die Gabe, schwere Zeiten zu überstehen, durch emotional intensive Erfahrungen zu gehen und Extremsituationen mit mehr Leichtigkeit zu meistern als die meisten Menschen. Missbrauch, Unglück und Schwierigkeiten verstehst du instinktiv. Das verleiht dir unglaublichen Tiefgang, hohe Sensibilität und emotionale Belastbarkeit.

Möglicherweise steht dieser Mond aber auch für eine Bezugsperson, die starke Gefühle und einen starken Willen hatte, die herrisch war und manipulativ. Zu ihren positiven Zügen zählten ein unglaublicher Einfallsreichtum, eine schier magnetische Anziehungskraft oder eine Kombination aus all dem. Da Skorpion mit Tod, Verlust und Transformation zu tun hat, steht der Mond in diesem Zeichen nicht nur für solche Erfahrungen im eigenen Leben, sondern auch für ein berufliches Interesse an diesen Dingen.

👁 Affirmationen für den Skorpionmond

- Meine Gefühlstiefe ist eine Gabe, die mich lehren kann, wie ich anderen mitfühlend begegne.

- Ich würdige meine Intensität. Sie ist eine Quelle kreativer Energie, die ich auf vielfältige Weise einsetzen kann.

📝 Fragen zur Selbstreflexion

- Was hilft dir, deine intensiven Gefühle zu verarbeiten? Wie behindert dich dabei dein Bedürfnis nach Kontrolle?

- Sind intensive emotionale Erfahrungen Teil deines Lebenszwecks?

- Hattest du eine Bezugsperson, die schwere Zeiten durchlebt hat? Die in gewisser Weise entehrt oder verachtet wurde?

Der Mond im Schützen

Der Mond im Schützen trachtet kühn nach allem, was er braucht. Er kümmert sich um sich selbst, indem er aktiv wird. Er nährt seine Seele, indem er nach der Wahrheit strebt.

Der Mond im Schützen braucht Abenteuer. Reisen, Vertrauensvorschuss, neue Ideen, das Studium der Philosophie: Alles, was ihn über Grenzen hinausführt, ihn lebendig und in Bewegung scheinen lässt, tut ihm gut.

Dein Optimismus macht dich resilient. Du suchst das Beste im Menschen, an Orten und in Situationen. Du nimmst auf positive Weise Verbindung zu anderen Menschen auf. Für dich ist es wichtig, dich jeden Tag wachsen zu fühlen.

Mit dem Mond im Schützen läuft das Leben am besten, wenn du dir erlaubst, dich von deinen Inspirationen, Einsichten und deiner Intuition leiten zu lassen. Möglicherweise zeigst du dich in deinen emotionalen Reaktionen recht extrem. Häufig preschst du in eine Richtung davon, ohne dir vorher zu überlegen, welche Folgen das haben könnte, vor allem, wenn du etwas aus dem Weg gehen möchtest.

Vielleicht war eine deiner Bezugspersonen Wissenschaftler, Reisender, Abenteurer oder auf andere Weise ein Freigeist, und du hast diese Person immer so erlebt, dass sie stets den großen Themen hinterherjagte, sich für deine kindlichen Bedürfnisse allerdings wenig interessierte. Der Mond im Schützen weist manchmal auf Eltern hin, die extreme religiöse oder weltanschauliche Ansichten hatten.

👁 Affirmationen für den Schützemond

- Immer wenn ich auf meine Intuition höre, vermehre ich meine Alternativen.

- Ich glaube an die Fülle meines Lebens.

📝 Fragen zur Selbstreflexion

- Findest du dein emotionales Gleichgewicht, indem du auf Reisen gehst, lernst oder spontan etwas unternimmst? Gehört dies zu deinem Lebenszweck?

- Fühlst du dich am sichersten, wenn du dich frei fühlst? Was bedeutet es für dich, dich frei zu fühlen? Wann fühlst du dich unfair begrenzt oder eingeschränkt?

- Hast du eine deiner Bezugspersonen als übermächtig erlebt, weil sie viel wusste oder viel Freiheit brauchte? Wie hast du als Kind darüber gedacht?

Der Mond im Steinbock

♑ ☾

Hier schafft der Mond Stabilität und Sicherheit, indem er seine Aufgaben erledigt, sich zu neuen Höhen aufschwingt und sich als verantwortungsbewusstes, zuverlässiges und produktives Mitglied der Gesellschaft erweist.

Steinbockmonde kommen zuallererst ihrer Sorgfaltspflicht gegenüber anderen nach, bevor sie sich um sich selbst kümmern. Aber natürlich können auch sie umlernen. Da der Steinbockmond Sicherheit im Leben hoch schätzt, wird er mehr arbeiten, als man von ihm erwartet, und derart viel Energie investieren, dass er schließlich völlig erschöpft ist (obwohl sein Durchhaltevermögen legendär ist).

Der Steinbockmond verlässt sich extrem auf sich selbst und fühlt sich nur sicher, wenn er die Situation unter Kontrolle hat. Asketisch und gewissenhaft macht er die Selbstverleugnung zur Überlebensstrategie. In manchen Fällen sorgt er so tatsächlich für sich selbst, denn er fühlt sich wohl, wenn er sich etwas versagt. Das kann sich zwar super anfühlen, aber es ist wichtig, dass du die Entsagung ausgleichst und klar erkennst, was du dir selbst geben musst.

Möglicherweise fällt es dir auch schwer, Beziehungen einzugehen, die keinen großen »Pflegeaufwand« erfordern. Das Leben mit dieser Konstellation durchzieht ein ständiges Gefühl des Mangels, vor allem in der Kindheit. Vielleicht hat es dir ja auch teilweise oder ganz an emotionaler und körperlicher Geborgenheit gefehlt. Da der Mond Herrscher über das körperliche Selbst ist, fällt es dir mit dieser Konstellation vielleicht schwer, mit deinem Körper zufrieden zu sein, ihn zu pflegen und überhaupt mit ihm verbunden zu bleiben.

Grenzen sind für diesen Mond von entscheidender Bedeutung. Emotional gesehen gibt es Anteile deines Selbst, die nie jemand zu sehen bekommt. Wem du sie aber zeigst, der ist dir künftig heilig. Dein geschärftes Gespür für die bitteren Aspekte der Wirklichkeit verleiht dir einen unglaublichen Sinn für Humor. Mit schmerzlichen und heiklen Emotionen gehst du praktisch um.

Vielleicht hat eine deiner Bezugspersonen sich von der Verantwortung für dich überfordert gefühlt oder konnte die Tradition nicht akzeptieren, die dies von ihr verlangte. Es ist die Aufgabe des Steinbockmonds herauszufinden, wo etwas nicht ausreichend genährt wird oder wurde. Nur so kann ein Mangel, der in der frühen Jugend entstanden ist, ausgeglichen werden. Ob deine Eltern nun verantwortungsbewusste, zuverlässige und fähige Bezugspersonen waren oder so abgekapselt von ihren eigenen emotionalen Bedürfnissen, dass sie deine nicht erkennen konnten: Für dich ist es hilfreich, Zwang durch Geborgenheit zu ersetzen, worin auch immer diese für dich bestehen mag.

👁 Affirmationen für den Steinbockmond

- Ich verpflichte mich, liebevoll mit mir umzugehen.

- Ich lege eine Pause ein, um wieder aufzutanken, wenn ich mich leer fühle.

📝 **Fragen zur Selbstreflexion**

- In welchen Bereichen hast du Schuldgefühle, wenn du andere um etwas bittest? Kennst du dieses Gefühl aus der Kindheit? Hatte es mit einer Bezugsperson oder einer Autoritätsfigur zu tun? Wie kannst du deine Heilung unterstützen?

- Ist es ein zentrales Thema in deinem Leben, pragmatisch zu sein und Aufgaben zu erfüllen?

- Fühlte eine deiner Bezugspersonen sich von der Verantwortung für dich überfordert? War sie unfähig, deine emotionalen Bedürfnisse zu erfüllen? Was hat das für dich bedeutet?

Der Mond im Wassermann

Der Mond im Wassermann braucht vor allem eines: Raum. Hier lebt der Mond auf, wenn er lernen und kommunizieren kann. Wenn er sich ein Verständnis dafür erarbeitet, wie die Systeme, in denen wir leben, funktionieren und wie man sie nötigenfalls reformieren kann.

Dieser Mond will verstanden und intellektuell herausgefordert werden, um sich emotional sicher zu fühlen. Da er Sicherheit durch Distanz anstrebt, braucht der Mond in diesem Zeichen logische Schlüsse, um Herzensangelegenheiten zu klären. Und diese sind natürlich nicht verfügbar, wenn das Gehirn in einem Meer von Emotionen versinkt. Dieser Mond braucht Platz, um zu sich selbst zu finden. Bei dieser Konstellation stellt sich mitunter eine extreme Sturheit ein, die es schwierig macht, mit den Gezeiten des emotionalen Lebens zurechtzukommen. Daher erleben andere dich häufig als emotional distanziert, aber diese Distanz darf nicht als Gefühllosigkeit missdeutet werden. Die Emotionen sind schon da, nur nicht an der Oberfläche. Gefühle sind keine Fakten, aber sie führen dich am Ende doch zu deiner ureigensten Wahrheit. Der Mond im Wassermann will Lösungen finden, die für alle Beteiligten funktionieren. Er legt seine Bedürfnisse mitunter auf Eis, um Gleichheit zu erreichen. Aber das klappt nicht, wenn er seine Gefühle verleugnet. Deine Aufgabe ist es also, Raum zu schaffen für deine eigene emotionale Erfahrung und Körper, Herz und Seele genauso hoch zu schätzen wie Geist und Intellekt.

Vielleicht hattest du eine Bezugsperson, die zwar intelligent, aber emotional reserviert und kühl war. Möglicherweise konnte sie die Dinge auch immer nur in einer bestimmten Form akzeptieren.

👁 Affirmationen für den Wassermannmond

- Ich bin offen für die Weisheit, die sich einstellt, wenn ich mit meinen Gefühlen sein kann.

- Ich gebe mir selbst den Raum, den ich brauche.

📝 Fragen zur Selbstreflexion

- Neigst du dazu, andere Menschen von dir wegzuschieben, wenn deine Gefühle zu intensiv werden?

- Hast du das Gefühl, dein Lebenszweck ist es, deine intellektuellen Gaben zu verwirklichen?

- War eine deiner Bezugspersonen bekannt für ihre Intelligenz oder ihre emotionale Zurückhaltung? Welche Bedeutung hast du dem beigemessen? Was hat dir dieser Mensch über den Umgang mit schwierigen Emotionen beigebracht?

Der Mond in den Fischen

♓ ☾

Dein Fischemond hilft dir, deinen Lebenszweck zu erfüllen, indem du auf die Kraft deiner Fantasie, Sensibilität und Kreativität setzt. Auch Mitgefühl im täglichen Leben ist ihm wichtig. Dein Mond wird das Alltägliche durch seine fantastische oder hochgradig mitfühlende Sensibilität besonders machen. Auf diese Weise erfüllst du, zumindest teilweise, deine emotionalen Bedürfnisse und schaffst dir Sicherheit. Der Mond in den Fischen will mit anderen verschmelzen – oder ihnen entfliehen, wenn er eine Situation als erdrückend empfindet. Das kann für andere, die sich von deiner verständnisvollen Art wahrhaft gesehen fühlen, zutiefst frustrierend sein. Der Mond in diesem Zeichen will anderen Gefühle und Schönheit zurückspiegeln, doch er sträubt sich, wenn man ihm Zügel anlegen und ihn am Weglaufen hindern will. Der Fisch ist gut im Schwimmen, der Stillstand liegt ihm gar nicht.

Mit dieser Konstellation ist es verlockend, den Begrenzungen des täglichen Lebens zu entkommen. Dein Mond fühlt sich am wohlsten in einer Umgebung, in der er seine Intuition, Sensibilität, Fantasie und Kreativität ausspielen kann.

Um dich selbst zu schützen, wirst du dich absetzen, verschwinden und dich entziehen, wenn deine Mitmenschen es am allerwenigsten erwarten. Musik, Bewegung, Kunst, Kreativität und Heilkunst sind Möglichkeiten, dem Fischemond ein angemessenes Betätigungsfeld zu geben. Wobei er vermutlich mehr als einen Weg beschreiten muss, um Tag für Tag seine Talente zu zeigen. Fische brauchen immer ein ganzes Sammelsurium an Möglichkeiten. Dieser Mond wünscht sich Vielfalt im Alltag.

Weil du so mitfühlend bist und dich auf das Leid anderer wirklich einlässt, kann es sein, dass du dich in dem Schmerz verlierst, den du in der Welt wahrnimmst. Für deine Mitmenschen kann diese Mondstellung ein Heilmittel sein, auch wenn dies häufig auf deine Kosten geht. Auf jeden Fall solltest du lernen, deine Grenzen zu stärken. Um anderen zu helfen, musst du wissen, wo du selbst beginnst und endest.

Vielleicht hattest du ja auch eine Bezugsperson, die sehr kreativ und sensibel war, unglaublich fürsorglich, aber auch emotional von dir abhängig. Solche Menschen neigen mitunter zum Märtyrertum. Es könnte auch sein, dass eine deiner Bezugspersonen in der Kindheit Probleme mit Suchterkrankungen oder seelischen Störungen hatte.

👁 Affirmationen für den Fischemond

- Ich achte auf meine Grenzen und gebe nur, was ich geben kann. Was ich selbst brauche, behalte ich.

- Ich kann mich dem Schmerz anderer öffnen, ohne ihn zu absorbieren.

📝 Fragen zur Selbstreflexion

- Was hilft dir, zentriert zu bleiben und das Gefühl für dich selbst nicht zu verlieren, wenn du mit Menschen zu tun hast, die leiden?

- Wie trägt deine Sensibilität zur Entfaltung deines Lebenszwecks bei?

- Hatte eine deiner Bezugspersonen Schwierigkeiten mit Alkohol- oder Drogensucht bzw. seelischen Störungen? Oder war sie umgekehrt sehr begabt, während sie gleichzeitig ein intuitives Gespür für die Bedürfnisse anderer aufbrachte?

DAS HAUS DEINES MONDES
Wo kannst du deine körperlichen und emotionalen Bedürfnisse stillen?

In welchem Haus steht dein Mond?

Das Haus deines Mondes zeigt dir an, wo du Geborgenheit findest, wo du dich nähren und auf sinnvolle Weise deinen Lebenszweck anstreben kannst. Das Mondhaus ist einer der wichtigsten Lebensbereiche, den du bewusst erfahren und zu dem du eine Beziehung aufbauen solltest. Da der Mond mit Eltern und Bezugspersonen zu tun hat, verweist das Mondhaus auch auf deine Kindheit, auf die Frau, die dich geboren hat, und auf deine Ahnenreihe.

Frida Kahlo kam mit einem erhöhten Mond im Stier und im zehnten Haus (Karriere und Rolle in der Öffentlichkeit) im Arbeitsleben einer ihrer Schlüsselplaneten zu Hilfe. Der erhöhte Mond wirkte in jenem Bereich ihres Lebens, der am meisten im Licht der Öffentlichkeit stand, und so gelang es Frida trotz einiger massiver Hindernisse, sich ihren Platz in der Welt zu erobern. Einen erhöhten Planeten zu haben segnet das Haus, in dem er steht, sodass dessen Bedeutung sich im Leben problemlos manifestieren kann. Frida Kahlo musste ihren Lebenszweck so leben, dass sie emotionale und körperliche Geborgenheit (Mond) fand, indem sie ein Werk aufbaute (Stier), das zum Denkmal und Testament ihres Lebens wurde (zehntes Haus). Wie bereits gesagt, war Frida Kahlos Heim sowohl der Ort, an dem sie einen Großteil ihrer Kunstwerke schuf, als auch jener Ort, der später zu ihrem Museum wurde. Der Schmerz und die Schönheit ihrer körperlichen Existenz (Mond) waren das zentrale Thema ihrer Arbeit. Ihre Karriere war einer jener Lebensbereiche, die ihr Leichtigkeit und Erfolg brachten.

 Jetzt beginnt dein Abenteuer. Schau auf Seite 116 nach, in welchem Haus dein Mond steht, und blättere vor bis zum betreffenden Abschnitt.

Der Mond im ersten Haus

Das erste Haus ist das Haus der Identität, des Selbst, des Körpers, der äußeren Erscheinung, der Vitalität, des Charakters und der geistigen Stärke. Als eines der markantesten Häuser im Horoskop macht dieses Haus den Mond zu einem der Hauptakteure deines Lebens.

Diese Konstellation stärkt deine Sensibilität und macht dich zu einem Menschen, der andere gut versorgen kann. Anderen emotionale, körperliche und geistige Fürsorge zu schenken liegt in deiner Natur. Der Mond in diesem Haus führt dazu, dass du anderen spiegeln kannst, wie sie selbst sind. Das kann eine aufwühlende oder beruhigende Erfahrung sein, je nach dem Tierkreiszeichen, in dem der Mond steht. Interessant ist sie auf jeden Fall.

Der Mond im ersten Haus will sich ständig mit seinem Umfeld austauschen. Er möchte Informationen geben und empfangen. Gleichzeitig ist der Mond in diesem Haus höchst empfänglich für die Umgebung, was ihn beeindruckbar, launisch und wankelmütig macht. Mit dem Mond im ersten Haus kannst du davon ausgehen, dass dein Lebenszweck von der Entwicklung deiner Persönlichkeit profitiert.

Fragen zur Selbstreflexion

- Gehörst du zu den Menschen, die das Herz auf der Zunge tragen?

- Hörst du von anderen häufig, dass sie sich von dir gesehen, widergespiegelt oder getröstet fühlen?

- Konzentrierst du dich auf dein Erscheinungsbild, wenn du dich unsicher, unwohl oder sonst wie daneben fühlst?

Der Mond im zweiten Haus

Das zweite Haus steht für den Lebensunterhalt, die Vermögenswerte, bewegliche Ressourcen, Selbstwertgefühl und Selbstsicherheit.

Mit dem Mond im zweiten Haus verwirklichst du deinen Lebenszweck dadurch, dass du erfolgreich mit deinen Ressourcen, inneren und äußeren Werten, Geld, Grundbesitz und nicht zuletzt deinem Selbstwert arbeitest.

Hier will der Mond Sicherheit schaffen, indem er Ressourcen weiterentwickelt und bewahrt. Vielleicht entdeckst du, dass du Zugang zu materiellen Werten brauchst, um in Geborgenheit zu wachsen. Oder dass du dich beruflich mit der Schaffung solcher Werte beschäftigst. Vielleicht arbeitest du aber auch in Bereichen, die mit Fruchtbarkeit oder Unfruchtbarkeit zu tun haben, mit Frauen oder mit Menschen, die sich nicht in das duale Geschlechterkonzept einordnen lassen. Auch die Pflege anderer Menschen, Ernährung, Kinderpflege, die Göttin, Schreiben und Kommunikation können wichtige Arbeitsbereiche sein.

 Fragen zur Selbstreflexion

- Welche Rolle spielt die Entwicklung deiner Ressourcen bei der Erfüllung deines Lebenszwecks?

- Welche Beziehung hatten deine Eltern zu Geld, als du ein Kind warst? Was ist deine erste Erinnerung, die mit Geld zu tun hat?

- Hat deine Arbeit etwas mit dem Körper zu tun, mit Reproduktionsmedizin, Pflege, dem Schreiben oder dem Kult der Großen Göttin? Wenn ja: Worin bist du hier am geschicktesten? Und wann hast du das zum ersten Mal bemerkt?

Der Mond im dritten Haus

☾

Im dritten Haus geht es um Geschwister, Verwandte, Kommunikation, Alltagsleben, kurzfristige Pläne, Reisen in der näheren Umgebung und Nachbarn. Es gilt als der Tempel des Mondes und der Großen Göttin.

Im dritten Haus steht der Mond in der Freude, was ihn besonders stark macht. In dieser Position bringt der Mond Menschen und Ideen zusammen. Er stiftet Gespräche, Rituale, spirituelle Praktiken und Gefühle. Der Mond in diesem Haus will, dass du deinen Lebenszweck auslebst, indem du schreibst, unterrichtest, lernst oder deinen Lebensunterhalt mit Wahrsagen oder Hellsehen verdienst.

Bewegung kann dabei ein wichtiges Moment werden, wenn dein Alltag mit Lehren, Informationsvermittlung, der Beschäftigung und Inspiration anderer ausgefüllt ist. Du brauchst vermutlich viel geistige Stimulation, Informationen und Daten, vor allem, wenn du dich unsicher fühlst. Vielleicht hast du auch enge Beziehungen zu Geschwistern, anderen Verwandten und engen Freunden, die dir zur zweiten Familie werden.

 Fragen zur Selbstreflexion

- Erfüllst du deinen Lebenszweck durch Schreiben, Vorträge oder Lehren?

- Welche Rolle spielen deine Geschwister, Cousins und Cousinen, weitere Verwandte und gute Freunde in deinem Leben?

- Hast du dich um deine Geschwister gekümmert, vielleicht sogar die Elternrolle übernommen?

Der Mond im vierten Haus

Das vierte Haus ist der Ort, an dem sich das Heim, die Familie, die Bezugspersonen, Eltern und Großeltern im Geburtshoroskop widerspiegeln. Es ist die Grundlage unseres Lebens, der Beginn und das Ende aller Dinge.

Mit dem Mond im vierten Haus kannst du deinen Lebenssinn verwirklichen, indem du ein Fundament für dein Leben schaffst. Die Familie, in die du hineingeboren wurdest, kann für dich ein Zuhause sein oder eben nicht. Wichtig ist, dass du für dich selbst einen solchen Zufluchtsort schaffst. Da sowohl der Mond als auch das vierte Haus sich mit Geschichte und Vergangenheit beschäftigen, hast du vielleicht ein lebhaftes Interesse an deiner Ahnenreihe und allgemein an Geschichte oder Schöpfungsmythen. Der Mond im vierten Haus steht aber auch für die Arbeit mit Familien, mit dem Heim der Menschen, mit ihrem Grundbesitz oder mit dem Haushalt im Allgemeinen.

Fragen zur Selbstreflexion

- Wie fühlt es sich für dich an, deiner (selbst gewählten oder ursprünglichen) Familie nah zu sein? Was in deinem Leben ist sofort besser, wenn du dich mit Menschen zusammentust, die sich wie deine Familie anfühlen?

- Interessierst du dich für deine Ahnen? Arbeitest du daran, eine Verbindung zu ihnen aufzubauen? Oder fühlst du dich ihnen ohnehin verbunden? Wie zeigt sich dies in deinem Leben, deiner Arbeit, deinen Beziehungen? Sagt dir das Studium deiner Ahnenreihe etwas über deinen Lebenszweck? Was könnte das sein?

- Hat ein Teil deiner Arbeit vielleicht mit Familien zu tun, mit dem Schaffen eines schönen Heims? Mit Häusern oder mit den buchstäblichen bzw. übertragenen Fundamenten des Lebens? Für welche dieser Aktivitäten bringst du ein natürliches Talent mit?

Der Mond im fünften Haus

Der Mond im fünften Haus steht für Kinder, Schöpfertum, Spaß, Freizeit, Sexualität und Erotik. Die Verwirklichung deines Lebenszwecks steht also zu diesen Themen in Beziehung. Da der Mond und das fünfte Haus eine so starke Verbindung zu Empfängnis, Reproduktion, Aufklärung und dem Geburtsprozess haben, fällt dir auf diesen Gebieten entweder alles in den Schoß oder du erlebst sie als besonders schwierig, aber sehr wichtig, so als würden sie dein ganzes Leben prägen.

Doch das Kinderkriegen ist nicht die einzige Form der Kreativität, die im fünften Haus angesiedelt ist. Alle schöpferischen Prozesse, kreativen Energien und Projekte, aber auch Liebesaffären, Lust und Freizeitaktivitäten sind wichtig für die Entwicklung deines Lebenszwecks. Alle Formen kreativer Betätigung helfen dir, deinem Leben einen Sinn zu verleihen. Das gilt auch für den Umgang mit Stimmungen und Emotionen.

Mit dieser Konstellation kann es sein, dass eine deiner Bezugspersonen mit den Themenbereichen des fünften Hauses zu tun hatte, ob nun Kunst, Kinder, Spaß oder kreativer Selbstausdruck.

🖎 Fragen zur Selbstreflexion

- In welcher Form tragen kreative Energie und ihr Ausdruck zur Erfüllung eines Lebenszwecks bei? Was passiert, wenn du eine Möglichkeit findest, deine schöpferische Energie einzusetzen? Und was passiert, wenn nicht?

- Haben Aufklärung und Reproduktionsmedizin etwas mit deinem Lebenszweck zu tun? Welches deiner Talente kommt in der Arbeit mit Kindern oder Jugendlichen zum Vorschein? Was sagt dir dein Dasein als Elternteil, Bezugsperson oder Mentor für die Kinder in deinem Leben über dich selbst? Hilft es dir, dich zu entwickeln?

- Was musst du tun, schaffen oder bearbeiten, wenn du dich unsicher, unwohl oder vom Leben abgeschnitten fühlst?

Der Mond im sechsten Haus

Das sechste Haus symbolisiert Arbeit und Gesundheit. Wenn wir mit einer Krankheit kämpfen oder mit chronischem Schmerz, besitzen wir nicht mehr die gleiche Energie oder Fähigkeit zu tun, was wir wollen. Körperliche Probleme führen dazu, dass wir das Leben ganz anders gestalten als ohne sie. Und hierfür einen geeigneten Weg zu finden macht das Leben anstrengend. Mit dem Mond im sechsten Haus kann es sein, dass du mit physischem Leid, Verletzungen, Krankheiten oder Ähnlichem konfrontiert bist oder dafür ein besonderes Gespür entwickelst.

Zum sechsten Haus gehören auch die Arbeit daheim und mit ihr unsere Arbeitsgewohnheiten und die Werkzeuge, die wir brauchen, um unsere Aufgaben zu erfüllen. Dabei kann es auch um Nutz- und andere Tiere gehen, deshalb ist das sechste Haus auch das Haus der Haustiere.

Außerdem kann der Mond im sechsten Haus auf das Wissen und die Erfahrung ökonomischer Ungerechtigkeit oder systematischer Ungleichheit am Arbeitsplatz hinweisen. Das sechste Haus zeigt uns, was wir nicht beeinflussen können – was an sich weder gut noch schlecht ist. Die eigene Autonomie beschränkt zu sehen ist das Thema des sechsten Hauses.

Was Häuser wie dieses uns sagen können, ist von unschätzbarem Wert. Denn keinen Zugang zu Ressourcen zu haben, die das Leben leicht machen, ist eine zentrale Erfahrung für den Großteil der Menschen auf dieser Welt. Im sechsten Haus können wir lernen, jene Aspekte des Lebens zu akzeptieren, über die wir keine Macht haben, und unsere Energie stattdessen auf Bereiche zu richten, die wir beeinflussen können. Der Wahrheit unseres Lebens ins Gesicht zu sehen heißt auch, dass wir uns seiner Unsicherheiten bewusst werden.

Mit dem Mond im sechsten Haus lebst du deinen Lebenszweck unter Umständen über Projekte aus, die mit deiner Arbeit zu tun haben. Dieser Mond fühlt sich sicher, wenn er etwas gut macht, von Nutzen sein kann, sich um Haustiere oder Tiere im Allgemeinen kümmern kann. Auch Gesundheitsthemen, Heilungstechniken oder ein Verständnis für die Ursachen von Krankheiten zu entwickeln gehören zu seinen Interessen.

Der Mond in dieser Stellung kann dir zeigen, dass du von der Krankheit eines wichtigen Menschen in deinem Leben massiv geprägt wurdest. Mitunter wirkt er sich tatsächlich auch so aus, dass du dich um alle Menschen sorgst, mit denen du arbeitest. Du kümmerst dich beruflich – sei es nun um das Heim anderer Menschen oder in der Pflege, jedenfalls in einem Beruf, der emotionale Intelligenz erfordert. Vielleicht arbeitest du auch von zu Hause.

Dieses Haus wird traditionell mit der Sklaverei in Verbindung gebracht, mit ihrer Geschichte und ihren Auswirkungen. Dazu gehören auch Fragen des Menschenhandels, Arbeitnehmerrechte und faire Arbeitsbedingungen. All das kann Teil deines Lebenszwecks sein.

📝 Fragen zur Selbstreflexion

- Arbeitest du mit Menschen, die krank sind? Findest du deinen Lebenszweck darin, ihnen zu dienen? Beschäftigst du dich mit Heilmethoden oder Schmerzlinderung? Oder hat deine Arbeit mit Arbeitnehmerrechten, Menschenhandel oder den Auswirkungen der Sklaverei zu tun? Wenn ja, was an dieser Arbeit liegt dir? Was hat dich überhaupt erst dazu gebracht? Und was hält dich bei der Stange? Beeinflusst deine Arbeit deine geistige, emotionale oder spirituelle Gesundheit?

- Hat dein Lebenszweck etwas mit deiner Arbeit zu tun? Welche Punkte in deinem Leben werden durch deine Arbeit einfacher für dich?

- Hatte eine deiner Bezugspersonen in der Kindheit gesundheitliche Probleme oder schlichtweg viel zu viel Arbeit? Welche Lehren hast du aus dieser Erfahrung gezogen?

Der Mond im siebten Haus

Im siebten Haus geht es um feste Partnerschaften romantischer, platonischer oder beruflicher Natur. Hier hilft der Mond dir beim Erreichen deines Lebensziels, indem er Verbindungen zu anderen stiftet. Du wirst feststellen, dass deine wichtigsten, lebensverändernden Erfahrungen durch enge Beziehungen oder Geschäftspartnerschaften entstehen. Diese Konstellation lässt dich in Partnerschaften viel vom anderen annehmen. Hier hat der Mond die Neigung, sich je nach seinem Tierkreiszeichen in dein Gegenüber zu verwandeln oder zu viel zu geben. Daher ist es enorm wichtig, dass du klare emotionale Grenzen ziehst.

Mit dem Mond im siebten Haus können die Menschen, zu denen du enge Beziehungen pflegst und die du in dein unmittelbares Umfeld einlässt, dir entscheidende Erfahrungen verschaffen, durch die du dein Verständnis erweiterst und dich weiterentwickelst.

📝 Fragen zur Selbstreflexion

- Strebst du in Beziehungen oft nach etwas, das deinem Leben Sinn und Richtung gibt? Wenn du dich verloren fühlst, unsicher oder abgehängt, suchst du dann in deiner Partnerschaft Trost? Heißt das für dich, dass du in Beziehungen ausharrst, die dir nicht unbedingt guttun? Was hilft dir, dich aus einer solchen Partnerschaft zu lösen?

- Hast du den Eindruck, dass viele der entscheidenden Erfahrungen in deinem Leben durch deine Partner*innen oder Partnerschaften angestoßen werden? Welche hatte den stärksten Einfluss?

- Haben deine Eltern oder Bezugspersonen sich häufig in ihren Beziehungen verloren? Wie hat dies deine Fähigkeit beeinflusst, deine Bedürfnisse erfüllt zu bekommen?

Der Mond im achten Haus

Mit dem Mond im achten Haus – dem Ort der Zusammenarbeit sowie fremder Ressourcen und Wertgegenstände – erfüllst du deinen Lebenszweck, indem du lernst, Ressourcen zu teilen, zu geben, was du hast, zu empfangen, was du brauchst, und gemeinsam mit anderen Werte zu schaffen. Dieses Haus zeigt auch deinen Umgang mit einem etwaigen Erbe und den Einfluss, den dieses auf deinen Lebenszweck hat.

Der Mond im achten Haus entwickelt ein besonderes Verständnis für den Tod und die Reise der Seele, nachdem sie den Körper verlassen hat. Die Gefühle von Trauer, Verlust und Verzweiflung angesichts der Vergänglichkeit des Lebens sind ebenfalls hier beheimatet. Mit dieser Konstellation kannst du ein besonderes Geschick für den Umgang mit seelischen Störungen entwickeln. Möglicherweise arbeitest du mit Menschen, die an einer seelischen Erkrankung leiden oder eine tiefe Trauer überwinden müssen. Der Mond im achten Haus kann auch auf einen Elternteil hindeuten, der unter psychischen Erkrankungen litt oder beruflich damit zu tun hatte. Oder du hast einen massiven Verlust erlebt, der deine ganze Kindheit prägte.

Mit dem Mond im achten Haus musst du dich vielleicht mit emotional schwierigen Situationen auseinandersetzen und kathartische bzw. reinigende Erfahrungen machen. Möglicherweise hast du einen Draht zu den Seelen, die ihren Körper verlassen haben. Menschen, die channeln oder hellsehen können, die in Kontakt mit der geistigen Welt stehen, haben häufig ein dominantes achtes Haus.

✍ Fragen zur Selbstreflexion

• Spielt Zusammenarbeit bei der Erfüllung deines Lebenszwecks eine wichtige Rolle?

• Was glaubst du, über Trauer und den Trauerprozess zu wissen?

• Hast du eine besondere Sensibilität für Themen wie psychische Probleme, Verlust und geistige Heilung? Litt eine von deinen Bezugspersonen unter seelischen Störungen? Haben dir Therapien oder andere Heilmethoden geholfen, die Erfahrung zu verarbeiten? Hat dieser Prozess dir vielleicht etwas über deinen Lebenssinn enthüllt?

Der Mond im neunten Haus

Mit dem Mond im neunten Haus wirst du deinen Lebenssinn vermutlich durch Lehren, Reisen, Publizieren, Philosophie, Rechtsberatung, Spiritualität, Religion oder höhere Bildung ausleben.

Du findest Trost und Stärke in der Beschäftigung mit Weisheits-traditionen. Alles, was irgendwie entlegen, abenteuerlich und auf-regend wirkt, verleiht dir Kraft. In diesem Haus will der Mond das Unbekannte erforschen. Daher braucht er Situationen, die seinen Horizont erweitern und ihn aus der Komfortzone katapultieren, damit er das Leben aus einem anderen Blickwinkel betrachten kann.

Vielleicht wirkst du auch als Lehrer*in stark unterstützend bzw. hast deinerseits Lehrer*innen, die für dich wie Eltern sind, im positiven wie im negativen Sinne. Lernen ist dein Urinstinkt. Du bist unglaublich talentiert in der Aufnahme von Ideen, findest leicht Antworten und hast eine enorme Begabung für seherische Erfahrungen.

Mit dem Mond im neunten Haus musst du, wenn du dich ver-unsichert fühlst, auf Reisen gehen, studieren, lernen. Oder du bringst anderen etwas bei bzw. arbeitest im Publikationswesen.

🖉 Fragen zur Selbstreflexion

- Neigst du dazu, Informationen aufzunehmen oder weiterzugeben, wenn du dich unsicher fühlst? Auf welche Weisheitstraditionen stützt du dich, wenn du das Gefühl hast, deine Mitte verloren zu haben? Hat dein Lebenszweck etwas mit Reisen oder Lehren zu tun? Was an diesen beiden Aktivitäten ist es, das dir hilft?

- Hat dein tägliches Leben etwas mit Veröffentlichungen zu tun, in welcher Form auch immer? Wie fühlt es sich für dich an, wenn du Informationen in die Welt hinausschickst, an eine bestimmte Gruppe von Menschen oder als Teil deiner Arbeit?

- Waren Religion oder Spiritualität ein wichtiger Teil deiner Kindheit oder waren sie für eine deiner Bezugspersonen von besonderer

Bedeutung? War dies für dich eine positive, negative oder eher neutrale Erfahrung? Welche Rolle spielt beides in deinem heutigen Leben?

Der Mond im zehnten Haus

Im zehnten Haus trägt der Mond dazu bei, dass du deinen Lebenszweck durch Karriere, sozialen Status und öffentliches Ansehen erfüllst. Dieser Mond strebt nach sozialer Anerkennung. Er fühlt sich sicher, wenn »die Leute« ihn gut finden. Ziele zu erreichen ist für ihn ein Weg, sich zu beruhigen. Menschen mit dem Mond in diesem Haus streben daher häufig nach Ruhm oder stehen plötzlich im Rampenlicht, ohne sich im Mindesten darum bemüht zu haben.

Dieser Mond besitzt ein intuitives Verständnis für die Wünsche anderer. Daher hat er ein gewisses Geschick für die Arbeit mit dem Körper, für Themen rund um Geburtshilfe und Empfängnis. Er wirkt auf körperliche, emotionale und spirituelle Weise nährend. Traditionell galt diese Mondstellung als Hinweis auf Wasser und Gewässer.

Mit dem Mond in diesem Haus ist Arbeit deine Art, für dich zu sorgen. Schwierig wird das erst, wenn du Ruhe brauchst. Du befindest dich emotional im Gleichgewicht, wenn du beruflich etwas schaffst. Allerdings solltest du darauf achten, dass du der Welt nicht mehr gibst, als du geben kannst.

🖊 Fragen zur Selbstreflexion

- Wenn du unsicher oder verstört bist, arbeitest du dann gerne an Projekten, die dir Anerkennung einbringen? Wann wird dies kontraproduktiv, sodass du Energie verlierst oder körperlich leidest?

- Erhältst du leicht Anerkennung für deine Bemühungen? Wirst du häufig auf die Anerkennung angesprochen, die du bekommst? Was sagen diese Leute dann? Beneiden andere dich häufig um deine Leistungen? Wenn ja, wie gehst du damit um?

- War eine deiner Bezugspersonen bekannt oder berühmt? Hattest du das Gefühl, dass dieser Mensch übermächtig ist, als du noch klein warst? Wie hat dies dein Selbst beeinflusst?

Der Mond im elften Haus

Das elfte Haus steht für Gemeinschaft und glückliche Fügungen. Du lebst deinen Lebenszweck daher vermutlich in den Beziehungen aus, die du zu Freunden und Gruppen aufbaust bzw. in gemeinsamen Aktivitäten mit ihnen. Im Haus der glücklichen Fügungen gibt der Mond anderen und macht so sein eigenes Glück. Du baust mit Menschen, die die gleichen Hoffnungen und Zukunftsträume hegen wie du, etwas auf und verwirklichst so deine eigenen Träume.

Dieser Mond fühlt sich am sichersten, wenn er in Gruppen aktiv ist, wenn er netzwerken kann. Vielleicht verspürst du ja den inneren Drang, mit Gleichgesinnten eine Vision zu verwirklichen. In so einem Umfeld blühst du auf. Wenn du dein Bedürfnis nach Gemeinschaft anerkennst, wirst du viel Freude erleben.

📝 Fragen zur Selbstreflexion

- Tut es dir gut, mit Gruppen zu arbeiten oder Zeit mit ihnen zu verbringen? Hast du das Gefühl, dass deine Verbindung zu anderen dir wichtige Erfahrungen vermittelt? Geschieht dies wie von

selbst, oder bemühst du dich aktiv darum? Wenn ja, wie? Und
wenn nicht, wie könntest du das bewerkstelligen?

• Hat die Organisation von Gruppen etwas mit deinem Lebenszweck zu tun? Und wie sieht das im Moment aus? Wie hättest du
  es gerne?

• Hat eine deiner Bezugspersonen ihr Leben durch Gruppen und
  Organisationen gelebt? Waren Freundschaften ein wichtiger Teil
  ihrer Identität? Oder hatte diese Person vielleicht Probleme mit
  Gruppen? Wie hat dich das beeinflusst?

Der Mond im zwölften Haus

Im zwölften Haus findet all das eine Heimat, was außer Sicht ist,
geheim und unbewusst. Wer den Mond in diesem Haus hat, fühlt
sich von Geheimnissen angezogen, ob es nun um die Familie, die
Kultur oder die Gesellschaft geht. Mit dem Mond im Haus der
geheimen Vorhaben bist du vielleicht hinter den Kulissen tätig,
arbeitest für dich an Projekten, verbringst den Tag in Dunkelkammern und Studios. Isolation ist für dich wie ein kreativer
Brutkasten.

Dieser Mond braucht Zeit, um seine Gefühle zu verarbeiten.
Wenn du für dich selbst sorgen willst, musst du dich zurückziehen
und auftanken.

Andererseits hat dieses Haus auch mit Sorgen, Verlusten,
Selbstsabotage und allen Aspekten des Selbst zu tun, die wir lieber vergessen würden, die wir nicht anschauen oder vor fremden
Augen verbergen wollen. Der Mond im zwölften Haus sagt uns etwas über unsere leidvollen Erfahrungen. Auch dieses Leid kann

von Eltern bzw. Bezugspersonen kommen, kann symbolisch für ihre Kämpfe stehen oder für die der Familie bzw. Ahnenreihe. Selbstsabotage ist hier Überlebensstrategie, so paradox dies klingen mag. Am Ende aber muss der Mond im zwölften Haus lernen, wie er die Vergangenheit heilen kann. Nur so verschafft er sich Zugang zu dem unglaublichen schöpferischen Reichtum, den jeder nicht erkannte Schmerz bindet.

Das zwölfte Haus steht auch für Gefangenschaft, Isolation und Einweisung in Anstalten, ob du dies nun selbst erlebst oder deine Eltern bzw. Bezugspersonen diese Erfahrung machen mussten. Vielleicht hast du auch Gaben, die dich zur Arbeit mit Menschen befähigen, die in Haft sind, sich von der Gesellschaft abkapseln oder irgendwo festgehalten werden.

🗒 Fragen zur Selbstreflexion

- Welche Rolle spielen abgeschottete Räume wie Studios oder Dunkelkammern bzw. Orte des Rückzugs für deinen Lebenszweck?

- Kannst du gut mit Menschen umgehen, die schmerzliche Verluste erlitten haben?

- Hatte eine deiner Bezugspersonen psychische Probleme und wurde deswegen in eine Klinik eingewiesen? Oder hat einer deiner Elternteile sich vielleicht für Menschen eingesetzt, denen ihre Rechte von der Gesellschaft vorenthalten wurden? Vielleicht trifft Letzteres auch auf dich selbst zu?

BEZIEHUNGEN ZU ANDEREN PLANETEN

Wer beeinflusst deine Fähigkeit, deine körperlichen und emotionalen Bedürfnisse zu erfüllen?

Welche Planeten bilden Aspekte zu deinem Mond?

So wie Planeten in Beziehung zu deiner Sonne treten können, tun sie dies auch mit deinem Mond. Auch diese Aspekte können wir danach einteilen, ob sie Geschenke, Herausforderungen oder Zusammenschlüsse darstellen. Diese Klassifikation gilt für sämtliche Planetenaspekte. Sextile und Trigone sind hilfreiche Geschenke, die im Aspekt zum Mond die Voraussetzungen für materiellen Überfluss, die Erfahrung von Geborgenheit und ganz allgemein für Segen schaffen. Quadrate und Oppositionen sind Herausforderungen, die den Zugang zu materieller und emotionaler Sicherheit blockieren können, zumindest an einem bestimmten Punkt deines Lebens. Zusammenschlüsse oder Konjunktionen stehen für die Bündelung von planetaren Kräften, die sich – je nach Planet – positiv oder negativ auswirken können.

Frida Kahlos erhöhter Mond im Stier im zehnten Haus bildet ein Sextil mit dem ebenso erhöhten Jupiter (dem Planeten des Überflusses) im Krebs im zwölften Haus. Da der Mond über den Krebs herrscht und so Jupiter beeinflusst, stehen die beiden ohnehin in einer engen Beziehung, die noch einmal intensiviert wird, weil sie ein hilfreiches Sextil zueinander bilden. Obwohl das zwölfte Haus häufig mit Isolation und erdrückenden Schwierigkeiten belastet ist, brachte der Stiermond die Erfahrungen des zwölften Hauses in Kahlos Karriere (zehntes Haus) ein. Frida Kahlos Fähigkeit, ihr persönliches Leid, ihre Verluste und die Isolationserfahrung in ihre Kunst einfließen zu lassen, verschaffte ihr große Anerkennung.

Wobei wir eines beachten sollten: Hätte es herausfordernde Aspekte von anderen Planeten auf Frida Kahlos Mond gegeben, wäre ihre Karriere wohl nicht so glänzend ausgefallen.

🜨 *Jetzt beginnt dein Abenteuer. Schau auf Seite 116f. nach, welche Aspekte dein Mond bildet, und blättere vor zu den entsprechenden Abschnitten. Dann blättere vor zu den Fragen zur Selbstreflexion am Ende dieses Kapitels (Seite 173).*

Die Geschenke

Das Sextil

Ein Sextil bezeichnet einen Abstand von 60 Grad zwischen zwei Planeten. Der Aspekt gilt als positiv und sanft, als hilfreich und ermutigend. Ein Sextil mit dem Mond ist daher immer förderlich, wenn auch auf subtile Weise.

Ein Sextil zwischen Mond und ...

• **Sonne** zeigt, dass die beiden Lichter in deinem Horoskop sich gegenseitig verstärken. Dein Lebenszweck wird sich auf harmonische Weise erfüllen.

- **Merkur** erleichtert deine Kommunikation und schafft positive Verbindungen. Du giltst als scharfsichtiger, angenehmer Mensch. Möglicherweise zeigt sich diese Eigenschaft auch bei einer deiner Bezugspersonen.

- **Venus** schenkt dir ein charmantes Wesen. Du besitzt die Fähigkeit, Verbindungen zu knüpfen, die dir nützen können. Venus schenkt auch ein schönes Heim und eine angenehme Erscheinung. Vielleicht hast du dein gutes Aussehen oder dein künstlerisches Talent auch von einem Elternteil geerbt.

- **Mars** stattet deine Lebensweise mit Mut und Antriebskraft aus. Vielleicht war eine deiner Bezugspersonen Vorbild für eine positive Art des Schutzes.

- **Jupiter** schenkt dir Überfluss und Vertrauen ins Leben. Dieser Aspekt verschafft materielle und emotionale Vorteile, die du zu genießen weißt. Vielleicht besaß eine deiner Bezugspersonen eine strahlende, optimistische oder spirituelle Persönlichkeit.

- **Saturn** sorgt für Struktur, Stabilität und Disziplin, die du im Alltag ausleben kannst. Auf diese Weise verschaffst du dir materielle und emotionale Sicherheit. Vielleicht hattest du auch eine Bezugsperson, die auf natürliche Weise Autorität ausstrahlte.

- **Uranus** schenkt innovative Erkenntnisse, aber auch das Bedürfnis, alles mal kurz durcheinanderzuwirbeln. Dazu kommt eine eigenwillige Sensibilität. Mit diesem Aspekt brauchst du einen anregenden, faszinierenden, abwechslungsreichen Alltag. Vielleicht hattest du auch eine etwas exzentrische Bezugsperson, deren Art dich inspiriert hat.

- **Neptun** verleiht eine lebhafte Fantasie und das Bedürfnis nach emotionaler Nähe. Dieser Aspekt schärft deine Intuition und die Fähigkeit, mit Menschen zurechtzukommen. Möglicherweise war auch einer deiner Elternteile kreativ oder idealistisch veranlagt.

- **Pluto** gibt eine emotionale Tiefe, die immer wieder zu kathartischen Erfahrungen führt. Du sehnst dich nach Menschen, für die Wandlung kein Fremdwort ist. Vielleicht hattest du auch eine Bezugsperson, die diese Macht und Intensität ausstrahlte.

Das Trigon

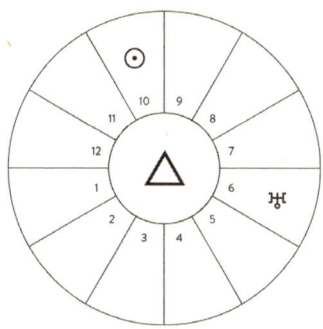

Das Trigon bezeichnet einen harmonischen und hilfreichen 120-Grad-Abstand zwischen zwei Planeten. Mit diesem Aspekt fällt es dir leichter, deine emotionalen und körperlichen Bedürfnisse zu erfüllen. Das Trigon wirkt stärker als das Sextil, es schenkt intensivere Gaben.

Ein Trigon zwischen Mond und ...

- **Sonne** heißt, dass dein Lebenszweck und deine Art, ihn auszudrücken, in harmonischer Verbindung stehen.

- **Merkur** zeigt, dass du dich emotional mit anderen Menschen verbinden kannst. Vielleicht war auch eine deiner Bezugspersonen ein Kommunikationsgenie oder konnte ihre Emotionen klar ausdrücken.

- **Venus** ist ein ausgesprochen hilfreicher Aspekt, der Schönheit, Charme, Leichtigkeit und auch ansonsten ein angenehmes Wesen schenkt. Vermutlich gehst du das Leben mit Stil und Eleganz an. Vielleicht war eine deiner Bezugspersonen besonders attraktiv, konnte gut mit Menschen umgehen und fühlte sich in jedem sozialen Umfeld wohl. Vermutlich zog sie alle Aufmerksamkeit auf sich und die Menschen begegneten ihr mit Bewunderung.

- **Mars** hilft dir, dich in Führungsrollen gut einzurichten. Du ergreifst gern die Initiative, gehst deinen Weg und versorgst dich mit allem, was du brauchst. Vielleicht hattest du eine Bezugsperson, die Wert auf ihre Unabhängigkeit legte und dir beibrachte, dasselbe zu tun.

- **Jupiter** ist wirklich ausgesprochen förderlich. Damit erhält der Mond Schutz, Fülle, Optimismus, Großzügigkeit, ein spirituelles Naturell und das Vertrauen, dass das Leben dir geben wird, was du dir wünschst. Vielleicht war eine deiner Bezugspersonen besonders großzügig, optimistisch und fähig, auf materieller Ebene für Überfluss zu sorgen.

- **Saturn** schenkt dir eine Autorität, die andere nicht als übergriffig empfinden. Die Menschen vertrauen auf dich und deine Integrität. Vielleicht hat eine deiner Bezugspersonen eine wichtige Stellung in der Gesellschaft eingenommen. Oder sie hat dir gezeigt, wie du reife Entscheidungen treffen kannst, ohne andere zu unterdrücken.

- **Uranus** macht dich auf eine Weise unkonventionell, die andere akzeptieren, ja wertschätzen können. Vielleicht hatte ja auch eine deiner Bezugspersonen diesen experimentellen, erfindungsreichen und schöpferischen Zugang zum Leben.

- **Neptun** verleiht eine Kreativität, die zutiefst intuitiv ist. Sie nährt sich von Bildern, Klängen und Farben. Es könnte auch sein, dass eine deiner Bezugspersonen diesen intuitiven, empfänglichen, hingebungsvollen Charakter hatte.

- **Pluto** schenkt eine emotionale Intensität, auf die andere Menschen instinktiv reagieren. Deine Eltern oder Bezugspersonen haben dich vermutlich stark beeinflusst, aber auch die Welt um sie herum. Möglicherweise haben sie dir Zugang zu materiellen Gaben verschafft.

Die Herausforderungen

Das Quadrat

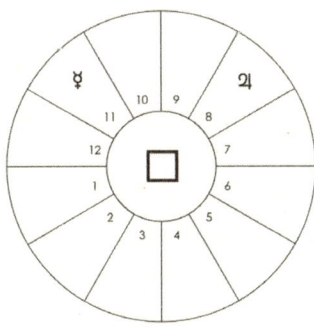

Ein Quadrat (90 Grad) zum Mond zeigt, wo wir körperlich, emotional oder materiell Unsicherheit erlebt haben. Schwierige Aspekte auf den Mond verweisen mitunter auch auf ererbte oder historische Traumata, denn der Mond steht ja auch für den Körper und unsere Ahnenreihe.

Ein Quadrat zwischen Mond und …

- **Sonne** lässt einen Konflikt zwischen deinem Lebenszweck und der Art, wie du ihn auslebst, vermuten. Möglicherweise wirken sich die beiden »Lichter« im Horoskop so unterschiedlich aus, dass dies eine Dauerspannung erzeugt, die dich aber wiederum aktiv werden lässt. Paradoxe Aspekte der Persönlichkeit sind niemals langweilig.

- **Merkur** spricht für eine Herausforderung, wenn du deine Gefühle auszudrücken versuchst. Vielleicht hat aber auch eine deiner Bezugspersonen diesbezüglich Probleme gehabt, was dich womöglich negativ beeinflusste. Ein Merkur-Quadrat ist an sich nicht so schlimm, außer es trifft Saturn oder Mars.

- **Venus** heißt, dass du Schwierigkeiten haben könntest, deine Bedürfnisse zu erfüllen, denn dieser Planet will anderen unbedingt gefallen. Vielleicht gab es auch Konflikte, weil Eltern oder Bezugspersonen viel Aufmerksamkeit brauchten, sodass nicht mehr genug für das Kind übrig blieb. Vielleicht legte diese Bezugsperson so viel Wert auf ihr gutes Aussehen und ihren Charme, dass sie nicht mehr viel Zeit für deine Wünsche erübrigen konnte. Venus-Quadrate sind selten wirklich schädlich, deuten aber auf Schwierigkeiten rund um Schönheit und Geliebtwerden hin.

- **Mars** kann sehr schmerzlich sein, denn hier ist eine gewisse Grausamkeit angelegt. Vielleicht hattest du ja einen Elternteil, der seine Wut nicht im Griff hatte. Dann zeigt dieser Aspekt, wie du das als Kind aufgenommen hast. Mit diesem Aspekt braucht man ein Ventil für den eigenen Ärger, für die Energie und den Antrieb, der dahintersteckt. Du profitierst in jedem Fall von Aktivitäten, die die Hitze herausnehmen und dich abkühlen. Sozusagen anti-entzündliche Maßnahmen für Körper, Seele und Geist.

- **Jupiter** bringt das Bedürfnis nach Fülle, Verwöhntwerden und emotionale Erfahrungen mit sich. Mit diesem Aspekt hat man es häufig mit einem Elternteil zu tun, der übermächtig war, auf eine (emotionale und andere) Art übersteigert. Einem Menschen jedenfalls, dessen starke Persönlichkeit die kindliche Erfahrung überlagerte.

- **Saturn** kann zu Steifheit, Schwere und Lethargie in Körper und Gefühlswelt führen. Depression ist ein häufiger Nebeneffekt eines schwierigen Mond-Saturn-Aspekts. Vielleicht war eine deiner Bezugspersonen mit dir als Kind überfordert und konnte dich nicht richtig versorgen. Du kannst aber mit diesem Aspekt arbeiten, indem du diszipliniert vorgehst und Möglichkeiten findest, freundlich und mitfühlend zu dir selbst zu sein.

- **Uranus** bringt die Fundamente unseres Lebens durcheinander. Menschen mit dieser Konstellation haben häufig das Gefühl, dass sie sich als Kind nie ganz auf ihre Versorgung verlassen konnten, was ihr Vertrauen ins Leben untergrub. Du brauchst Beständigkeit in deinem Leben, indem du Bande knüpfst, die dir geben, was du brauchst.

- **Neptun** steht für die Neigung, sich den Anforderungen des Lebens entziehen zu wollen. Der Aspekt verweist auch auf eine Bezugsperson, die vielleicht Suchtprobleme hatte oder anderweitig nie präsent war. Diese innerliche Abwesenheit hat dir Angst gemacht. Es wird dir guttun, wenn du lernst, wie du dich erden kannst, wie du deine Emotionen leben kannst, ohne vor ihnen davonzulaufen.

- **Pluto** sorgt für starke emotionale Reaktionen auf alles, was sich für dich unsicher anfühlt. Vielleicht gab es ja Machtkämpfe mit einer deiner Bezugspersonen, die deine Unabhängigkeit bedrohten. Oder du warst überfordert von den emotionalen Bedürfnissen eines Elternteils. Hilfe und Heilung findest du, wenn du mit deinen emotionalen Reaktionen arbeitest und verstehst, welch unglaubliche Intelligenz hinter ihnen steckt.

Die Opposition

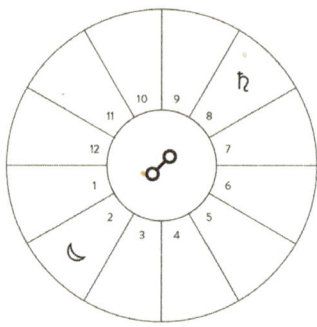

Eine Opposition (180 Grad) zum Mond bedeutet, dass es zwischen unseren Gefühlen und anderen Teilen unseres Selbst eine Spaltung gibt. Sie verweist auf etwas, das wir in der Jugend als Bedrohung unserer Sicherheit erfahren haben.

Eine Opposition zwischen Mond und ...

- **Sonne** bedeutet, dass du kurz vor, bei oder kurz nach Vollmond geboren wurdest. Du musst die unterschiedlichen Naturelle der

Zeichen und Häuser von Sonne und Mond unter einen Hut bringen.

- **Merkur** heißt, dass du die Bedürfnisse von Körper und Geist ausbalancieren musst. Vielleicht fühlst du dich ewig zwischen Herz und Kopf hin- und hergerissen oder denkst zu viel nach, statt dich auf deine Gefühle zu verlassen. Oder du hast eine Beziehung zu deinen Eltern, in der es schwierig ist, rationale und emotionale Seiten in Einklang zu bringen.

- **Venus** spricht dafür, dass es dir schwerfällt, deine Bedürfnisse in Beziehungen zu integrieren. Vielleicht nahm deine Bezugsperson ihre erotischen Seiten oder ihr Liebesleben wichtiger als die Sorge um dich. Am besten versuchst du, diese beiden Aspekte des Selbst zu verbinden und wertzuschätzen.

- **Mars** verweist auf Schäden, die dein Körper möglicherweise erfahren hat. Auch eine gewisse Hitzigkeit ist damit verbunden. Mit diesem Aspekt gibt es häufig Streit mit anderen Menschen. Du musst lernen, wie du dich schützt. Vielleicht solltest du deine kämpferische Energie auf eine edle Sache richten. Möglicherweise haben deine Eltern deine Grenzen überschritten und dir dadurch Schaden zugefügt. Oder du bist auf eine andere Weise verletzt worden, die dein Gefühl für Sicherheit untergraben hat.

- **Jupiter** bringt eine Neigung zum Übertreiben, die sich in Bezug auf den Körper, auf Emotionen und die Verbindung zu anderen Menschen zeigt. Das ist eigentlich kein »herausfordernder« Aspekt, aber er fordert dich auf, emotional und körperlich ins Gleichgewicht zu kommen. Grenzen sind vermutlich die größte Hürde, die du nehmen musst. Häufig gibst du zu viel, weil du überschätzt, was du zu geben hast. Dann wieder versuchst du, dies in der an-

deren Richtung zu kompensieren. Achte auf solche Verhaltensmuster. Vielleicht hatte eine deiner Bezugspersonen eine derart
überbordende Persönlichkeit, dass sie deine ganze Welt dominiert
hat, oder war aufregend, besaß aber wenig Realitätssinn.

- **Saturn** ist die größte Herausforderung unter allen Mondaspek-
ten. Saturn in Opposition zum Mond führt zu Situationen, in denen es dir an Geborgenheit, Mitgefühl und Fürsorge fehlt. Außerdem bringt dieser Aspekt Gefühle der Unzulänglichkeit mit sich.
Es fällt dir vermutlich schwer, um Hilfe zu bitten. Vielleicht hattest
du ja auch Bezugspersonen, die zurückhaltend und emotional
nicht für dich da waren. Mit dieser Konstellation musst du lernen,
dass Fehler in Ordnung sind, weil man daraus lernen kann. Zeig
dich offen für konstruktives Feedback.

- **Uranus** verweist auf Brüche in den frühen Jahren, vielleicht auch
mit den Eltern, und Traumata der Kindheit. Mit dieser Konstellation wirft man gerne alles weg, was sich sicher und vertraut anfühlt.
Und man hat Schwierigkeiten, Verbindungen zu knüpfen bzw. sie
aufrechtzuerhalten. Vielleicht hattest du ja auch eine Bezugsperson, die dich durch ihr verrücktes, aufregendes Verhalten fasziniert
hat, wodurch du aber andererseits deine Sicherheit bedroht sahst.

- **Neptun** bringt Ängste mit sich, weil du keinen Boden unter den
Füßen spürst. Es fällt dir schwer, emotional verfügbar zu sein. Vielleicht lässt du dich auch leicht von anderen ausnutzen, ohne ihre
Absichten zu erkennen. Eventuell hattest du emotional fordernde
Bezugspersonen, oder sie waren unfähig, ihre Grenzen zu definieren, ihre Bedürfnisse zu erfüllen oder durchgängig für dich da zu
sein. Du kannst emotional reifen, wenn du sehr genau darauf achtest, wer in deiner Umgebung etwas von dir zu brauchen scheint,
und dich nicht darauf einlässt, wenn du das nicht willst.

- **Pluto** sehnt sich danach, Emotionen zu kontrollieren. Du fühlst dich selten sicher genug, um dich verwundbar, entspannt und offen zu zeigen. Oder du fühlst dich andersherum selbst kontrolliert, überrannt von den Launen, Wünschen und Forderungen anderer. Du brauchst Zeit, um deine Emotionen zu verstehen. Wenn du das nicht tust, explodieren sie. Möglicherweise hattest du eine Bezugsperson mit einer übergriffigen Persönlichkeit, die versuchte, dich zu kontrollieren oder sich in dein System zu hacken. Möglicherweise musstest du dich, um dich von ihr zu trennen, vollkommen neu erfinden und dein Leben auf den Kopf stellen.

Zusammenschlüsse

Die Konjunktion

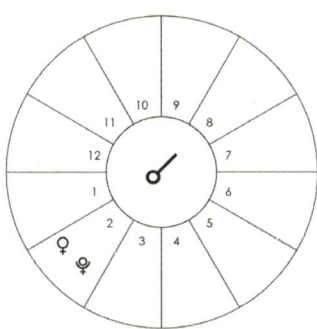

Da der Mond so unglaublich beeinflussbar ist, prägt jeder Planet im selben Zeichen mit dem Mond seine Ausdrucksweise.

Eine Konjunktion von Mond und ...

- **Sonne** bringt die beiden »Lichter« im Horoskop zusammen. Das bedeutet, dass dein Lebenszweck auf eben die Weise gelebt wird, die ihm eigen ist. Wenn Sonne und Mond zusammenstehen, heißt das, dass du am Ende oder am Anfang des lunaren Zyklus geboren bist, je nach Position von Sonne und Mond.

- **Merkur** verquickt das Bedürfnis nach Geborgenheit mit Kommunikation. Du verarbeitest Gefühle vermutlich verbal, fühlst dich wohl mit einer Kommunikation, die tatsächlich Bindungen schafft. Du bist gern mit Menschen zusammen, die denken wie du. Vielleicht hattest du auch eine Bezugsperson, die eine echte Plaudertasche, witzig oder auch ein guter Verkäufer war.

- **Venus** ist ein Glück verheißender Aspekt, der Leichtigkeit schenkt. Menschen sind gerne in deiner Nähe, weshalb es dir leichtfällt, Beziehungen zu knüpfen. Dazu tragen auch dein gutes Aussehen und dein Charme bei. Venus schenkt gerne die Gabe der Schönheit, und dieses Privileg führt nicht selten zu materiellen Vorzügen. Mitunter deutet dieser Aspekt auf einen Menschen hin, dessen Eltern attraktiv, anmutig und oder künstlerisch begabt waren. Oder Menschen, die versuchten, es allen recht zu machen.

- **Mars** kann zu Entzündungen im Körper führen oder zu einem Überdrehen des emotionalen Systems. Vielleicht fällt es dir schwer, dich zu beruhigen, langsamer zu machen und dauerhafte Bande zu knüpfen bzw. aufrechtzuerhalten. Möglicherweise hattest du mit einer Bezugsperson zu tun, die deine Grenzen nicht achtete. Ein Punkt, den dieser Aspekt mit einem Mond-Mars-Quadrat teilt. Emotional gehst du ständig auf Abwehr oder wirst deinerseits geblockt. Daher solltest du lernen, wie du in dir selbst das Gefühl von Sicherheit schaffst, damit du die Grenzen deines Körpers, deines Lebens und die anderer Menschen achtest.

- **Jupiter** ist extrem in seinen Bedürfnissen. Diese Konstellation verlangt viel, will aber auch viel geben. Ständig sucht er, die bestehenden Bande zu vertiefen. Jupiter ist großzügig, überschwänglich, produktiv. Daher zählt diese Konstellation zu den Glück verheißenden, kann aber auch erdrückend werden. Möglicherweise hatte ein Elternteil eine so überschwängliche Persönlichkeit, dass er dir die Luft zum Atmen nahm. Oder er hat dir umgekehrt beigebracht, wie du Raum für dich beanspruchen kannst.

- **Saturn** ist eine der schwierigsten Konjunktionen überhaupt, denn Mond und Saturn sind unglaublich unterschiedlich. Der Mond wünscht sich Bindung, Schutz, Sicherheit und Nahrung. Der Saturn ist nüchtern, streng, legt Wert auf Grenzen und Struktur im Leben und weist erst einmal zurück, was man ihm anbietet. Saturn bringt den Mond dazu, dass er sich nicht würdig fühlt, genährt zu werden. Hier musst du lernen, Grenzen zu entwickeln, die auch Liebe und Verbundenheit zulassen. Vielleicht hattest du mit einem Elternteil zu tun, der immer abwesend war, nie für dich da, erfolgreich, über die Maßen produktiv, aber zu Depressionen neigend, mit einer Persönlichkeit, die in deinem Leben eine bedrückende Kraft entfaltete.

- **Uranus** führt zu sprunghaften, unberechenbaren Beziehungen. Häufig pendelt der oder die Betroffene zwischen dem Bedürfnis nach Geborgenheit und dem nach Raum hin und her. Menschen mit diesem Aspekt haben häufig eine unsichere familiäre Bindung erfahren, stammen aus einer exzentrischen Familie oder haben das Bedürfnis, aus dem Familienverband auszubrechen und etwas Eigenes zu schaffen. Vielleicht will der oder die Betreffende ein Heim bzw. eine Familie, die ein ganz eigenes Gepräge hat. Möglicherweise hatte eine deiner Bezugspersonen ebenfalls sprunghafte Züge und war nicht zuverlässig für dich da. Oder du hast nicht genug Fürsorge bekommen, um dich je emotional und anderweitig je ganz zufrieden zu fühlen. Du musst lernen, dir zu geben, was du brauchst, und das jeden Tag. Dann hast du einen Riesenschritt Richtung Heilung getan.

- **Neptun** sorgt für die Verschmelzung mit anderen, wodurch Sensibilität, Einfühlungsvermögen und Mitgefühl entstehen. Aber vermutlich fällt es dir schwer, Grenzen aufrechtzuerhalten. Du musst lernen, wie du dich von anderen abgrenzt. Vielleicht hattest du eine Bezugsperson, die dich nicht als eigenständige Persönlichkeit erlebte, weil sie dich als Pfleger*in brauchte. Das ist häufig der Fall, wenn Sucht oder Krankheit die Beziehung prägten.

- **Pluto** schafft ein leidenschaftliches Innenleben. Du verbindest dich mit anderen auf eine Weise, die viel Kraft kostet, dich mitunter total erschöpft. Vielleicht neigst du zur Zwanghaftigkeit oder hattest eine Bezugsperson, deren Charakter obsessiv war. Vielleicht bist du jemand, zu dem alle anderen mit ihren Problemen kommen. Du hast eine charismatische Persönlichkeit, die deinen Mitmenschen aber auch Angst machen kann, und strahlst eine Macht aus, die andere tief bewegt, wenn auch mitunter unbewusst. Deine Bezugspersonen mögen in Situationen geraten sein, in denen sie überfordert waren. Mit der Folge, dass du dich nicht ausreichend gesehen fühltest und Fürsorge vermisst hast. Vielleicht hat ein Elternteil deine ganze Energie, deinen Raum für sich beansprucht oder hat selbst eine Erfahrung gemacht, in der seine Grenzen nicht geachtet wurden. Persönliche Macht und ihr Gebrauch ist im Rahmen solch einer Dynamik stets ein Thema.

✍ Fragen zur Selbstreflexion

- Welche Planeten helfen deinem Mond? Spürst du ihre Gaben? Oder nimmst du sie vielleicht nicht ernst bzw. betrachtest sie als selbstverständlich? Wie kannst du das Beste aus dieser Leichtigkeit in deinem Horoskop machen und dein Potenzial voll ausschöpfen?

- Welche Planeten hindern deinen Mond am Leuchten oder machen es ihm schwer? Bringt es dir etwas, diese Information aus deinem Geburtshoroskop zu erhalten? Wie kannst du diese Herausforderungen besser verstehen, sie zum Anstoß für Wachstum nehmen und nicht als unüberwindliche Hindernisse betrachten?

- Was sagt dein Geburtshoroskop dir über deine körperlichen und emotionalen Bedürfnisse?

- Wie kannst du sicherstellen, dass du alles bekommst, was du für dich brauchst?

- Was sagt dein Geburtshoroskop dir über die Beziehung zu deinen Eltern bzw. zu anderen Bezugspersonen? Spürst du die Erlaubnis, geheilt zu werden? Hast du Grund, für eine bestimmte Beziehung zu dich prägenden Menschen dankbar zu sein oder dich von einer schmerzlichen Erinnerung an solch einen Menschen zu lösen?

- Jetzt, wo du dich durch diesen Abschnitt gearbeitet hast, solltest du besonders auf dich achten. Gib dir, was du brauchst. Sei für den Rest des Tages freundlich zu deinem Körper. Vergiss nicht, dass er die materielle Manifestation deines Seelenzwecks ist, und schenke ihm die entsprechende Achtung.

DIE DRITTE SCHLÜSSELPOSITION

DEIN ASZENDENT UND SEIN HERRSCHER

Deine Lebensmotivation und der Steuermann deines Schiffes

Aszendent kommt vom lateinischen Wort *ascendere* (aufsteigen, aufgehen) und bezeichnet jenen Grad des Tierkreises, der sich am östlichen Horizont zeigte, als du deinen ersten Atemzug getan hast. Daher sagt der Aszendent viel über deine Persönlichkeit aus – mehr als andere Elemente in deinem Horoskop. Der Grad des Tierkreises, der im Osten aufsteigt, ändert sich alle paar Minuten. Je genauer du also deine Geburtszeit kennst, desto genauer ist die Information, die du deinem Aszendenten entnehmen kannst.

Wenn dein Aszendent im Schützen liegt, heißt das, dass der Schütze dein »aufsteigendes Zeichen« ist. Die Natur des Zeichens, das im Moment deiner Geburt im Osten aufgeht, steht für deine Motivation, den Grund, warum du hier bist. An ihm kann man ablesen, was dich antreibt, dich morgens aufstehen lässt und was du in diesem Leben suchst.

Wie Demetra George in ihrem Buch *Astrology and the Authentic Self* schreibt, verrät uns der Aszendent, wofür wir gerne bekannt wären. Aufsteigende Feuerzeichen – Löwe, Widder und Schütze – wollen aktiv sein und als aktiv gesehen werden. Die aufsteigenden Erdzeichen – Steinbock, Stier und Jungfrau – wollen, dass man sie kennt und schätzt, weil sie beständige Aufbauarbeit leisten. Aufsteigende Luftzeichen – Waage, Wassermann und Zwilling – wünschen sich, dass sie für ihre Fähigkeit zur Kommunikation und zum Gedankenaustausch bekannt sind. Und die aufsteigenden Wasserzeichen – Krebs, Skorpion und Fische – schließlich wünschen sich, Wertschätzung für ihre Gabe zur Schaffung und Bewahrung emotionaler Bindungen zu erfahren.

Jedes Zeichen wird von einem Planeten regiert, und das trifft auch auf deinen Aszendenten zu. Der Planet, der über das Zeichen herrscht, in dem dein Aszendent steht, ist gleichzeitig dein Aszendentenherrscher. Er sagt dir, in welche Richtung du dein Leben lenken musst. Der US-amerikanische Astrologieforscher Robert Schmidt nennt ihn den »Steuermann« deines Lebensschiffes. Ist dein Aszendent Widder, dann ist dein Aszendentenherrscher der Mars, weil der Mars über den Widder herrscht. Anders ausgedrückt: Mars ist der Steuermann deines Lebensschiffes.

Die Herrscher jedes Zeichens

- Widder ♈ wird vom Mars ♂ beherrscht.

- Stier ♉ wird von der Venus ♀ beherrscht.

- Zwilling ♊ wird vom Merkur ☿ beherrscht.

- Krebs ♋ wird vom Mond ☾ beherrscht.

- Löwe ♌ wird von der Sonne ☉ beherrscht.

- Jungfrau ♍ wird vom Merkur ☿ beherrscht.

- Waage ♎ wird von der Venus ♀ beherrscht.

- Skorpion ♏ wird vom Mars ♂ beherrscht.

- Schütze ♐ wird vom Jupiter ♃ beherrscht.

- Steinbock ♑ wird vom Saturn ♄ beherrscht.

- Wassermann ♒ wird vom Saturn ♄ beherrscht.

- Fische ♓ wird vom Jupiter ♃ beherrscht.

Um deinen Aszendenten und die Art, wie er deine Motivation prägt, zu verstehen, solltest du dich mit folgenden vier Fragen auseinandersetzen:

1. Welche Lebensmotivation hast du? (In welchem Tierkreiszeichen steht dein Aszendent?)

2. Was beeinflusst deine Lebensmotivation? (Stehen irgendwelche Planeten im selben Tierkreiszeichen wie dein Aszendent?)

3. Wer steuert dein Lebensschiff? (Welcher Planet herrscht über deinen Aszendenten?)

4. Auf welchen Lebensbereich wirst du hingelenkt? (In welchem Haus steht dein Aszendentenherrscher?)

Zu wissen, was uns motiviert, ist schon die halbe Miete auf dem Weg zum Glücklichsein. Wenn wir wissen, dass es zu unserer speziellen Motivation gehört, emotionale Seinszustände zu erkennen und auszudrücken, warum sollten wir uns dann noch kritisieren, weil wir hochsensibel sind? Wenn wir wissen, dass mutiges Handeln ein wichtiger Teil unserer Motivation ist, warum sollten wir dann unser Sein verleugnen, indem wir versuchen, uns bescheiden, unnahbar oder brav zu geben?

Radikale Selbstakzeptanz bedeutet zu verstehen, dass wir genauso sind, wie wir sein sollen. Nicht ein einziger Part unseres Selbst ist sinn- oder nutzlos. Nichts von dem, was uns ausmacht, ist überflüssig. Es gibt keine Fehler in unserem höchstpersönlichen Strickmuster.

Wenn du dich nun mit Aszendent, Aszendentenherrscher und dem Haus, in dem dieser steht, beschäftigst, solltest du genauestens darauf achten, was in dir vorgeht: Welche Teile deiner selbst verurteilst du automatisch? Welche akzeptierst du? Welche wünschst du dir weg?

Merkpunkte zu deinem Aszendenten und seinem Herrscher:

- Der Aszendent ist der exakte Punkt am Himmel, der zum Zeitpunkt deines ersten Atemzuges über dem östlichen Horizont aufsteigt. Er wird bestimmt von Ort, Datum und genauer Zeit deiner Geburt.

- Der Aszendent ist ein Punkt. Das Zeichen, in dem dieser Punkt liegt, ist dein »aufsteigendes« oder »aufgehendes« Zeichen.

- Der Aszendent ist deine Motivation, die dich im Leben antreibt. Er bezeichnet das, wofür du gekannt und geschätzt werden willst.

- Dein Aszendentenherrscher ist der Planet, der über dein Aszendentenzeichen herrscht.

- Dieser Planet ist der Steuermann deines Lebensschiffes.

- Das Haus, in dem dein Aszendentenherrscher steht, zeigt dir, auf welchen Lebensbereich du hingelenkt wirst.

DER BLICK IN DEIN HOROSKOP

FINDE DEINEN ASZENDENTEN

Suche in deinem Geburtshoroskop nach diesem Zeichen: ☼
Das ist dein Aszendent.

In welchem Tierkreiszeichen steht dein Aszendent?
Mein Aszendent steht im Zeichen __________________.

Die Planeten, die im selben Zeichen stehen, sind:
____.
(Es kann durchaus vorkommen, dass bei dir kein Planet in diesem Zeichen steht.)

Welcher Planet beherrscht deinen Aszendenten?
Mein Aszendentenherrscher ist ____________________.

Mein Aszendentenherrscher steht im Zeichen
____.

Mein Aszendentenherrscher steht im __________ Haus.

DEIN ASZENDENT

Was ist deine Lebensmotivation?

In welchem Tierkreiszeichen steht dein Aszendent?

Das Tierkreiszeichen, in dem dein Aszendent steht, sagt dir, auf welche Art du dich in diesem irdischen Leben zurechtfindest. Wenn wir die Horoskope von Frida Kahlo und Dr. Maya Angelou betrachten, sehen wir, auf welche Weise ihr Aszendent sie motivierte. Wir erhalten Einblick in das, was sie als Künstler und politisch engagierte Menschen antrieb. Beide hatten Aszendent Löwe. Ihre Motivation war es also, sich selbst auszudrücken, ihre innere Erfahrung für die Welt sichtbar zu machen und das Leben auf dramatische, faszinierende Weise zu leben, was wiederum den Blick auf ihre Arbeit lenkte. Der Löwe ist ein fixes Feuerzeichen, das an Intensität, Kraft und Ausstrahlung kaum zu überbieten ist. Frida Kahlo zeigte dies in Hunderten von Selbstporträts. Maya Angelou, die ebenfalls zum kreativen Selbstausdruck getrieben wurde, tat dies in Gedichten, Romanen, Essays, aber auch in Tanz, Filmen, Musik und ihrer wissenschaftlichen Arbeit. Für all das erhielt sie unzählige Preise.

 Jetzt beginnt dein Abenteuer. Blättere vor bis zu deinem Aszendenten.

Aszendent Widder

♈ ☼

Hast du den Widder als Aszendenten, dann willst du, dass man dich als aktiven Menschen kennt. Mit viel Mut und wenig Rücksicht auf die möglichen Folgen stürmt der Widder-Aszendent voran. Er braucht die Erfahrung, die nur das Risiko schenken kann. Als kardinales Feuerzeichen stürzt sich der Aszendent Widder kopfüber ins Leben. Wie gelegentlicher Druck hilft, die Knochendichte zu verbessern, stattet ein gelegentlicher Crash den Widder-Aszendenten mit einer Resilienz aus, die er zu schätzen weiß.

Widder herrscht über Kopf und Gesicht. Der Aszendent in diesem Zeichen akzentuiert eben diese Körperregion. Vielleicht hast du damit Probleme oder bist hier besonders sensibel. Dein Maskottchen, der Schafbock mit den gewundenen Hörnern, braucht einen würdigen Gegner, und das trifft auch auf dich zu. Andere mögen deine spezielle Art, auf die Welt zuzugehen, als aggressiv empfinden. In Wirklichkeit steuerst du einfach nur ohne Umwege auf sie zu. Ob in der Liebe, im Beruf oder in der Freizeit – der Widder braucht Gegendruck, damit er das Interesse nicht verliert.

Das Zeichen wird von Mars beherrscht, was bedeutet: Der Widder-Aszendent will sich beweisen, stürzt sich in heikle, mutige Aktionen, um daraus siegreich hervorzugehen. Vermutlich bist du eine Naturgewalt, unabhängig und selbstbewusst. Entweder du gewinnst, oder du sorgst dafür, dass deine Gegner dieses Kräftemessen nicht so schnell vergessen. Auf jeden Fall musst du Wege finden, deine Energie in Aktion umzusetzen, sonst geht sie nach hinten los. In verzerrter Form agiert der Widder-Aszendent wie das sprichwörtliche Zündholz an den allgegenwärtigen Pulverfässern dieser Welt.

👁 **Affirmationen für den Widder-Aszendenten**

- Ich vertraue meinen instinktiven Reaktionen auf das Leben.

- Wann immer ich meinen Ruf riskiere, um meiner Wahrheit zu folgen, fühle ich mich gestärkt.

📝 **Fragen zur Selbstreflexion**

- Was spricht dich an dieser Beschreibung des Widders an? Was findest du daran motivierend?

- Wo in deinem Leben handelst du auf eine Weise, die andere als mutig bezeichnen?

- Was treibt dich zum Wettbewerb? In welchen Fällen bringt dir das etwas? Wann führt es hingegen zu schmerzhaften Trennungen?

Aszendent Stier

♉ ♎

Steht dein Aszendent im fixen Erdzeichen Stier, möchtest du für deine Fähigkeit bekannt sein, die verfügbaren Ressourcen zu bewahren, um etwas Schönes und Dauerhaftes zu schaffen. Dein Stier-Aszendent weiß, wie er Schönheit in Form gießen kann. Der Stier wird von der Venus beherrscht, dem Planeten der Liebe, der Beziehungen, der Verbundenheit, des Charmes und der Lüste. Er weiß, wie er ein dauerhaftes Liebesnest schaffen kann. Körperlich hat der Stier mit dem Hals, der Kehle und den Schultern zu tun. Daher schätzt der Stier-Aszendent es, diese Region mit funkelnden Juwelen zu schmücken oder mit berückenden Düften zu parfümieren.

Der Stier ist ein Erdzeichen, das kann dazu führen, dass man dir Sturheit vorwirft. Andererseits bist du als Stier-Aszendent auch in der Lage, das Potenzial zu verwirklichen, das anderen zwischen den Fingern zerrinnt. Der Stier-Aszendent erinnert dich selbst und andere daran, die einfachen Freuden des Lebens zu genießen. Das Wiegen eines Zweiges im Wind. Das Wiegen einer Hüfte. Das Wiegen der oder des Liebsten.

Dein Stier-Aszendent versammelt ganz selbstverständlich andere um sich, denn du gibst ihnen bodenständige Nahrung. Der Stier ist fruchtbar. Je mehr du mit deiner eigenen Fruchtbarkeit in Kontakt bist, desto wohler fühlst du dich. Der Stier holt aus dem Land heraus, was Leben schenkt. Damit schafft er gute Bedingungen für künftiges Wachstum über viele Generationen.

In verzerrter Form gaukelt dieser Aszendent dir vielleicht vor, dass Kontrolle und Besitzstreben dir lägen, dass es sinnvoller ist, das Leben in eine bestimmte Form zu zwingen. Man bringt den Stier nicht leicht in Rage, aber wenn es passiert, ist der wütende Bulle nicht mehr aufzuhalten.

👁 Affirmationen für den Stier-Aszendenten

- Ich bin motiviert, Dinge zu entwickeln, die sich fruchtbar, stabil und nach verschwenderischer Fülle anfühlen.

- Meine Beharrlichkeit trägt mich an jede Ziellinie, die mir zugedacht ist.

📝 Fragen zur Selbstreflexion

- Was interessiert dich an dieser Beschreibung des Stiers? Was spornt dich daran an?

- Was würdest du in deinem Leben gerne aufbauen oder bewahren? Worauf würdest du gerne hinarbeiten?

- Wann und wo hält dich dein Bedürfnis nach Geborgenheit, Sicherheit oder Lust davon ab, Neues zu entdecken?

Aszendent Zwilling

♊ ☈

Der Zwilling ist der Trickster, der immer Unfug anstellt, jemand, der Informationen sammelt und verteilt – sei es als Magier*in, Vertreter*in oder Journalist*in. Der Zwilling könnte einem Zauberer einen zerbrochenen Zauberstab verkaufen, wenn das nötig wäre.

Den Aszendenten in diesem veränderlichen Luftzeichen zu haben bedeutet, dass du dafür bekannt sein möchtest, alle Hebel in Bewegung zu setzen, um jede mögliche Nachrichtenquelle anzuzapfen. Eine der großen Inspirationen ist der Austausch von Fakten, Formen und Fiktionen, von dir zu mundgerechten Bedeutungshäppchen portioniert. Der Zwilling hat für jeden Menschen, den er trifft, eine Geschichte auf Lager.

Deine Neugier treibt dich an. Du suchst intellektuelle Stimulation und soziale Kontakte. Dein Zwilling-Aszendent wird stets versuchen, beide Seiten eines Problems zu sehen. Er fühlt sich nicht nur wohl mit Widersprüchen, er braucht diese paradoxe Dualität förmlich. Als charmanter Überredungskünstler umschwirrt er das Undurchdringliche so lange, bis er einen winzigen Riss entdeckt, durch den er schlüpfen kann.

Der Zwilling-Aszendent ist dafür bekannt, dass er mehr Fragen aufwirft, als er Antworten liefert. Stillstand liegt ihm nicht. Ständig in Bewegung, fühlt dieses Zeichen sich im Dialog wohler als in der festzementierten Gewissheit.

Der Zwilling herrscht über Arme und Beine, aber auch über die Lunge. Schließlich braucht jeder gute Kommunikator das Medium Luft, um darüber seine Botschaften in die Welt hinauszuschicken. Der Zwilling wird regiert von Merkur, der drei bis vier Mal pro Jahr rückläufig ist. Dann taucht er sozusagen ab in die Unterwelt. Wechselt die Richtung. Muss noch mal über alles nachdenken. Seine Alternativen überprüfen. Und sich im Verlauf dieser geistigen Reinigung erneuern. Vielleicht spielst du dieses Spiel deines herrschenden Planeten mit. In verzerrter Form kann der Zwilling-Aszendent irrlichternd und unzuverlässig wirken, was dazu führt, dass andere Zweifel an deinen tatsächlichen Absichten bekommen.

👁 Affirmationen für den Zwilling-Aszendenten

- Es ist mein vorgegebenes Ziel, alles, was ich habe, mit meinem Umfeld auszutauschen.

- Ich bin ebenso nachdenklich wie neugierig.

📝 Fragen zur Selbstreflexion

- Was an dieser Beschreibung des Zwillings hinterlässt bei dir einen positiven Eindruck? Was inspiriert dich daran?

- Bist du bekannt für deine Fähigkeit, mit anderen zu kommunizieren? Was inspiriert dich an der Vorstellung, Informationen zu sammeln und sie auf deine Weise neu zu verteilen?

- Auf welche Weise bestimmt Neugier deinen Alltag?

Aszendent Krebs

♋ ☽

Die große Stärke des Krebses ist das Fühlen. Der Krebs weiht uns ein in unser Bedürfnis nach Verbundenheit. Er lässt die Tränen fließen, die in uns feststecken, und zeigt uns die am stärksten vernachlässigten Seiten unseres Selbst. Der Krebs schafft Sicherheit durch emotionale Bindungen, die sich familiär anfühlen oder es tatsächlich sind.

Liegt dein Aszendent in diesem kardinalen Wasserzeichen, schätzt man dich, weil du für andere sorgst, seien es Freunde oder Familienangehörige. Du führst sie ein ins Reich des Herzens. Die Verbundenheit des Krebses entsteht, weil er die Bedürfnisse anderer erspürt und befriedigt. Der Krebs-Aszendent weiß immer, wie die oder der Partner*in den Tee möchte, wie das Verhältnis zu den Eltern ist und welche Farbe ihre oder seine Augen bei Trauer annehmen. Der Krebs liebt es, andere zu ernähren und seinerseits ernährt zu werden. Er herrscht über den Magen und die Brüste.

Auch für Erinnerungen ist der Krebs zuständig. Für Geschichte und Ahnenreihen. Stur hält er weit über das gesunde Maß hinaus an einer Erfahrung fest, auch wenn diese ihr Ablaufdatum längst erreicht hat.

Da das Zeichen vom Mond beherrscht wird, wechseln die Stimmungen häufig. Luna, der Mond, blüht auf, lässt los und wird neu geboren. Er verweist auf dein Bedürfnis, tief einzutauchen in den unablässigen Zyklus von Tod und Wiedergeburt. Der Mond erinnert uns daran, wie wichtig es ist, nicht in einer einzigen dieser Phasen verharren zu wollen.

In verzerrter Form versinkt die Energie hier mitunter in Melancholie und klammert sich krankhaft an Vergangenes. Vielleicht bist du auch besonders empfindlich und nimmst die Dinge sehr persönlich. Das Symboltier des Krebses ist natürlich der Krebs, dessen harte Schale einen unglaublich weichen Kern schützt.

☙ Affirmationen für den Krebs-Aszendenten

- Ich bin motiviert zu fühlen und erfühlt zu werden.

- Ich bin fürsorglich, wo dies gebraucht und geschätzt wird.

▨ Fragen zur Selbstreflexion

- Was an dieser Beschreibung des Krebses rührt in dir etwas an? Kannst du daraus Motivation ziehen?

- Verhindern deine Stimmungen, dass du in deiner Reaktion auf die Welt konsequent bleibst? Wie gehst du damit um? Ziehst du dich zu sehr zurück, wenn du dich überraschend verwundbar fühlst? Was hilft dir, wenn dies geschieht?

- Gehst du in die Welt hinaus, um herauszufinden, wer deine Fürsorge braucht? Wie fühlst du dich, wenn du jemandem eine Hilfe warst, anderen Unterstützung und Liebe geben kannst? Wie gehst du mit den Erwartungen anderer um?

Aszendent Löwe
♌ ☽

Der Löwe hat keinerlei Bedenken zu glänzen. Auch weil er weiß, dass letztlich jeder Auftritt ein spiritueller Akt ist. Der Schauspieler betritt die Bühne und präsentiert sein Menschsein in all seinem Glanz, in all seiner Schäbigkeit – zum Dienste am Ganzen.

Wir brauchen diese wahre Darstellung unserer Schmerzen, unserer Schönheit und unserer Mühsal. Es ist heilsam zu beobachten, wie ein anderer Mensch Probleme bewältigt, mit denen auch wir zu kämpfen haben. Dies sind die Gaben des Löwen.

Der Löwe-Aszendent bringt die Menge zum Lachen. Wie seine Planetenherrscherin, die Sonne, ist er geboren, um im Mittelpunkt zu stehen. Dieses fixe Feuerzeichen lässt dich den Selbstausdruck suchen, sodass du automatisch alle Aufmerksamkeit auf dich ziehst. Wer auch immer zu deinem Umfeld gehört, wird – ob nun bewusst oder nicht – zum Publikum. Dein Löwe-Aszendent braucht Wertschätzung, Liebe und Bewunderung für alles, was er darbietet.

Der Löwe ist für Herz und Wirbelsäule verantwortlich. Deine Neigung zum glänzenden Auftritt stimuliert das ganze System. Erhöht die Herzfrequenz. Vermehrt die Blutzufuhr. Der ausgelassene und spontane Löwe-Aszendent ist bekannt dafür, dass er das Drama liebt und einen guten Auftritt hinzulegen weiß. Wie der Adel, für den seine Planetenherrscherin (die Sonne) steht, fühlt er sich wohl mit einer Krone auf dem Kopf.

Kommt es hier zu Verzerrungen, ist der Löwe besessen von sich selbst. In der Höhle des Löwen wird der dominante Egomane geboren, der nur noch seine Bedürfnisse kennt. Auch teilt der stolze Löwe schnell mal einen Prankenhieb aus, wenn er provoziert wird. Mit dieser intensiven Ausstrahlung solltest du dir genau überlegen, auf welchen Bühnen du deinen Löwe-Aszendenten glänzen lässt.

👁 Affirmationen für den Löwe-Aszendenten

- Ich erlaube mir Selbstausdruck in all seiner Fülle.

- Ich bin hier, um mein Licht leuchten zu lassen und die Brillanz der Menschen in meiner Umgebung zu genießen.

📝 Fragen zur Selbstreflexion

* Was gefällt dir an dieser Beschreibung des Löwen? Was daran gibt dir neuen Ansporn?

* Wofür bekommst du gewöhnlich Aufmerksamkeit? Ist sie positiver Natur? Oder fällt sie eher negativ aus? Kritisierst du dich schon mal selbst, weil du Anerkennung, Liebe, Beifall oder Wertschätzung von anderen brauchst?

* Wofür möchtest du am liebsten bekannt sein? Wofür soll man dich feiern? Wirst du für dein verspieltes Naturell geschätzt? Ist dir das wichtig? Oder kennt man dich als Diva? Bedeutet dir das etwas?

Aszendent Jungfrau

♍ ♎

Mit dem Aszendenten in der Jungfrau, einem veränderlichen Erdzeichen, bist du bekannt dafür, dass du alle Informationen, die dir zur Verfügung stehen, praktisch nutzbar machst. Anwendbar. Diese Fähigkeit immer weiterzuentwickeln macht den Jungfrau-Aszendenten glücklich, weil er an etwas Sinnvollem arbeiten kann. Du findest immer wieder etwas zu verbessern. Deine Fähigkeit, jedes Sandkorn im Getriebe aufzuspüren, lässt deine Mitmenschen mit offenem Mund zurück.

Die Jungfrau ist anspruchsvoll, kritisch und tief der Innenschau verpflichtet. Alle intelligenten Systeme sprechen sie an – vor allem aber solche, die sich mit Heilung, Effizienzsteigerung und Prozessoptimierung beschäftigen. Dein Aszendent will analysieren, die so gewonnenen Informationen verdauen und sie schließlich in Bestehendes integrieren. In der Jungfrau geht es immer darum,

Dinge zusammenzubauen und alles auszusortieren, was nicht gebraucht wird. Das Zeichen korrespondiert mit dem Zwerchfell, der Milz sowie Dünn- und Dickdarm. Daher beherrscht es vor allem die körperliche, emotionale und intellektuelle Reinigung. Die Jungfrau hat eine natürliche Begabung für das Heilen. Daher arbeiten Menschen mit Jungfrau-Aszendent häufig im Gesundheitswesen. Sie versuchen, die Wurzel des Übels zu erkennen, um auf diese Weise das ganze System zur Selbstheilung anzuregen.

Das Symbol der Jungfrau ist eine junge Frau, meist mit einer einzelnen Kornähre und einem Vogel dargestellt, was auf die doppelbödige Natur dieses Zeichens hinweist. In der Antike sah man die Jungfrau (lat. *virgo*) als eigenständige Frau, die sich selbst gehörte und mit niemandem Sex hatte. Durch Disziplin und Hingabe erforscht sie ihre eigene Natur und nutzt die Selbstregeneration als Weg der spirituellen Verbindung. Daher kommt es häufig vor, dass andere die Jungfrau für verschlossen, unnahbar oder abgehoben halten. Dabei ist die Jungfrau einfach nur mit dem beschäftigt, was in ihr vorgeht.

Ihre Mitmenschen verstehen oft nicht, dass die Jungfrau unglaublich sensibel ist. Unter ihrem scharfen, kritischen Blick verbirgt sich der tiefe Wunsch nach Zugehörigkeit. Die Jungfrau reinigt. In der Liebe braucht sie einen Partner bzw. eine Partnerin, der oder die bereit ist, ständig alles aufzuarbeiten.

In der Verzerrung wenden sich die Ansprüche der Jungfrau nach innen. Und dort findet sie leider genug zu bekritteln, sodass sie am Ende glaubt, nichts zu geben zu haben. Oder dass nichts und niemand es wert ist, nach einer Verbindung zu streben. Mit dieser Konstellation brauchst du einen klaren Blick für die Momente, in denen du dir selbst im Weg stehst, weil du dir zu kritisch begegnest. Nutze diese Energie lieber für den Dienst an etwas, das größer ist als du selbst.

👁 Affirmationen für den Jungfrau-Aszendenten

- Ich widme mich dem Dienst an dem, was mir heilig ist.

- Ich bin geduldig, während andere lernen, was ich schon weiß.

📝 Fragen zur Selbstreflexion

- Was an dieser Beschreibung der Jungfrau bringt bei dir eine Saite zum Klingen? Was daran motiviert dich?

- Kennt man dich als fleißige Persönlichkeit? Bist du chronisch überarbeitet? Machst du viel zu viel, wenn du eine Aufgabe übernommen hast? Neigst du dazu, die Dinge zu sehr zu zergliedern? Fällt es dir deshalb manchmal schwer, Dinge abzuschließen? Schiebst du häufig die Arbeit vor, um Nähe, Vergnügen oder einem anderen Aspekt deines Lebens aus dem Weg zu gehen?

- Wo bist du übermäßig kritisch mit dir selbst? Wo behandelst du andere übermäßig kritisch? Wo blockierst du damit Nähe in deinem Leben?

Aszendent Waage

♎ ☌

Der Waage-Aszendent ist motiviert, Beziehungen anzustoßen. Dieses kardinale Luftzeichen hat eine geradezu unheimliche Begabung, überall und jederzeit mit anderen Menschen Verbindungen zu knüpfen, wenn es dies möchte. Selbst wenn du extrem introvertiert bist, macht der Waage-Aszendent dich zu einer Persönlichkeit, die man gern um sich hat. Du hast auch einen besonderen Blick für die Gefühlslage von anderen.

Die Waage wird von der Venus regiert, daher geht sie in einer Weise auf andere zu, mit der sie sich wohlfühlen. Der Waage-Aszendent bringt andere dazu, Sachen für ihn zu erledigen, ohne dass diese das überhaupt merken. Suggestionen sind verführerisch, wenn sie von jemandem kommen, der so unglaublich charmant ist.

Schönheit, Inspiration durch Kunst, Design und Harmonie in allen Dingen stehen ganz oben auf der Prioritätenliste des Waage-Aszendenten. Meist bemüht er sich auch, Frieden zu stiften und unnötige Zwietracht zu vermeiden.

Das Symbol Waage zeigt sehr gut, wozu dieses Zeichen fähig ist: Es gleicht aus, in welcher Situation es sich auch immer befinden mag. Zur Waage gehören die Nieren, das Organ, das für den Elektrolythaushalt in unserem Körper verantwortlich ist. Wenn etwas aus dem Gleichgewicht ist, wird das für die Waage schnell zur Obsession. Die Angst, eine falsche Entscheidung zu treffen, lässt den Waage-Aszendenten so lange zwischen den möglichen Alternativen abwägen, dass der Rest der Welt zwischenzeitlich längst in Schlaf verfallen ist.

Die Waage sucht intuitiv nach Wegen, auf denen sie für jeden möglichen Mangel einen Ausgleich findet. Allein der Gedanke, jemand könne Unmut äußern, verstört den Waage-Aszendenten so sehr, dass er sich in die Vorstellung verrennt, es sei seine Aufgabe, für die Zufriedenheit aller Beteiligten zu sorgen. Doch es hat keinen Sinn, alle gleichermaßen zufriedenstellen zu wollen.

Ungerechtigkeit ist für den Waage-Aszendenten nicht akzeptabel, daher will er immer alle Seiten anhören. Das macht es schwer, bei einer klaren Linie zu bleiben. Pass auf, dass du auf diese Weise nicht deine Entscheidungsfähigkeit einbüßt. Der Waage-Aszendent erträgt es nicht, als Querulant oder Störenfried zu gelten.

Daher versucht er, stets untadelig zu erscheinen. Was einfach nicht geht. Um Teil des Lebens zu bleiben, musst du Stellung beziehen. Sonst landest du im Niemandsland.

Verzerrt kann die Waage unaufrichtig wirken, krankhaft fixiert auf ästhetische Fragen und unfähig zu direkten Äußerungen. Kultiviere Selbstliebe und inneres Gleichgewicht, um dem etwas entgegenzusetzen.

👁 Affirmationen für den Waage-Aszendenten

- Ich bin hier, um zu erfahren, was Gleichgewicht in jeder Lebenslage bedeuten kann.

- Ich engagiere mich im Streben nach Gerechtigkeit.

📝 Fragen zur Selbstreflexion

- Was an dieser Beschreibung der Waage schlägt bei dir eine positive Saite an? Was findest du daran anregend?

- Ist es schwierig für dich, Dinge zu tun, die andere enttäuschen könnten? Wägst du ständig ab zwischen dem, was du deiner Ansicht nach zu tun hast, und dem, was andere von dir wollen?

- Strebst du nach Gerechtigkeit, Schönheit oder Verbundenheit zwischen den Menschen, die du liebst?

- Was passiert bei dir körperlich, emotional und geistig, wenn du Ungerechtigkeit siehst oder erfährst?

Aszendent Skorpion

♏ ♎

Der Skorpion, das fixe Wasserzeichen, ist bekannt dafür, dass er jede noch so abweisende Oberfläche einfach durchstößt, um tief einzutauchen in die dunklen Unterströmungen einer Situation. Beherrscht vom Mars, dem speerbewaffneten Krieger, will der Aszendent Skorpion zur Wahrheit vordringen, was auch immer sich ihm in den Weg stellen mag.

Vermutlich bist du bekannt für dein strategisches Vorgehen. Deine Geduld, deinen Scharfsinn, deine Neigung zur Macht. Du kannst warten, bis das, was du dir wünschst, von selbst auf dich zukommt. Du hast Unmengen emotionaler Ressourcen zur Verfügung. Und das muss auch so sein, wenn du deine Mission erfüllen willst. Sobald du dich entschieden hast, verleiht dein Skorpion-Aszendent dir die Stärke, deine Entscheidung nicht mehr anzuzweifeln. Kraftvoll genug, um alles hinwegzufegen, was ihm im Weg steht, zeigt sich die Energie des Skorpions unerbittlich in ihren Bemühungen. Keine Herausforderung ist zu groß. Mit der Resilienz des Skorpions kann es kein anderes Zeichen aufnehmen. Er verfolgt seine Ziele unbeirrbar. Aus eben diesem Grund triffst du nie impulsive Entscheidungen. Sobald du auf Kurs bist, kann man all jene, die dich von deinem Ziel abbringen wollen, nur bedauern. Hartnäckig ist für deine Art, am Ball zu bleiben, gar kein Ausdruck.

Der Skorpion ist für die Körperregionen zuständig, die mit Reproduktion und Ausscheidung zu tun haben, und lässt sich dabei von nichts erschüttern. Er kundschaftet alle Möglichkeiten der Macht und des Spiels aus. Berühmt ist er für eine gewisse sexuelle Anziehungskraft. Aber dieses Stereotyp geht an der Essenz des Skorpions vorbei. Er wird häufig zum Tor, durch das der Wandel Eingang ins Leben anderer findet. Da der Skorpion sich im Unbehagen einrichten kann, hat er vor Veränderungen keine Angst.

Diese Intensität finden andere ebenso erschreckend wie faszinierend. Ob der Skorpion das nun anstrebt oder nicht, er macht auf andere jedenfalls einen tiefen Eindruck.

In der Verzerrung erweist dieser Aszendent sich mitunter als zerstörerisch oder neigt zu exzessiver Selbstsabotage. Mitunter wendest du dich gerade von dem ab, was du am meisten brauchst, um deinen Standpunkt zu unterstreichen. Der Skorpion in der Verzerrung kann nicht vergeben. Er lässt lieber die schlimmsten Strafen über sich ergehen, als seinem Gegenüber die Hand zu reichen. Um deinen Standpunkt zu vertreten, nimmst du auch Leid auf dich – und fühlst dich damit vermutlich viel zu wohl. Der Skorpion wird häufig zum Endlager für alles, was wir fürchten. Dabei ist es gerade seine Energie, die uns hilft, uns Herausforderungen zu stellen, Schwierigkeiten durchzuarbeiten und letztlich unsere Ängste zu meistern.

👁 Affirmationen für den Skorpion-Aszendenten

- Ich richte meine Energie auf jene Menschen und Dinge, die meine Kraft und ihren Einfluss zu schätzen wissen.

- Ich akzeptiere meine Stärke, indem ich mir erlaube, selbst verwundbar zu sein.

📝 Fragen zur Selbstreflexion

- Was sagt dir an dieser Beschreibung des Skorpions zu? Gibt es etwas daran, was dich anspornt?

- Sagen dir die Leute manchmal, dass du sie eingeschüchtert hast, als du ihnen zum ersten Mal begegnet bist? Hast du die Ausstrahlung einer rätselhaften Persönlichkeit?

- Suchst du bei Menschen bzw. in Situationen ständig nach verborgenen Beweggründen?

- Haben die Menschen in deiner Umgebung häufig emotionale oder reinigende Erfahrungen, die sie kaum verstehen oder die sie zutiefst bewegen?

Aszendent Schütze

♐ ☿

Schütze ist jenes veränderliche Feuerzeichen, das sehr genau weiß, wie es der Welt unter allen Umständen seine Gunst erweisen kann. Vom Gasriesen Jupiter beherrscht, kennt der Schütze kein Understatement. Selbst in Kleinigkeiten bringt der Schütze-Aszendent seinen Überschwang, seine Begeisterung, seine Leichtigkeit ein, die auch schwere Lasten hebt. Für Präzision allerdings ist der Schütze nicht bekannt. Er prescht einfach los, wenn ihn etwas inspiriert, und sucht nicht lange nach dem »richtigen« Weg. Nichtsdestotrotz erreicht er sein Ziel.

Mit seiner scheinbar unerschöpflichen Energie motiviert dieser Aszendent zum Reisen und zum Herumschweifen. Er will stets wissen, was jenseits des Horizonts liegt. Sein Symbol ist der Kentaur, halb Mensch, halb Pferd. Halb zahm, halb wild ist ihm Weisheit ebenso eigen wie Impulsivität.

Großzügig und voreilig mit Kritik wie mit Lob, tappt er manchmal mitten ins Fettnäpfchen, weil er genau das ausspricht, worüber sonst keiner ein Wort verliert. Gleichzeitig ist der Schütze-Aszendent intuitiv so begabt, dass er jede Form von blauem Dunst durchschaut, die man ihm vormachen will.

Als Kind des wohlwollenden Jupiters regt dein Aszendent dich an, den Sprung ins Unbekannte zu wagen, weil er davon ausgeht, dass du gut landen wirst. Und gewöhnlich stimmt das auch. Es braucht Zuversicht für einen solchen Sprung, und davon hast du reichlich. Der Schütze herrscht über Beine und Hüften. Seine Energie eignet sich eher für den Galopp als für den Trott. Die Folgen dieses Rasens kommen heftig und unerwartet, gehen aber meist schnell vorüber. Wenn die Energie des Schützen verzerrt wird, entsteht daraus eine Neigung zur Maßlosigkeit. Der Spieler denkt nur an die glorreichen Gewinne der Vergangenheit und verjuxt, was ihm schon längst nicht mehr gehört. Die Gier nach dem nächsten Kick frisst dich auf. Um dies wieder hinzubekommen, solltest du als Bogenschütze den Pfeil auf die Wahrheit richten und dein ganzes Sein an dessen Flug in den Himmel ausrichten.

☸ Affirmationen für den Schütze-Aszendenten

- Ich bin frei zu entscheiden, was ich mit meinem Leben anfange.

- Ich weiß stets, wann ich gehen muss und wann bleiben. Ich weiß, wann ich weiterforschen muss, und ich würdige die intuitive Weisheit, die mich leitet.

▨ Fragen zur Selbstreflexion

- Was an dieser Beschreibung des Schützen findet bei dir Anklang? Findest du darin neuen Ansporn?

- Bist du eine Persönlichkeit, die im Kontakt mit anderen Optimismus, Glück und Großzügigkeit ausstrahlt?

- Bist du bekannt dafür, dass du es gerne mal übertreibst? Oder dass du Dinge hinbekommst, die andere für unmöglich halten?

Beißt du gerne mal ein größeres Stück vom Kuchen ab, als du verdauen kannst? Was machst du, wenn dir das passiert?

Aszendent Steinbock

♑ ♒

Mit dem Aszendenten Steinbock bist du bekannt für deine Fähigkeit, alles, was dir zur Verfügung steht, praktisch zu nutzen. Dein Maskottchen ist der geheimnisvolle »Ziegenfisch«: Die Ziege erklimmt unvorstellbare Höhen und überquert als unpassierbar geltende Pässe, während der Fisch die Geschicklichkeit besitzt, jede Aufgabe zu meistern. Du bist motiviert, unglaubliche Taten zu vollbringen und über einen langen Zeitraum eine beachtliche Leistung abzuliefern.

Der scharfe Sinn für Ironie, den dieses Zeichen besitzt, lässt dich das Leben so annehmen, wie es ist. Aktuelle Trends interessieren den Steinbock-Aszendenten nicht. Der Welt erscheint er manchmal wie ein mürrischer, grauhaariger Weiser. Die Jugend ist nicht unbedingt der Tummelplatz der Steinböcke. Dieses von Saturn regierte Zeichen reift mit zunehmendem Alter. Die Jugend hat zwar viele beneidenswerte Qualitäten, doch die Zeit ist eine unvergleichliche Lehrerin.

Der Steinbock begeistert sich für alles, was lebenslanges Lernen voraussetzt. Mit diesem Aszendenten altert man auf gute Weise. Du bist hoch motiviert, die Perlen der Weisheit zu heben, deren Glanz niemals verblasst. Deine Fähigkeit, dich auf ein Ziel zu konzentrieren und es auch zu erreichen, wird von niemandem übertroffen. Der Steinbock muss es nicht gemütlich haben, um zu gedeihen. Du willst auch keine Sonderbehandlung, doch ein Lob, ein zusätzliches Abschlusszeugnis oder die soziale Anerkennung deiner Bemühungen weißt du durchaus zu schätzen.

Dieser Aszendent wird von einem inneren Feuer erhellt. Er erreicht seine Ziele mit einer Mischung aus tiefer Kontemplation und unermüdlichem Einsatz. Der Fischschwanz des Ziegenfisches verweist auf die emotionale Tiefe, in die dein aufsteigendes Zeichen dich führt. Ozeane symbolisieren schließlich die uralten Reiche des Wissens. Du bist bekannt für deine emotionale Selbstbeherrschung. Deine Schwachstellen erkundest du am liebsten in der Einsamkeit. Dem Steinbock werden Knochen und Haut zugeordnet. Mit dem Aszendenten in diesem Zeichen blühst du auf, wenn du Regeln kennst, Grenzen setzt und Beziehungen Struktur gibst.

Verzerrt zeigt sich der Steinbock als Meister der Selbstbeschränkung, der sich selbst ablehnt, zurückweist und straft. In diesem Zeichen musst du stets im Hinterkopf behalten, dass Liebe, Freude und Güte ebenfalls ihren Platz im Leben haben. Vor allem dann, wenn du das Gefühl hast, deine Aufgabe nicht erfüllt zu haben.

☸ Affirmationen für den Steinbock-Aszendenten

- Ich bin hier, um große Aufgaben zu erledigen, um tiefe Liebe und Zuneigung zu erfahren.

- Ich akzeptiere, dass es Zeit braucht, um das zu meistern, was mir am wichtigsten ist.

✍ Fragen zur Selbstreflexion

- Was an dieser Beschreibung des Steinbocks macht Eindruck auf dich? Findest du darin Inspiration?

- Hält man dich für einen verantwortungsbewussten Menschen? Wurde dir dies schon einmal zu viel? Hat jemand versucht, dich auszunutzen? Wann hat dir diese Einschätzung geholfen?

- Hältst du dich oft zurück oder hast das Gefühl, du müsstest dir etwas Gutes versagen bzw. auf Dinge verzichten, die andere für nötig halten? Was erreichst du dadurch? Und welche Erfahrung versagst du dir damit?

Aszendent Wassermann

♒ ☄

Gefühle überzeugen den Wassermann nicht. Er lässt sich nicht von Heimweh zurückhalten oder von Lobreden schmeicheln. Als fixes Luftzeichen hat der Wassermann enorme intellektuelle Gaben. Mit diesem Aszendenten schätzt man dich, weil du die Systeme, innerhalb derer du lebst, verstehst und sie zum Wohle aller erneuern kannst.

Dieser Aszendent gibt sich nicht damit zufrieden, der Masse zu folgen. Er definiert sich, indem er für sich selbst denkt. Und dabei hat er keine Angst, abseits zu stehen oder wegen seiner Ideen ausgeschlossen zu werden. Der Wassermann-Aszendent ist sich seines sozialen Umfelds bewusst, würde aber niemals um anderer Menschen willen seine Ecken und Kanten abschleifen.

Da du dir deine Entscheidungen nicht leicht machst, bringt dich auch nichts so schnell aus der Spur. Der Wassermann wird traditionell vom Saturn beherrscht und kann daher ausgezeichnet zwischen Fakten und Fiktionen unterscheiden. Die Saturnzeichen haben einen tiefen Respekt vor Logik, Grenzen und Systemen. Und selbst wenn du dir diese nicht zu eigen machst, verstehst du bestens, nach welchen Regeln sie funktionieren.

Da du für Klarheit, Gewissheit und eine wohldurchdachte Sicht geschätzt werden möchtest, wirst du deine Furchtlosigkeit im Angesicht der Wahrheit unter Beweis stellen. Der Wasserträger des Tierkreises schenkt jene Art von Trunk aus, nach dem die Mensch-

heit dürstet. Ob die Welt ihn annimmt oder nicht: Der Wassermann-Aszendent ist stark genug, um Rückschläge zu verkraften,
ohne sie persönlich zu nehmen.

Die reinigende Natur des mit ihm verbundenen Wassers steht
für die gelebte schöpferische Intelligenz. Obwohl der Wassermann kein Wasserzeichen ist, steht er auf körperlicher Ebene für
den Blutkreislauf und die Knöchel. Mit dem Saturn als Herrscher
wird das Blut mitunter am freien Zirkulieren gehindert. Dann manifestiert sich die für dieses Zeichen typische Kälte auf ganz buch-
stäbliche Weise im Körper.

Dementsprechend kann der verzerrte Wassermann in seiner
Wahrnehmung von absolut klinischer Kälte sein. Logik ohne die
Weisheit des Herzens kann nur teilweise wahre Schlüsse liefern.
Abgehoben und emotional distanziert, schließt der Wassermann
sich manchmal in seinem intellektuellen Elfenbeinturm ein. Dabei solltest du die emotionale Intelligenz nicht unterschätzen.
Emotionen haben ihren eigenen Glanz und können uns mitten
ins wahre Herz einer Situation führen, zu dem die reine Logik keinen Zutritt findet.

👁 Affirmationen für den Wassermann-Aszendenten

- Ich akzeptiere mein Bedürfnis, um meines Intellekts willen geschätzt zu werden.

- Verwundbarkeit trägt eine eigene Weisheit in sich.

📝 Fragen zur Selbstreflexion

- Was an dieser Beschreibung des Wassermanns spricht dich an?
Was findest du motivierend?

- Schätzt man an dir deine intellektuelle Klarheit? Inwiefern tut dir das gut? Wo behindert es dich?

- Trittst du der Welt mit dem Anspruch gegenüber, die Systeme zu verstehen, in denen wir leben und arbeiten? Willst du herausfinden, wie du sie unterminieren, reformieren oder erneuern kannst?

Aszendent Fische

♓ ♈

In diesem veränderlichsten Zeichen überhaupt fließt das Wasser unbegrenzt. Wer seine Energie klug einsetzen will, sollte nicht versuchen, zwei Fische, die in entgegengesetzte Richtung schwimmen, zusammenzubringen. Wer dich kontrollieren will, wird in dir durch und durch einen Meister der subtilen Selbstverteidigung finden. Dein Fische-Aszendent will das Leben erfahren, nicht kontrollieren oder gar von ihm gelenkt werden.

Als Wasserzeichen ist der Fische-Aszendent janusköpfig und will wirklich in jede erdenkliche Richtung frei sein. Er sammelt Einflüsse aus allen möglichen Quellen und will seine Energie auf vielfältige Weise einsetzen. Was letztlich häufig zur Erschöpfung führt. Eine der wichtigsten Lektionen, die du lernen kannst, ist, wie du deine Lebensenergie bewahren und auf dein Ziel ausrichten kannst.

Fische tauchen überall hinein, sickern durch, dehnen sich aus und verschwinden wieder, ohne eine Spur zu hinterlassen. Vermutlich bist du bekannt dafür, dass du selbst die nüchternsten Stoiker und Zweifler überzeugst. Du wirst mit allen fertig, die dir ohne Grund Widerstand entgegensetzen. Dein Fische-Aszendent fühlt sich für andere stets mitfühlend, gütig und einfühlsam an – wie Wellen, die am Felsen lecken. Der Fisch ist von Natur aus ein begabter Heiler, Arzt oder Pfleger. Dein Wissen um den Schmerz und seine Heilung (gewöhnlich Güte) ist ein Balsam, der in vielen Situationen Anwendung findet. Als Künstler oder Dichter versteht der Fische-Aszendent es, jedes Medium mit Kreativität, Fantasie und emotionaler Verfügbarkeit zu erfüllen.

Das Tierkreiszeichen Fische wird von Jupiter beherrscht und ist genauso fruchtbar wie sein Regent. Als Wasserzeichen erfasst dieser Aszendent instinktiv die emotionalen Erfahrungen anderer. Und er will die Wunden jener heilen, die das noch nicht aus eigener Kraft können.

Ist das Zeichen verzerrt, führt der Fische-Aszendent zum Verlust von Grenzen, Struktur und Richtung im Leben. Häufig neigen solche Menschen zum Märtyrertum. Da der Fische-Aszendent sich gern mit seinem Charme aus einer Verlegenheit befreit, ist es für ihn schwierig, Disziplin zu entwickeln. Die Füße sind die körperliche Entsprechung dieses Zeichens. Der Fische-Aszendent braucht eine Möglichkeit, sich in der Welt zu verankern, um einmal nicht der Verlockung nachzugeben, einfach davonzuschwimmen.

👁 Affirmationen für den Fische-Aszendenten

- Ich schwimme mit dem Strom, während ich gleichzeitig meine Bedürfnisse akzeptiere.

- Wenn ich dich offen sehe, schaffe ich es, mich selbst besser zu sehen.

📝 Fragen zur Selbstreflexion

- Was an dieser Beschreibung der Fische findet bei dir Anklang? Gibt es etwas, das dich inspiriert?

- Findest du stets Möglichkeiten, einer unangenehmen, langweiligen oder schwierigen Situation zu entkommen? Hilft dir das? Oder behindert es dich manchmal?

- Hast du die Fähigkeit und den Wunsch, eine andere Form anzunehmen, je nachdem, in welcher Situation du dich befindest? Verlierst du dich manchmal in anderen Menschen? Neigst du dazu, die Emotionen, Stimmungen und Probleme anderer Menschen in dich aufzusaugen?

PLANETEN IM SELBEN ZEICHEN WIE DEIN ASZENDENT
Wer beeinflusst deine Lebensmotivation?

Um die Bedeutung deines Aszendenten zu verstehen, ist es wichtig zu begreifen, welchen Einfluss die Planeten in deinem ersten Haus haben. Sie »färben« deine Lebensmotivation, die Art und Weise, wie du diese Motivation lebst, und damit all das, wofür du geschätzt werden möchtest. Denn der Aszendent markiert dein erstes Haus, den Anfang von allem.

Das erste Haus ist das einzige Haus im Horoskop, in dem es allein um dich geht. Es ist das Haus des Körpers, des Selbst, des Erscheinungsbildes und der Identität. Jeder Planet, der im ersten Haus steht, ist auf eine sehr prägnante und intime Weise mit deiner Persönlichkeit verwoben.

Im Allgemeinen entfalten Planeten, die im ersten Haus stehen, eine besondere Stärke. Sie beeinflussen, wie du dein Selbst ausdrückst. Nicht jeder Mensch hat Planeten im ersten Haus stehen. Leere Häuser in einem Horoskop sind nichts Ungewöhnliches.

Tatsächlich ist es sogar unmöglich, in jedem Haus einen Planeten zu haben. Doch wenn im ersten Haus deines Geburtshoroskops Planeten stehen, dann haben sie eine starke Auswirkung auf deine Identität, dein Aussehen, deine Eigenarten und deine körperlichen Erfahrungen.

Hast du beispielsweise den fröhlichen, von Glauben getragenen, optimistischen Schützen als Aszendenten und dazu den nüchternen, vornehmen Saturn im Schützen im ersten Haus, dann ändert sich dadurch die Ausdrucksform deines Schütze-Aszendenten. Dann wird der Schütze nicht mehr ungebremst auf die Welt losgelassen, sondern muss zuerst den Filter des Saturn passieren. Mit dieser Konstellation willst du immer noch für deine Handlungsorientierung geschätzt werden (Schütze), aber du möchtest auch Anerkennung für deine disziplinierte, verantwortungsbewusste und unabhängige Art (Saturn). Saturn im ersten Haus ist recht reserviert, der Schütze-Aszendent jedoch das genaue Gegenteil. Daher muss der Saturn im Schützen im ersten Haus erst mit größter Selbstdisziplin einen Weg finden, andere zu inspirieren, und seine Fähigkeit, der eigenen Intuition zu folgen, unter Beweis stellen.

Jeder Planet im ersten Haus will die Kontrolle über deinen Selbstausdruck erlangen. Stehen dort gar mehrere Planeten, hast du vielleicht das Gefühl, dass deine Persönlichkeit von Widersprüchen geprägt ist, für die du einen Ausgleich finden musst.

Im Allgemeinen wird sich ein Planet im ersten Haus in der täglich gelebten Erfahrung bemerkbar machen. Je näher er dem Aszendenten steht, desto aktiver wird der Planet sich einmischen. Das gilt besonders unter 3 Grad Abstand.

Jedes Horoskop ist ein Paradox, genau wie die Menschen und Situationen, die es repräsentiert. Wenn du einen Waage-Aszendenten hast, in deinem ersten Haus aber der Mars steht, dann ist die Frage, wie du als ungebundener Krieger (Mars im ersten Haus) Frieden bewahrst und Beziehungen eingehst (Waage-Aszendent).

Damit umzugehen gehört zu den Herausforderungen des Menschseins.

Dr. Maya Angelou hatte den Neptun im ersten Haus. Neptun ist der Planet der Transzendenz, der Realitätsflucht, des Idealismus und der Fantasie. Neptun im ersten Haus kann eine überirdische Anmutung verleihen. Jeder Planet im ersten Haus macht sich massiv im Leben bemerkbar. Er will durch das Selbst (erstes Haus) Ausdruck finden. In diesem Falle beeinflusste Neptun die Art, wie sich Maya Angelous Löwe-Aszendent zeigte: Er verlieh ihrer Persönlichkeit etwas Ätherisches.

Da Neptun Grenzen niederreißt, die die Verbundenheit behindern, können wir uns fragen, ob er dafür verantwortlich war, dass sich mit Dr. Angelous Arbeit und Person so viele Menschen identifizieren konnten. Ihre autobiografischen Bücher sind ergreifend, zeitlos und tiefschürfend. Aber man warf ihr auch vor, es mit Zeitangaben zuweilen nicht so genau zu nehmen. Neptun im ersten Haus macht sich vielleicht mehr Gedanken darüber, wie er das richtige Bild erzeugen kann, als präzise Angaben zu Zeit und äußeren Umständen zu machen.

 Jetzt beginnt dein Abenteuer. Wenn du Planeten im ersten Haus hast (siehe Seite 39), dann blättere vor und lies dir die entsprechenden Abschnitte durch. Ist dein erstes Haus leer, dann machst du mit dem Aszendentenherrscher und seiner Bedeutung weiter (Seite 217).

Stehen Planeten im selben Zeichen wie dein Aszendent?

Die Sonne im ersten Haus

Die Sonne im ersten Haus verleiht deiner Persönlichkeit eine Extraportion Lebendigkeit, sodass du besonders hell strahlen kannst. Du findest deinen Lebenszweck, indem du ganz du selbst bist und dies auch auszudrücken lernst. Wenn die Sonne hier steht, bedeutet das, dass du um Sonnenaufgang herum geboren bist. Dein Sonnenzeichen und dein Aszendent stehen im selben Zeichen. Du bringst also die Energie des Tagesanbruchs mit auf die Welt. Sie erfüllt deine Persönlichkeit.

📝 Fragen zur Selbstreflexion

- Spricht dich der Begriff »Selbstausdruck« an? Wie zeigt sich das in deinem Leben? Wie hättest du gerne, dass es sich zeigt?

- Hat man dir je gesagt, dass du eine starke Persönlichkeit hast? Wie fühlst du dich dabei?

- Bist du körperlich stark? Hast du viel Energie? Was schaffst du dadurch?

Der Mond im ersten Haus

Der Mond im ersten Haus verleiht dir eine hohe Sensibilität, aber auch eine gewisse Wandelbarkeit. Mitunter legst du Launen an den Tag. Den Mond zu verkörpern heißt, immer im Fluss zu sein.

Da der Mond das Licht der Sonne reflektiert, kann es sein, dass du die Fähigkeit besitzt, anderen einen Spiegel vorzuhalten – was auf die Menschen meist absolut unwiderstehlich wirkt. Jeder sehnt sich schließlich danach, widergespiegelt zu werden, denn das heißt, dass er gesehen und erkannt wird. Der Mond im ersten Haus hilft dir, Beziehungen zu anderen zu knüpfen, indem du sie spiegelst.

✍ Fragen zur Selbstreflexion

- Giltst du als emotional empfänglich, fürsorglich, sensibel und wandelbar? Wobei unterstützen dich diese Eigenschaften im Leben? Wo machen sie dir manchmal Schwierigkeiten?

- Hast du den Eindruck, dass deine Stimmungen deine physische Energie beeinträchtigen? Was hilft dir, schwierige Gefühlslagen zu überwinden?

- Hat sich deine körperliche Erscheinung oder deine Art, dich zu präsentieren, im Laufe der Zeit mehrfach verändert? Kannst du diesen Wandel annehmen, wie du die verschiedenen Mondphasen ja auch einfach hinnimmst?

Merkur im ersten Haus

Merkur im ersten Haus ist dort besonders gut platziert, weil er im Haus seiner Freude steht. Mit dieser Konstellation werden Kommunikation und der Austausch mit anderen zum zentralen Motiv deiner Identität.

📝 Fragen zur Selbstreflexion

- Bist du bekannt dafür, dass du viel schreibst, eine gute Kommunikation zu deinen Mitmenschen pflegst, andere Menschen lehrst oder dich in die magischen Künste einarbeitest? Sind diese Dinge Teil deiner Persönlichkeit? Worin bist du besonders geschickt? Wann hast du zum ersten Mal dein Talent in diesen Dingen erkannt?

- Neigst du dazu, viel Information anzusammeln? Hast du einen scharfen Geist? Kannst du dich mit großer Klarheit mitteilen? Wozu benutzt du dieses Talent?

- Ist dein Stil wandelbar? Erkennen die Leute dich manchmal von einem Tag auf den anderen nicht wieder? Welche Türen öffnet dir deine Vielseitigkeit?

Venus im ersten Haus

Venus im ersten Haus verleiht dir eine angenehme Persönlichkeit, die sich darauf konzentriert, durch Anmut, Schönheit oder Kreativität das anzuziehen, was sie will. Die wichtigste Aufgabe der Venus ist es, mit anderen auf harmonische Weise zusammenzukommen. Mit dieser Konstellation wird dieses Bedürfnis Teil deiner Persönlichkeit. Venus im ersten Haus ist ein Segen. Der einzige Haken dabei ist, dass du vielleicht nicht klar und deutlich um die Dinge bitten kannst, die du brauchst, weil du Angst hast, andere zu verärgern.

☑ Fragen zur Selbstreflexion

- Macht es dir Freude, Verbindungen zu stiften, Schönheit und Liebe auszudrücken? Wie tust du das genau?

- Kennt man dich als aufgeschlossen und zugänglich? Was bringt dir das? In welchen Fällen ist es dir eigentlich zu viel? Fällt es dir schwer, anderen etwas abzuschlagen?

- Mögen die Menschen dich, ohne dass du viel dazutun musst? Erregst du häufig Aufmerksamkeit, ob du das nun willst oder nicht? Inwiefern macht dir dies das Leben schwer? Wo wiederum hilft es dir?

Mars im ersten Haus

Mit Mars im ersten Haus bist du bekannt dafür, dass du Kämpfe brauchst, mit oder ohne Grund. Diese Konstellation ist leichter für Menschen, die ohnehin mutig und aktiv jede Herausforderung annehmen. Die positiven Eigenschaften des Mars haben eine Chance, wenn man dich wegen deiner Unabhängigkeit schätzt. Mit Mars im ersten Haus ist Mut eine deiner Haupteigenschaften. Mars ist der Kämpfer. Ist er als solcher angesehen, kann er anders mit seinen Gaben umgehen, als wenn er missverstanden wird oder schlimmer noch, wenn man ihn für seine Art vielleicht sogar verurteilt. Hat Mars mit Schwierigkeiten zu kämpfen (wenn er in einem für ihn schwierigen Zeichen steht oder einen schwierigen Saturnaspekt hat), dann kommt es immer wieder zu Konflikten. Jede Lösung führt letztlich nur zu neuen Herausforderungen, sodass das Leben für dich zur Lektion in Konfliktbewältigung wird.

Mars im ersten Haus kann aber auch darauf hindeuten, dass du Entzündungen im Körper hast, die eingedämmt, gekühlt und beruhigt werden müssen.

📝 Fragen zur Selbstreflexion

- Bist du bekannt dafür, dass du gerne Risiken eingehst? Was bedeutet dir dieser Ruf? Wie fühlt es sich an, keine angemessene Möglichkeit zu haben, ein Wagnis einzugehen?

- Bist du umso motivierter, je aktiver du bist? Welche Dinge regen dich an, aktiv zu werden?

- Neigst du zu Taten, die andere als kühn empfinden? Wirft man dir deshalb manchmal vor, polarisierend oder streitsüchtig zu sein? Was fängst du mit diesem Feedback an?

Jupiter im ersten Haus
♃

Jupiter im ersten Haus wird deine Wirkung auf die Welt verstärken. Jupiter ist groß. Er macht sich stets bemerkbar. Mit dieser Konstellation verleiht er dir die gleiche Wirkung. Dieser Planet vermehrt, was immer er berührt. Im ersten Haus gibt er dir eine kaum zu bändigende Antriebskraft, einen leidenschaftlichen Appetit aufs Leben. Vielleicht bist du bekannt für eine enorme physische Präsenz, dein lautes Lachen oder deine nahezu grenzenlose Großzügigkeit. Ein Hauch von Spiritualität umweht dich, du bringst Fülle und Überschwang mit dir. Jupiter kann exzessiv werden. Im ersten Haus entsteht daraus der Wunsch nach großen Mengen von allem, was dich interessiert.

✒ Fragen zur Selbstreflexion

- Bist du für deine Großzügigkeit bekannt? Was bringt dir das? Lehrt es dich etwas oder eröffnet es dir neue Wege?

- Bist du ein wohlwollender Mensch? Bist du stets deines Glückes Schmied, an welche Position man dich auch immer stellen mag? Wo hast du das gelernt? Was lernst du wiederum daraus?

- Bist du bekannt dafür, dass du dich für die Heilkünste, für Medizin oder Weisheitstraditionen interessierst? Was fängst du mit diesen Talenten an?

- Schaffst du Fülle in deiner Welt? Welche Art der Fülle? Wann spürst du am meisten Überfluss?

Saturn im ersten Haus

ħ

Saturn im ersten Haus ist schwierig, denn damit verkörperst du einen Planeten, der für Grenzsetzung, Disziplin und Zurückweisung bekannt ist. Saturn verleiht uns Professionalität, Reife und den Wunsch, uns substanziell weiterzuentwickeln. Er kann uns allerdings auch verleiten, auf Freude und Fülle zu verzichten. Da das erste Haus auch für den Körper steht, macht Saturn dich in dieser Konstellation langsam. Er behindert Bewegungen, sorgt für Steifheit im Körper. Jede Verantwortung fühlt sich an wie eine große Last, nicht wie eine weitere Stufe zur Selbstentfaltung, zumindest anfangs. Saturn im ersten Haus verleiht der Persönlichkeit bzw. Erscheinung einen nüchternen, ernsthaften, distanzierten oder kühlen Ausdruck. In dieser Position lehrt Saturn dich Selbstbeherrschung ebenso wie den Respekt vor dem Alter und der Weisheit, die es mit sich bringt.

🖊 Fragen zur Selbstreflexion

- Spürst du manchmal Härten im Körper, Verspannungen in der Muskulatur? Was hilft dir, diese zu lockern?

- Sagst du oft Nein, wenn andere etwas von dir wollen? Hast du das Gefühl, mehr Verantwortung tragen zu müssen als andere? Oder den Menschen Grenzen setzen zu müssen? Wie belastet dies dein System?

- Verspürst du den Wunsch, in deinem Aufgabenbereich Meisterschaft zu erlangen? Wenn ja, wie? Arbeitest du mit viel Einsatz daran, Autorität zu erlangen? Was hindert dich daran?

Die modernen Planeten

Uranus, Neptun und Pluto gelten in der traditionellen Astrologie nicht als Zeichenherrscher. Daher stehen sie in den einzelnen Zeichen auch nicht »gut« oder »schlecht«. Sie sind extrem, aber meist nicht sehr relevant für die Persönlichkeit. Diese äußeren Planeten bewegen sich so langsam, dass ganze Generationen mit dem gleichen Aszendenten sie im ersten Haus haben.

Uranus im ersten Haus

♅

Uranus im ersten Haus spricht für eine unkonventionelle Persönlichkeit. Er liebt Brüche, Risse, Exzentrizität und verströmt eine elektrisierende Energie. Uranus bringt einiges an Aufregung. Mit ihm weiß man nie, was als Nächstes kommt. Hier musst du Möglichkeiten finden, deine Energie sinnvoll auszurichten. Nur dann kannst du wirklich ablegen, was in die Jahre gekommen ist und Erneuerung erfordert.

✍ Fragen zur Selbstreflexion

- Verspürst du den Drang, Systeme zu zerschlagen, die dir nicht logisch erscheinen? Was passiert, wenn du das tust?

- Gehörst du zu jenen, die »nicht wissen, was sie tun«? Die aufbegehren, ohne wirklich sagen zu können, wogegen? Wie siehst du dich selbst vor diesem Hintergrund?

- Kannst du auf deinem Lebensweg eine unvermittelte Hundertachtziggradwende vollziehen? Große Risiken eingehen oder dich vollkommen neu erfinden? Wenn du das bereits getan hast, setz dich hin und schreib das auf. Welche Freiräume hat dieser Wandel für dich geschaffen?

- Finden andere diese Tendenz an dir aufregend, erfrischend oder beunruhigend (vor allem, wenn sie selbst auf Beständigkeit setzen und auf die Befolgung sozialer Normen)? Wie kommst du mit diesem Feedback zurecht?

Neptun im ersten Haus

Neptun im ersten Haus macht Begegnungen mit sehr vielen Menschen möglich. Er lässt Grenzen durchlässig werden und kann deine eigenen auflösen. In dieser Position verleiht er der Persönlichkeit Fantasie und macht dich wandelbar, sodass du für jeden Menschen in deinem Umfeld jemand anders sein kannst. Mit Neptun in dieser Stellung kannst du dich leicht in den Fantasiebildern verlieren, die sich andere von dir machen. Es besteht die Gefahr, dass du von fremden Bedürfnissen und Emotionen überwältigt wirst. Daher gehört es zu deinen Aufgaben, deine persönlichen Grenzen zu stärken. Neptun schenkt ein glamouröses, nahezu transzendentes Auftreten. Andere Menschen sind davon häufig zutiefst fasziniert.

📝 Fragen zur Selbstreflexion

- Bist du bekannt für deine mitfühlende Art, für deine angeborene Fähigkeit, dich in das Leid und Unglück anderer Menschen einzufühlen? Oder für deine Fähigkeit, mit allen in deinem Umfeld zu verschmelzen? Welche dieser Eigenschaften sind hilfreich? Welche machen Schwierigkeiten?

- Bist du so vielseitig, dass du manchmal nicht mehr weißt, was du eigentlich willst? Fällt es dir mitunter schwer zu spüren, wer du wirklich bist? Mach dir klar, wann genau das der Fall war.

- Sind Kreativität, Spiritualität und der Dienst am anderen für dich Dinge, die dich zentrieren und dir mehr Bodenhaftung geben? Wo in deinem Leben kannst du dir dadurch neue Energie verschaffen?

Pluto im ersten Haus

Pluto im ersten Haus stattet die Persönlichkeit mit Tiefe und Intensität aus. Mitunter allerdings bringt er auch obsessive Züge hervor. Diese lassen sich ins Positive wenden, wenn man sie zum Beispiel auf gründliche Studien oder Nachforschungen richtet und damit Gutes schafft. Pluto will in die Tiefen des Lebens hinabsteigen. Mit Pluto im ersten Haus interessierst du dich womöglich für Dinge, die dir transformative Erfahrungen ermöglichen.

📝 Fragen zur Selbstreflexion

* Bist du bekannt dafür, dass du dich ständig wandelst? Wodurch werden diese Transformationserfahrungen ausgelöst?

* Kennt man dich als kraftvolle Persönlichkeit? Wie kannst du mit dieser Kraft einen positiven Wandel in der Welt bewirken?

* Kannst du bei anderen starke, reinigende und womöglich heilende Erfahrungen anstoßen? Hast du manchmal das Gefühl, dass Menschen nur so lange bei dir bleiben, wie sie Heilung brauchen, und danach einfach verschwinden? Hast du das Gefühl, dass manche Menschen sich deine Stärke zunutze machen wollen, statt ihre eigene zu entwickeln? Was haben diese Erfahrungen dich darüber gelehrt, wie du dich besser um dich selbst kümmern kannst?

* Ziehst du einflussreiche Menschen an? Hast du deshalb viele extreme Erfahrungen durchlebt? Schreib sie auf.

DER PLANET, DER DEINEN ASZENDENTEN BEHERRSCHT

Wer steuert das Schiff deines Lebens?

Dein Aszendentenherrscher

Wenn wir wissen wollen, welchen Weg wir einschlagen müssen, um das Gefühl zu haben, unseren Lebenszweck zu verwirklichen, müssen wir herausfinden, welcher Planet unseren Aszendenten beherrscht. Er ist es, der unser Lebensschiff in die eine oder andere Richtung lenkt.

Jeder Planet hat einen spezifischen Aufgabenbereich: die Sonne den Selbstausdruck, der Mond die Widerspiegelung und den Ausdruck der Gefühle, der Merkur die Kommunikation, die Venus ist zuständig für Schönheit und Beziehungen, Mars verteidigt und beschützt, Jupiter schafft optimistische Ausdehnung, Saturn hingegen baut Strukturen auf und errichtet Grenzen.

Wenn wir die Natur, die Energie und die spezielle Ausrichtung unseres Lebensantriebs kennen wollen, hat der Aszendentenherrscher uns einiges zu sagen. Er macht uns auf die Herausforderungen und Geschenke in unserem Leben aufmerksam, die wir keinesfalls übersehen dürfen.

Bei einigen erweist sich der Aszendentenherrscher – und Steuermann – als effizient und kraftvoll. Er verfügt über alles, was es braucht, um uns im Leben voranzubringen (Wie ein Planet in einem Zeichen fühlt er sich besonders wohl in seinem Domizil bzw. in der Erhöhung). Andere wiederum haben einen Steuermann an Bord, der sie vor Herausforderungen stellt und sie auf viele verschiedene Pfade führt – von denen einige Umwege sind, andere sich als wichtige Wegmarken herausstellen (So ähnlich wie ein Planet, der im Zeichen seines Exils oder Falls steht). Und andere

bekommen einen Steuermann, der in seinem Zeichen vergleichsweise neutral agiert (wenn er weder im Domizil noch in der Erhöhung, weder im Exil noch im Fall steht).

In diesem Kapitel geht es darum, wo welcher Planet im Domizil,
im Exil, in der Erhöhung und im Fall steht. Es ist wichtig, dass du
die Neigungen deines Aszendentenherrschers kennst. Kommt er
des Öfteren von seiner Bahn ab? Oder hat er besonders viel Kraft
und neigt eher zum Extrem? Wird er dir zu Bekanntheit auf seinem
Gebiet verhelfen? Oder funktioniert er einfach ohne größere
Komplikationen im Stile des Zeichens, in dem er steht? Da die folgenden Erläuterungen recht ausführlich sind, kannst du sie auch
auf andere Planeten deines Geburtshoroskops anwenden. Hast du
beispielsweise die Venus in den Fischen, wo sie erhöht steht, werden Erläuterungen dazu in vielerlei Hinsicht auf dich zutreffen,
auch wenn die Venus nicht deine Aszendentenherrscherin ist.

Sowohl Maya Angelou als auch Frida Kahlo haben den Aszendenten im Löwen, die Sonne ist also bei beiden Aszendentenherrscherin. Wenn die Sonne (oder der Mond) über den Aszendenten
herrscht, dann ist das etwas Besonderes. Wir haben ja schon gelernt, dass die beiden Lichter im Horoskop nicht unterschätzt
werden dürfen. Ist eines von beiden gar dein Aszendentenherrscher, kommt ihm noch größere Bedeutung zu. Da die Sonne bei
diesen beiden Frauen über den Aszendenten herrscht, wissen wir,
dass die Art ihres Strahlens (das Zeichen, in dem die Sonne bei
der Geburt stand) nicht nur für ihren Lebenszweck bedeutsam
war, sondern auch für die Richtung, in die ihr Leben gelenkt wurde (Aszendentenherrscher). Bei Maya Angelou stand die Sonne im
Widder (Mut und Wagnis) in der Erhöhung. Ihr Steuermann konnte seine Aufgabe also erstklassig erledigen und schenkte ihr Ruhm
und Anerkennung. Frida Kahlos Sonne stand im Krebs, steuerte
ihr Leben also auf emotionale, fürsorgliche und sensible Weise.
Da die Sonne im Krebs weder besonders stark noch geschwächt

ist, müssen wir andere Faktoren heranziehen, um herauszufinden, wie leicht oder schwer sie es hatte, ihren Lebenszweck zu verwirklichen: in diesem Fall das Haus, in dem der Aszendentenherrscher steht bzw. die Aspekte, die andere Planeten zu ihm bilden.

Jetzt beginnt dein Abenteuer. Blättere vor zu deinem Aszendentenherrscher.

Die Sonne als Aszendentenherrscherin (Aszendent Löwe)

Steht bei dir der Aszendent im Löwen, ist die Sonne seine Herrscherin. Damit musst du dich auf nur zwei Planeten konzentrieren: die Sonne und den Mond (statt Sonne, Mond und als Drittes den Aszendentenherrscher).

Als Aszendentenherrscherin lenkt die Sonne dein Lebensschiff hin zur Entwicklung des Selbst. Das verleiht dem Haus, in dem die Sonne steht, eine eigene Bedeutung, und der dadurch angesprochene Lebensbereich wird noch wichtiger. Mit der Sonne als Herrscherin sind dein Selbstausdruck, deine Art, Mut zu beweisen und Selbstsicherheit auszustrahlen, für deine Lebensgeschichte ebenso zentral wie für die Fähigkeit, deinen Lebenszweck zu verwirklichen. Das Zeichen, in dem die Sonne steht, prägt den Stil deines Auftretens. Mehr dazu im Kapitel über dein Sonnenzeichen.

Fragen zur Selbstreflexion

- Mit der Sonne als Aszendentenherrscherin solltest du dich fragen: Wie verändert sich deine Energie, wenn du Zeit und Ressourcen darauf verwendest, dein Selbstgefühl zu stärken?

- Wie ist die Entwicklung deines Selbst mit deinem Lebenszweck verbunden? Gibt es positive Anstöße?

- Wo im Leben möchtest du am liebsten strahlen können?

- Was kannst du besser, wenn du dich anerkannt, gesehen oder geschätzt fühlst?

Der Mond als Aszendentenherrscher (Aszendent Krebs)

Mit Krebs als aufsteigendem Zeichen nimmt der Mond die Funktion des Aszendentenherrschers ein. Das vereinfacht die Sache ein wenig, denn du musst dich nicht mit drei Planeten auseinandersetzen (Sonne, Mond und Aszendentenherrscher), sondern nur mit den beiden Lichtern.

Mit dem Mond als Aszendentenherrscher wird dein Lebensschiff dorthin gelenkt, wo es widerspiegeln, mitfühlen, Bindungen schaffen und andere versorgen kann. Auf diese Weise findest du Möglichkeiten, deinen Lebenszweck in allem zu verkörpern, was du tust. Da der Mond das Licht des Lebenszwecks (Sonne) reflektiert, wird er mit diesem Widerschein kleine tägliche Rituale, Verrichtungen und überhaupt den Alltag erfüllen. Wenn du Stück für Stück dein Potenzial in diese Welt bringst, würdigst du die Kraft, den Einfluss und die Energie deiner Lebensausrichtung.

Als Aszendentenherrscher lenkt der Mond dein Leben in Richtung Familienbande, Beziehungen, tägliche und spirituelle Rituale und andere Methoden, mit denen du frische Energie tanken kannst. Dein Mondzeichen signalisiert dir, auf welche Art du deinen Lebenszweck erfüllen kannst. Lies dazu die Erläuterungen, die du im Abschnitt über den Mond in den verschiedenen Zeichen findest.

📝 Fragen zur Selbstreflexion

- Wo in deinem Leben ist emotionale Spiegelung ein wichtiger Teil deines Erfolges?

- Was wollen andere Menschen von dir gewöhnlich widergespiegelt bekommen?

- Wie fühlst du dich, wenn du anderen helfen kannst?

- Inwiefern hat dein Erfolg mit deiner Fähigkeit zu tun, deine eigenen Emotionen zu verarbeiten? Bist du erfolgreich darin, anderen zu helfen, ihre eigenen Emotionen zu erkennen und zu verstehen? Inwiefern hilfst du dir und anderen, stärker im Körper präsent zu sein?

Merkur als Aszendentenherrscher
(Aszendent Zwilling oder Jungfrau)

Wenn Merkur Herrscher deines Aszendenten ist, dann wird dein Lebensschiff vom Planeten der Kommunikation, des Lernens und des Verteilens von Information gesteuert. Du beherrschst die Kunst des Umgangs mit Daten meisterlich. Das Zeichen, in dem Merkur steht, wird dir zeigen, auf welche Weise dies geschehen kann.

Um Merkur zu würdigen, solltest du darauf achten, stets möglichst viele interessante Dinge aufzutun, die du lernen kannst.

Merkur ist der Planet der Dualität. Daher solltest du die Information, die du aufnimmst, auch immer an andere weitergeben.

Das Zeichen, in dem Merkur in deinem Geburtshoroskop steht, sagt dir, wie du dein Lebensziel erreichen kannst. Vergiss nicht, dass nicht jeder Planet in jedem Zeichen klar und kraftvoll auftritt. Und natürlich möchtest du wissen, wie gut der Planet, der dein Steuermann ist, seine Aufgabe erledigen kann. Es folgen Erklärungen zu Merkur in den einzelnen Zeichen. Bitte lies die Beschreibung deines Merkurzeichens und beantworte die Fragen zur Selbstreflexion, die dich ansprechen.

Im Domizil und damit stark:
Merkur in Zwilling oder Jungfrau

Steht Merkur als Aszendentenherrscher in Zwilling oder Jungfrau, fällt es ihm leicht, seine ihm zugedachte Aufgabe zu übernehmen, denn Merkur steht hier im Domizil, also im eigenen Zeichen. Merkurs Währung ist Wissen. Im Zwilling bzw. in der Jungfrau steht er stark, was heißt, dass er über außergewöhnliche intellektuelle Fähigkeiten verfügt. Das ist an sich »gut«, macht aber das Leben nicht unbedingt einfacher. Deine Talente allerdings kommen so sehr gut zur Geltung.

Merkur im Zwilling

Im Zwilling steht Merkur in seinem Luftzeichen-Heim. Er konzentriert sich darauf, wie er Wissen sammeln, interpretieren und vermitteln kann. Letzteres tut er gern so schnell wie möglich, was heißt, dass er Informationen ungefiltert weitergibt. Es ist ihm nicht so wichtig, sie vorzusortieren oder zu überprüfen. Merkur im Zwilling ist eine Plaudertasche. Kommt er in den Besitz von Informationen, so sind ihm die emotionalen Konsequenzen, die damit vielleicht verbunden sein könnten, egal. Seine Aufgabe sieht er einfach im Sammeln und Weitergeben.

Merkur in der Jungfrau

Die Jungfrau ist das Erdzeichen-Heim des Merkurs. Er steht dort zugleich im Domizil und in der Erhöhung (und ist damit der einzige Planet, auf den dies zutrifft). Der Merkur als Jungfrauplanet will seine Informationen strukturieren und verwerten. Ihm ist es wichtiger, sie zu überprüfen und zu korrigieren, als sie zu sammeln (wie im Zwilling). Der Merkur in der Jungfrau ist sorgfältig. Achtsam. Kritisch. Exakt. Analytisch bis zum Extrem, will er Wissen verdauen, sich anverwandeln und integrieren. Er sucht den richtigen Platz für das Gesammelte. Die personifizierte Genauigkeit.

Magie und Chaos: Merkur in Schütze oder Fische

Im Schützen (Exil) und in den Fischen (Fall) stößt Merkur auf Schwierigkeiten, da beide Zeichen den Blick eher auf das Gesamtbild richten statt auf die feinen Pinselstriche, aus denen es sich zusammensetzt. Wenn Merkur der Herrscher deines Aszendenten ist, aber in Schütze oder Fische steht, ist das jedoch kein Grund zur Verzweiflung. Achte einfach darauf, wie du dich manchmal auf dem Weg zum Ziel verfranzt. Herausforderungen im Geburtshoroskop sind jene Punkte, auf die du am ehesten deine Aufmerksamkeit richten solltest. Dann verhelfen sie dir auch zu Fähigkeiten, die den Weg zu enormen Leistungen ebnen.

Merkur im Schützen

Merkur steht im Schützen im Exil, was heißt, dass er mit einem Stil konfrontiert ist, der ihm eigentlich nicht liegt. Der Schütze strebt nach letzten Wahrheiten, geht dabei aber häufig vorbei an Details, Fakten und grundlegendem Wissen, die er eigentlich bräuchte. Merkur im Schützen liebt große Abenteuer in fremden Ländern, aber hat er auch Zeit, Energie und Ressourcen, um seine Aufgaben zu erfüllen? Unterwegs entdeckt der Merkur alle möglichen interessanten Ideen, wird jedoch mitunter von der schieren Fülle der aufgenommenen Informationen überwältigt. Der Schütze will stets Großes. Merkur in diesem Zeichen wird den lieben langen Tag Fakten ausspucken, wenn du das zulässt. Er wird dich auf große Informationsabenteuer mitnehmen und dabei immer weiter gehen, als er eigentlich müsste. Das heißt, dass er sich oftmals auf Weltreise begibt, obwohl es eigentlich gereicht hätte, nur mal schnell den Block zu umrunden. Ist dein Aszendent Zwilling oder Jungfrau mit Merkur im Schützen, musst du vermutlich lernen, wie du bei der Stange bleibst und deine Aufgaben so erfüllst, dass du nicht zu viele Ressourcen verschwendest.

Merkur in den Fischen

Merkur steht in den Fischen im Fall, was heißt, dass er Schwierigkeiten hat, für seine Aufgabe anerkannt, geschätzt oder gelobt zu werden. Planeten im Fall geht es ein bisschen wie Menschen, die in Verruf geraten sind. Merkur in den Fischen wird nicht für seine Klarheit bekannt sein. Fische lieben nun mal die Poesie. Das Nichtlineare. Das Nichtbinäre. Das Impressionistische. Die Gefühlswelt. Das Ätherische. Hier hat Merkur wohl Probleme, Informationen zu sammeln, da sie ihn schlichtweg nicht interessieren. Was sich für den Fische-Merkur richtig anfühlt, muss nicht unbedingt wahr sein. Fische sind ein Zeichen, das sich seine eigene Wirklichkeit schafft, Welten innerhalb der Welt. In diesem Zeichen hat Merkur seine liebe Mühe, sich zu konzentrieren, andererseits findet er immer etwas Spannendes, mit dem er davonschwimmen kann. Herrscht Merkur über deinen Aszendenten und steht in den Fischen, ist es wichtig, dass du deine Kreativität auf dein Ziel ausrichtest und deine Energie entsprechend kanalisierst. Der Fisch will in alle Richtungen gleichzeitig. Wenn dieses Zeichen die Steuerung deines Lebensschiffes beeinflusst, dann fällt es dir schwer, dich länger auf eine Sache zu konzentrieren. Vielleicht brauchst du mehrere spannende Ziele, aber pass auf, dass du deine Energie nicht auf Umwegen verschwendest.

Merkur in den anderen Tierkreiszeichen

In den anderen Zeichen steht Merkur vergleichsweise neutral: im Widder für Tapferkeit und Unzweideutigkeit, im Stier für stetige Langsamkeit, im Krebs für Sensibilität und Intuition, im Löwen für Drama und Glanz, in der Waage für Fairness und Gerechtigkeit, im Skorpion für Tiefe und psychologischen Scharfblick, im Steinbock für Pragmatismus und strategisches Denken, im Wassermann für Logik und Gründlichkeit. Merkur in diesen Zeichen ist weder besonders stark noch sonderlich geschwächt. Natürlich wird er auch hier Informationen sammeln, aber geprägt von dem Zeichen, in dem er steht. Merkur im Widder als Aszendentenherrscher spricht dafür, dass du dein Lebensschiff möglichst unabhängig steuern möchtest und dies auch unmissverständlich äußerst.

📝 Fragen zur Selbstreflexion

- Was kommunizierst du, wenn du dich besonders lebendig, mutig und sinnerfüllt fühlst?

- Haben Lehren, Schreiben oder die Vermittlung von Informationen irgendetwas mit deinem Lebenszweck zu tun?

- Was lernst du am liebsten? Gibst du dir die Erlaubnis, das auch zu tun? Nimmst du dein Bedürfnis zu lernen wirklich ernst?

- Gibt es etwas, das du gut verkaufen kannst? Was erreichst du auf diese Weise?

- Steht dein Merkur in seinem Zeichen stark, herausfordernd oder eher neutral? Wie beeinflusst das Zeichen deines Merkurs die Art, wie du deinen Lebenszweck umsetzt?

Venus als Aszendentenherrscherin (Aszendent Waage oder Stier)

Wenn dein Aszendent Stier oder Waage ist, ist Venus seine Herrscherin. Mit Venus als Aszendentenherrscherin wird dein Lebensschiff von dem Planeten gelenkt, der für Liebe, Schönheit und Freude verantwortlich ist. Möglicherweise stellt sich die Sonne oder der Mond den Wünschen der Venus entgegen. Doch wenn der Planet der Liebe und Verbundenheit deine Aszendentenherrscherin ist, dann geht es darum, Wege zu finden, ihm zu gehorchen.

Du würdigst die Venus in deinem Geburtshoroskop, wenn du nach Freude, Schönheit und Bindung strebst. Das Zeichen, in dem Venus steht, wird dir zeigen, auf welche Art du diese Dinge in dein Leben holen kannst, sodass du das Gefühl von tiefer Erfüllung hast. Wie jeder Planet steht die Venus in manchen Zeichen gut, in anderen weniger und in wieder anderen erweist sie sich als weitgehend neutral.

Unten findest du Erklärungen zur Venus in den Zeichen. Bitte lies dir die Erläuterung durch, die auf deine Venus zutrifft, und beantworte jene Fragen zur Selbstreflexion, die in dir eine Saite zum Schwingen bringen.

Freude und Gedeihen:
Venus im Stier oder in der Waage

Venus in Stier oder Waage verfügt frei über ihre Gaben. In beiden Zeichen steht die Venus im Domizil, also im eigenen Zeichen. Und sie schenkt dir eine gewisse Leichtigkeit darin, Verbindungen mit anderen Menschen zu knüpfen, um deinen Lebenszweck zu erfüllen. Eine starke Venus bringt die unterschiedlichsten Elemente unter einen Hut, um daraus eine harmonische, angenehme und freudige Erfahrung zu formen. Kunst, Schönheit und Design sind natürliche Ausdrucksformen der Venus in diesen Zeichen.

Venus im Stier

Die Aszendentenherrscherin Venus im Stier schafft Gärten produktiven Überflusses für Freunde, Liebende, Kollegen und überhaupt die ganze Welt. Sie bezaubert ihre Lieben mit sinnlichen Vergnügungen, die zweifellos sehr befriedigend sind. Da die Venus hier in einem ihrer eigenen Zeichen steht, verläuft der Kurs deines Lebensschiffes klar und direkt – du wirst deinen Lebenszweck durch Beziehungen, Schönheit, Kunst und sinnliches Vergnügen erreichen. Ohne diese venusischen Äußerungen wirst du wenig Freude an deinem Lebensweg haben. Wie alle Planeten im eigenen Zeichen ist die Venus im Stier stark betont, weil nichts sie ausbremst. Für dich heißt das, dass du es dir gemütlich machen kannst – und vermutlich Probleme hast, mit irgendetwas, das nach Arbeit schmeckt, in die Gänge zu kommen.

Venus in der Waage

In der Waage versteht es die Venus meisterlich, Beziehungen zu knüpfen. Du verfolgst deinen Lebenszweck, indem du andere bezauberst. Ein sozialer Schmetterling, der auch die düstersten Seelen erquickt. Du weißt ganz genau, wie du jemandem das Gefühl geben kannst, dass er voll und ganz verstanden wird, wenn du das möchtest.

Beziehungen, Kunst, Schönheit, Liebe, Verbundenheit und der Ausdruck schöpferischer bzw. erotischer Energie können im Mittelpunkt deines Lebens stehen (auch wenn dir das häufig nicht bewusst ist). Sie können aber auch andere Aspekte des Lebens verdrängen. Häufig nehmen wir unsere Stärken für selbstverständlich und erlauben dies auch anderen Menschen. Venus in der Waage ist so sozial und an allem interessiert, was gefällt, dass sie dich als Aszendentenherrscherin möglicherweise nur dorthin lenkt, wo alles leicht zu haben ist.

Ein Geschenk der Großen Göttin:
Die erhöhte Venus in den Fischen

In den Fischen steht Venus erhöht, was heißt, dass sie alle möglichen Beziehungen in dein Leben holt. Das ist eine sehr starke Konstellation, die dir im Leben Wohlstand, Glück oder die Fähigkeit schenkt, zum richtigen Zeitpunkt anzuziehen, was du brauchst. Gewöhnlich geschieht dies so, dass sie dich mit den richtigen Leuten in Verbindung bringt. Wie alle erhöhten Planeten bringt die Venus in den Fischen dir Anerkennung oder Ruhm in Bereichen, die zu diesem Planeten gehören.

Dabei kann es sein, dass du um dich herum eine Art Ekstase auslöst. Menschen, die in Beziehungen tief verletzt wurden, glauben häufig, dass du sie retten kannst. Sie richten ihre ganze Zuneigung auf dich, manchmal auf sehr obsessive Weise. Du fühlst dich förmlich gezwungen zu geben, was du hast. Dies gilt vor allem, wenn diese Gabe dir quasi in den Schoß fiel. Du bist verwirrt und fragst dich, wieso du diese Macht besitzt. Aber das führt auch dazu, dass es dir schwerfällt, in Beziehungen Grenzen zu setzen. Sobald du das tust, kannst du deine heilende Kraft, dein Mitgefühl, deine schöpferische Fantasie einsetzen, um unendlich viel Gutes zu tun.

Intensive Anziehung: Venus in Widder oder Skorpion

Im Widder und im Skorpion steht Venus im Exil. Sie muss also dein Lebensschiff unter Umständen steuern, die ihrer Natur so gar nicht entsprechen. Das führt zu einer grundlegenden Anspannung, die von diesem Planeten mehr Arbeit erfordert als üblich. Wie eine Kapitänin im Sturm steuert Venus das Leben durch gefährliche Gewässer. Es wird nicht leicht sein, das Ziel zu erreichen, aber langweilig wird es so bestimmt nicht. Vielleicht stellst du Geschlechternormen infrage und bürstest in den betroffenen Bereichen (das Haus, in dem Venus steht, und das Haus, über das sie herrscht) das Leben gegen den Strich. Venus im Exil hat Schwierigkeiten, dauerhafte Beziehungen aufzubauen. Außerdem rackern Planeten im Exil sich weit mehr ab als die im eigenen Haus. Du bekommst vielleicht nicht alles auf dem Silberteller serviert, aber deine Bemühungen, deinen Lebenszweck zu verwirklichen, werden die richtigen Tore öffnen.

Venus im Widder

Da Widder ein heißblütiges Zeichen ist, das Action liebt, verbrennt die Venus hier – zumindest in Jugendjahren – eine Beziehung nach der anderen. Was sie tatsächlich braucht, ist eine Herausforderung in der Liebe oder im schöpferischen Bereich. Da sie Aszendentenherrscherin ist, kann dies mit den Themen deines Lebenssinns zu tun haben. Oder damit, dass du nicht so bist, wie die Gesellschaft es von dir erwartet. Diese Konstellation lebt vom Widerspruch und drückt sich auf kühne, mutige Weise aus. Vielleicht musst du auch einfach akzeptieren, dass du den Status quo infrage stellst. Deine Aufgabe ist es, diese Energie auf für dich positive Weise einzusetzen. Widder verursacht Konflikte, Venus hingegen will Vergnügen. Sex braucht Spannung. Und das gilt auch für viele Formen der Kreativität. Wenn du deine Energie, dein Begehren und deinen Zorn nicht erstickst, kann diese Konstellation dich zu einer sehr verständnisvollen Führungspersönlichkeit machen. Versuchst du jedoch, dieser Kraft auszuweichen und damit deinem Bedürfnis nach einer Portion gesundem Stress, machen sich die negativen Tendenzen schnell bemerkbar.

Venus im Skorpion

Venus im Skorpion wünscht sich intensive Beziehungen, die in dieser Tiefe nur von wenigen Menschen geschätzt werden. Ist diese Venus deine Aszendentenherrscherin, dann ist es möglicherweise Teil deines Lebenszwecks, diese emotionalen Verwicklungen zu erfahren oder das zwanghafte Begehren, das diese Konstellation auslöst, auf kreative Projekte und Partnerschaften zu richten. Mit dieser Konstellation gibt es keinen Small Talk. Sie steuert dein Lebensschiff in Regionen, wo nur Tiefe, Erforschung, Durchdringung, Transformation zählen. Venus im Skorpion kann darauf hinweisen, dass du dein Geschlecht anders erlebst, als die Gesellschaft es erwartet. Du hast vielleicht ein intuitives Verständnis dafür, was die simple Geschlechterzweiheit im Leben mancher Menschen anrichtet. Oder was Gewalt zwischen den Geschlechtern ausmacht. Vielleicht arbeitest du ja an solchen Themen, oder du engagierst dich politisch dafür. Wenn dein Aszendent von einem Planeten im Exil beherrscht wird, hast du meist das Gefühl, dich viel mehr anstrengen zu müssen als andere, um dich entwickeln zu können. Andererseits bringen gerade diese Anstrengungen auch ihren Lohn mit sich. Hast du eine Venus im Exil, dann mach dir klar, was du in puncto Liebe und Verbundenheit für dich selbst hast neu schaffen müssen.

Die Herrin der Feinheiten: Venus in der Jungfrau

In der Jungfrau steht die Venus im Fall. Es erfordert ein wenig Extraarbeit, an dein Ziel zu gelangen. Hier sind der Venus sinnliche Freuden nur um ihrer selbst willen nicht vergönnt. Venus in der Jungfrau arbeitet mit großer Beflissenheit und Effizienz. Kleinigkeiten beschäftigen sie endlos. Sie lenkt dich in Bereiche, wo du exakt und detailverliebt arbeiten musst. Allerdings fühlst du dich dabei selten wohl, anerkannt oder entsprechend gewürdigt. Planeten im Fall haben immer Schwierigkeiten, sich wertvoll zu fühlen. Es fällt ihnen schwer, ihre Aufgabe zu erfüllen. So zu funktionieren, wie sie es sollten. In der Jungfrau fühlt die Venus sich anderen häufig unterlegen. Da sie sich zurückgewiesen und wenig geschätzt fühlt, tut die Venus in der Jungfrau das Einzige, was sie perfekt beherrscht: Sie kritisiert. Analysiert. Spaltet. Kategorisiert.

Reinigung ist ein wichtiger Teil, wenn man Verbundenheit, Schönheit und Einklang schaffen will – genau darin ist die Venus in der Jungfrau Meisterin. Wenn du aber versuchst, deine Beziehungen bzw. Partner*innen zu »reinigen«, indem du ihre Fehler und Mängel kritisierst, isolierst du dich selbst und versagst dir gerade jene Verbundenheit und jenen Überfluss, den Venus gewöhnlich mit sich bringt. Deine Venus lässt dich vielleicht mehr arbeiten als spielen. Daher solltest du dich auf die Suche nach Dingen machen, die sich für dich freudvoll anfühlen. Venus dient im Tempel ihrer Leidenschaft wie eine Hohepriesterin der höchsten Ordnung.

Venus in den anderen Tierkreiszeichen

In den anderen Zeichen steht die Venus vergleichsweise neutral: im Zwilling für soziale Kontakte, im Krebs für emotionale Bindung, im Löwen für Verbundenheit durch Leidenschaft, im Schützen für Gemeinschaft durch Abenteuer, im Steinbock für Partnerschaft durch gemeinsame Ziele, im Wassermann für intellektuelle Bande. In jedem dieser Zeichen wird die Venus sich bemühen, Beziehungen aufzubauen und Schönheit in die Welt zu bringen – jeweils geprägt durch das Zeichen, in dem sie steht. Eine Venus im Schützen zum Beispiel wünscht sich Gefährten für Abenteuer, für Forschungstätigkeiten und Entdeckungsreisen jeder Art und für das gemeinsame Streben nach Wahrheit.

📝 Fragen zur Selbstreflexion

- Fühlen andere Menschen sich in deiner Gegenwart wohl? Wenn ja, woran liegt das? Und wie steht dies mit deinem Venuszeichen in Verbindung?

- Wirst du im Allgemeinen gemocht? Selbst wenn du Auseinandersetzungen nicht aus dem Weg gehst: Findest du Möglichkeiten, mit anderen in Beziehung zu treten? Hat das etwas mit dem Zeichen zu tun, in dem deine Venus steht?

- Neigst du dazu, dich anderen anzupassen, damit sie dich mögen? Vergisst du dabei deine eigenen Bedürfnisse? Was hilft dir, dich wieder auf dich selbst zu konzentrieren?

- Schau dir dein Leben an: Wie schaffst du Schönheit, ohne überhaupt groß darüber nachzudenken? Schenkt es dir Kraft, die richtige Ästhetik für deine Stimmung oder Bedürfnisse zu finden?

- Wie reagierst du stimmungsmäßig, wenn du schöne Dinge um dich hast?

- Wie kannst du Venus im Alltag würdigen?

- Steht deine Venus in einem starken, einem herausfordernden oder einem eher neutralen Zeichen? Wie beeinflusst die Natur des Zeichens, in dem deine Venus steht, den Weg zu deinem Lebenszweck?

Mars als Aszendentenherrscher
(Aszendent Widder oder Skorpion)

Mit Mars als Aszendentenherrscher steuerst du leidenschaftlich, getrieben, mitunter aggressionsgeladen, aber stets mutig dein Lebensschiff. Widder und Skorpion gehen dabei ihren ganz eigenen Weg, wie dies ja schon im Abschnitt über den Aszendenten erklärt wurde. Mit Mars als Steuermann gehst du schwierige Umstände mit Energie und Willenskraft an. Das Zeichen, in dem Mars steht, zeigt dir, wie genau du deine wichtigsten Lebensziele erreichst.

Unten findest du Erklärungen zu Mars in den Zeichen. Lies dir durch, was auf dich zutrifft, und beschäftige dich mit jenen Fragen zur Selbstreflexion, die dich ansprechen.

Die Wege des Kriegers:
Mars im Widder oder Skorpion

Mars beherrscht sowohl den Widder als auch den Skorpion. In beiden steht er im eigenen Zeichen, also im Domizil. Wenn ein Planet im eigenen Zeichen besser steht, woran arbeitet der kämpferische Mars dann hier? Wirkt er vielleicht noch zerstörerischer? Oder will er beschützen und verteidigen? Beides kann zutreffen. Ist dein Aszendentenherrscher ein Planet, der die Dinge stets zuspitzt, musst du lernen, wie du deine Kraft und Energie einsetzt, um Schaden von dir abzuwenden, statt ihn unbewusst (oder gar bewusst) zu verursachen. Obwohl Mars in beiden Zeichen ähnlich wirkt, gibt es doch auch deutliche Unterschiede.

Mars im Widder

Als Herrscher des Widders zeigt Mars sich kühn. Schnell und wild. Er durchschneidet mühelos den Nebel der Ängste, der viele von uns lähmt. Mars im Widder ist der Krieger in Aktion. Auf dem Schlachtfeld. Auf sein Zielobjekt zusteuernd. Am Rande des Abgrunds und darüber hinaus. Widder ist ein Feuerzeichen, hier handelt der Mars erst und stellt auch danach keine großen Fragen. Er kämpft sich seinen Weg durch alle Herausforderungen und zeigt unmissverständlich, was seine Mission ist. Ist der Mars im Widder dein Aszendentenherrscher, gehst du alles vergleichsweise heftig an, schaffst aber auch, was du willst. Zu wissen, wofür du kämpfst, was du beschützen und wem du dienen willst, hilft dir, auch hochgesteckte Ziele zu erreichen. Diese Konstellation im Horoskop ist stark. Daher solltest du auf jeden Fall versuchen herauszufinden, wie du sie zu deinem Vorteil einsetzen kannst.

Mars im Skorpion

Im Skorpion laufen die Kämpfe des Mars meist im Verborgenen ab. Als Aszendentenherrscher verleiht Mars im Skorpion erhebliche strategische Fähigkeiten. Seine Stärke ist die langfristige psychologische Kriegsführung. Wie du diese Konstellation nutzt, liegt ganz bei dir. Stichst du zu, solltest du darauf gefasst sein, dass jemand zurückstechen könnte. Diese Konstellation besitzt eine unglaubliche Resilienz, und vermutlich trifft dies auch auf dich zu. Mit Mars in dieser Stellung hast du die Geduld, Ausdauer und Fähigkeit, dich auch durch die schwierigsten Szenarien zu kämpfen. Häufig fühlst du dich davon sogar angezogen. Menschen in deinem Umfeld sagen dir immer wieder, dass du dich traust, Dinge zu sagen oder zu tun, vor denen andere zurückschrecken. Wie sollte es anders sein, schließlich kennst du dich mit den härtesten, verrücktesten und grausigsten Aspekten des Menschseins aus. Mit Mars im Skorpion als Aszendentenherrscher willst du wissen, wie das Leben in Grenzsituationen aussieht. Vielleicht kannst du ja mit Menschen arbeiten, auf die das auch zutrifft.

Der wunderbare Krieger: **Mars im Steinbock**

Im Steinbock steht Mars erhöht. Wie alle erhöhten Planeten verleiht er hier eine gewisse Berühmtheit für das, worin er gut ist. Du bist bekannt dafür, dass du komplexe Aufgaben erledigst. Das verführt dich dazu, dich ständig selbst zu übertreffen. Dies ist eine starke Konstellation, die einen gewissen Erfolg garantiert. Ob dieser dich glücklich macht, hängt ganz davon ab, ob du deine Energie auf Dinge richten kannst, die deiner Seele guttun und dich emotional befriedigen. Mars im Steinbock ist ein Arbeitstier. Er lenkt dein Lebensschiff, indem du To-do-Listen abarbeitest und regelmäßig den Gipfel des Berges ersteigst, den du dir gerade vorgenommen hast. Deinen Lebenszweck als ehrgeizig zu bezeichnen wäre eine absolute Untertreibung. Diese Konstellation bringt gewisse Führungsqualitäten, obwohl der Steinbock sich in der Rolle des einsamen Wolfs gefällt. Vermutlich wirst du mit dieser Planetenstellung eher glücklich, wenn du dich allein auf den Weg machst und dein eigener Herr bist.

Der verwundete Krieger:
Mars im Stier oder in der Waage

Wenn der kriegerische Mars sich im Stier oder in der Waage wiederfindet, hat er seine Fähigkeit zu kämpfen eingebüßt, denn dort steht er im Exil. Mars regt sich hier zu Recht über Dinge auf, findet aber keinen Weg zu erklären, warum ihn etwas empört, und schon gar keine Möglichkeit, die Situation zu entschärfen.

Wie alle Planeten im Exil findet Mars sich hier in einer Umgebung wieder, die seiner Natur widerspricht. Ist dein Aszendentenherrscher ein Planet im Exil, fühlt sich das Leben so an, als wärst du zu einer Poolparty gegangen, ohne schwimmen zu können und die Sonne zu vertragen. Deine erste Wahl war das nicht, aber jetzt bist du nun mal da. Und machst das Beste daraus, obwohl du dich unwohl fühlst. Du kompensierst. Du bemühst dich. Du lernst Dinge, für die du dich nicht selbst entschieden hast. Und so verteidigt und schützt sich auch Mars im Exil auf andere Weise, auch wenn er sich mit weniger Sicherheit als üblich bewegt. Im Exil muss er sich durch Selbstzweifel kämpfen, aber wenn er diese überwunden hat, kann er die Gaben dieses Planeten sinnvoll für sich einsetzen.

Mars im Stier

Im Stier greift Mars zur Selbstverteidigung – durch Nichtstun. Mitunter bezeichnet man ihn gar als faul, aber einen Bullen kann man nun mal nicht antreiben. Das soll nun nicht heißen, dass Mars in diesem Zeichen niemals wütend oder aktiv wird. Er braucht halt nur ein wenig Zeit, um zu voller Form aufzulaufen.

Ist Mars im Stier dein Aszendentenherrscher, dann fühlt sich dein Leben so an, als würde es nicht richtig zünden. Du musst dir immer wieder klarmachen, dass für dich die langfristige Perspektive zählt. Diese Konstellation schätzt Dinge nicht, wenn sie schnell zu haben sind. In gewisser Weise prägt dieses Gefühl dein ganzes Leben. Mars im Stier schaltet sich in unangenehmen Situationen keine Minute früher ein als nötig. Sobald er es aber tut, muss man mit ihm rechnen. Das Gleiche gilt für das Aktivwerden überhaupt. Mars im Stier nimmt vielleicht einen Umweg, aber er weicht nicht einen Millimeter von seinem Pfad ab. Mit Mars im Stier als Aszendentenherrscher kommst du zwar an, aber eben erst dann, wenn es dir passt.

Mars in der Waage

Mit einem Waage-Mars als Aszendentenherrscher ist die beste Verteidigung mitunter eine unglaublich charmante Beleidigung. Mars lebt auf dem Schlachtfeld. Die Waage aber will Frieden und Harmonie. Mit diesem Aszendentenherrscher musst du deine Kämpfe ausfechten, ohne Brüche zu verursachen. Ein unmögliches Unterfangen, das Mars in der Waage gleichwohl nicht müde wird anzustreben. Mit dieser Konstellation ist der Aszendentenherrscher manchmal zu leicht bereit zu vergeben, denn du willst eben möglichst alle Menschen auf deiner Seite haben. Da du es kaum erträgst, einfach mal nur an dich zu denken, gehörst du zu den Kriegern, die ihre Waffen an ihre Gegner verschenken. Daher sind Grenzen für diese Konstellation ein ganz entscheidender Punkt. In der Waage wird Mars in einem Zeichen tätig, das seiner Natur entgegengesetzt ist. Versteht er es aber, sich auf Gerechtigkeit, Ausgleich und die Bedürfnisse aller zu konzentrieren, wird er sehr kreativ darin, die richtigen Lösungen zu finden.

Ein Wasserkrieger: **Mars im Krebs**

Ein Krieger unter Wasser: Mars steht im Krebs im Fall. Der Krebs tappt vorzugsweise seitwärts, sodass diese Mars-Konstellation zur Verteidigung eher auf passiv-aggressive Taktiken zurückgreift. Der durchnässte Kämpfer im launischen Krebs ist sich manchmal über seine Beweggründe nicht im Klaren. Ist Mars im Krebs dein Aszendentenherrscher, musst du deinen Lebensweg durch das Auf und Ab emotionaler Höhen und Tiefen finden, die dich in innere Kämpfe verwickeln. Findest du jedoch heraus, wie du deinen gerechten Zorn effektiv kanalisierst, dann kannst du ehrliche emotionale Nähe schaffen. Krebs ist ein Zeichen, das sich Sicherheit durch Gefühlsbande wünscht. Mars als Aszendentenherrscher steht in diesem Zeichen vor der nahezu unmöglichen Aufgabe, sich zu verteidigen, ohne die Bande zu zerreißen, die ihm wichtig sind. Wie bei allen Wasserzeichen können sich verdrängte Emotionen hier als gefährlich herausstellen. Mars im Krebs kann sich zerstörerisch auswirken, wenn er sich weder Zeit noch Raum gibt, die Gefühle aufzuarbeiten, die unter der Oberfläche lauern. Dann geht er in den Flutwellen aufgestauter emotionaler Energie unter. Es ist also deine Aufgabe, ein Krieger zu sein und es als Teil deines Lebenszwecks zu akzeptieren, dass du für jene Dinge kämpfen musst, die deinen Schutz brauchen.

Mars in den anderen Tierkreiszeichen

In den anderen Zeichen agiert Mars weitgehend neutral: Im Zwilling erweist er sich als brillanter Kommunikator, im Löwen als kühne Persönlichkeit, in der Jungfrau als mutiger Kritiker, im Schützen als tapferer Abenteurer, im Wassermann als ebenso mutiger Intellektueller und in den Fischen als spiritueller Krieger. Natürlich wird Mars seinen Mut und seine Willenskraft so zeigen, wie es das Zeichen vorgibt, in dem er steht. Mars im Wassermann zum Beispiel wird sich als mutig in seiner Kommunikation erweisen. Er wird mit der Präzision eines Chirurgen unmittelbar auf den Kern jedes Gedankens zustreben.

Fragen zur Selbstreflexion

- Wofür hast du in deinem Leben zu kämpfen gelernt? Welchen Herausforderungen musstest du dich auf diesem Weg stellen?

- Wann bringen dein Ärger, deine Leidenschaft oder deine falsch eingesetzte Energie dich in Schwierigkeiten? Was hilft dir dann, alles wieder in die richtigen Kanäle zu leiten?

- In welchen Lebensbereichen ist es dir am wichtigsten, deine Energie einzusetzen? Wo trägt dies die meisten Früchte?

- In welchem Lebensbereich kannst du deine Fähigkeit, eine entgegengesetzte Position zu vertreten, am besten und sinnvollsten einsetzen?

- Sagen die Leute dir oft, dass du mutig bist? Wie fühlst du dich dabei?

- Steht dein Mars in einem starken, herausfordernden oder neutralen Zeichen? Was sagt dir die Natur des Zeichens, in dem dein Mars steht, über den Weg zur Erfüllung deines Lebenszwecks?

Jupiter als Aszendentenherrscher (Aszendent Schütze oder Fische)

♃ ☉

Mit Aszendent Schütze oder Fische ist Jupiter dein Aszendentenherrscher. Er steuert dein Lebensschiff mit kompromisslosem Optimismus und Wohlwollen. Jupiter hat von allem ein bisschen zu viel, daher will er Großes, wenn er dein Lebensziel ansteuert. Natürlich haben Schütze und Fische ein jeweils eigenes Gepräge, doch mit Jupiter als Aszendentenherrscher ist Optimismus deine wesentliche Antriebskraft.

Wirst du von Jupiter gelenkt, ist ein totaler Misserfolg fast nicht möglich. Nicht weil du unter allen Umständen in der Lage bist, deine Aufgaben zu erledigen, oder weil das Leben einfach nett zu dir ist. Nein, der entscheidende Punkt dabei ist, dass Jupiter stets Lösungsmöglichkeiten sieht, wie auch immer die Herausforderung sich darstellen mag. Er sieht immer einen Silberstreif am Horizont. Und empfindet Dankbarkeit.

Das Tierkreiszeichen, in dem dein Jupiter steht, sagt dir, wie du dich auf dein wichtigstes Ziel zubewegst. Lies also die Erklärungen zu Jupiter in deinem Zeichen und beantworte die Fragen am Ende dieses Abschnitts, die dich am meisten inspirieren.

Captain Fantastic:
Jupiter im Schützen oder in den Fischen

Jupiter ist in beiden Zeichen zu Hause. Daher schenkt er hier einen unbeirrbaren Glauben an sich selbst, eine unwandelbare Zuversicht und die Fähigkeit, über alle Steine zu springen, die das Leben dir in den Weg legen mag. Jupiter im eigenen Zeichen (Domizil) zu haben ist wie in der Lotterie zu gewinnen. Man nimmt diese Konstellation leicht für selbstverständlich, schließlich ist es eine Gabe der Götter. Was man sich nicht erarbeiten musste, versteht man ja häufig nicht oder missbraucht es in irgendeiner Form.

Hast du Jupiter im eigenen Zeichen, machst du viele glückliche Erfahrungen. Aber auch du musst lernen, wie du ihm den nötigen Raum verschaffen kannst. Du solltest genug Disziplin beweisen, um zu verstehen, was deinem Jupiter hilft, ein sinnvolles, erfülltes Leben zu führen.

Jupiter im Schützen

Hier kann Jupiter dir besonders gut helfen, deinen Lebenszweck zu verwirklichen. Ihn interessieren Inspirationen und die Fähigkeit, aus gutem Glauben heraus zu agieren. Deshalb beschert Jupiter im Schützen deinem Lebensweg eine Vielzahl intuitiver Segnungen. Gib acht, dass du sie nicht übersiehst. Die Wildpferde des Schützen wollen frei laufen, sie wollen sich alle philosophischen Pfade offenhalten. Der unbezähmbare Geist des Schützen richtet sich einzig auf die Wahrheit, deren ultimativen Ausdruck er sucht. Ist Jupiter im Schützen dein Aszendentenherrscher, dann hältst du am besten direkt auf Erfahrungen zu, die dir helfen, die richtigen Fragen zu stellen. Diese Konstellation wird dein Leben stets in Richtung neuer Eroberungen führen.

Jupiter im Schützen lenkt deinen Blick auf künftige Abenteuer. Mit ihm als Aszendentenherrscher solltest du deinen Visionen vertrauen. Was Kreativität angeht, musst du dir bei deinen Unterfangen keine Sorgen machen. Dein Glaube ist unerschütterlich, manchmal allerdings unfundiert. Jupiter im Schützen kann das Fell des Bären verteilen, lange bevor er ihn erlegt hat. Wie alle Planeten in ihren eigenen Zeichen ist auch Jupiter im Schützen ganz er selbst.

Jupiter in den Fischen

Diese kreative und fruchtbare Konstellation kennt keine Grenzen. Mit Jupiter im eigenen Zeichen als Steuermann deines Lebensschiffes hast du im Leben ganz entschieden einen Vorsprung. Du schaffst Chancen für dich und andere, denn die Natur dieses Zeichens ist der absolute Überfluss.

Allerdings ist diese Fülle nicht immer ganz einfach zu verkraften.

Mit dieser Konstellation eröffnen sich dir vielfältige Möglichkeiten, aber es kann sein, dass du dich einfach nicht entscheiden kannst, welche davon du annimmst. Auch fällt es dir nicht immer leicht, deine Unternehmungen hinterher auch abzuschließen. Die fließende Natur der Fische stiftet emotionale Bande zu vielen Menschen. Hier wirkt Jupiter eher als tröstender Philosoph denn als kluger Stratege. Dein Lebensschiff hält mit dieser Konstellation ganz automatisch auf alles zu, was sinnerfüllend, seelisch inspirierend und vielleicht auch spirituell erhellend ist. Jupiter in den Fischen ist ein Lehrer von natürlicher Begabung. Er bringt dich dazu zu geben, was du hast. Außerdem hat er einen guten Blick für den Schmerz anderer. Er weiß, dass Mitgefühl das höchste Lebensziel ist. Möglicherweise ist es ja dein Lebensziel, wann und wo auch immer den Schmerz anderer zu stillen.

Die Wunderquelle: Jupiter im Krebs

Im Krebs steht Jupiter in der Erhöhung. Dies ist eine Glück verheißende Kombination, die dich in die Lage versetzt, deine Begabungen auszuleben. Jupiters Fruchtbarkeit ist in diesem Wasserzeichen auf ihrem Höhepunkt. Als Aszendentenherrscher bist du dafür bekannt, geben zu können, kreative Projekte zu ersinnen und mit Optimismus und Mitgefühl andere mitzureißen. Jupiter im Krebs nährt andere, pflegt sie und sorgt für viele. Wenn dieser Planet dein Lebensschiff steuert, hast du vermutlich den Wunsch, für die ein oder andere hungernde Seele da zu sein, ob nun im materiellen oder übertragenen Sinne.

Jupiter im Krebs weiß, wie er seine überbordende Lebenskraft schützen kann, um daraus etwas Bedeutsames entstehen zu lassen. Als Herrscher über deinen Aszendenten verleiht er dir ein intuitives Verständnis dafür, wie du die wichtigsten »Nährstoffe« dorthin transportierst, wo du Wachstum schaffen willst. Und du bist vermutlich bekannt für diese spezielle Qualität, weil du dich leidenschaftlich engagierst, wenn du etwas ins Leben rufen willst.

Größe im Minimalismus:
Jupiter im Zwilling oder in der Jungfrau

Im Zwilling bzw. in der Jungfrau steht Jupiter im Exil. Hier hat er zu kämpfen. Während sich die Domizile des Jupiters (Steinbock und Fische) immer um das große Ganze kümmern, sind die Exilzeichen auf die Einzelheiten fokussiert.

Wenn Jupiter im Exil als Steuermann deines Lebensschiffs wirkt, fordert er dich auf, Fleiß zu zeigen. Im Zwilling oder in der Jungfrau fällt es ihm schwer, die Spreu vom Weizen zu trennen. Er weiß nicht, was er glauben soll oder wie er die offene, lockere Haltung zum Leben finden kann, für die Jupiter bekannt ist. In beiden

Zeichen vergrößert er stets schlicht die Menge der Fakten, Daten und Details. Jupiter im Exil kann sich in Selbstzweifel verkanten. Er findet keine Philosophie, die ihn tatsächlich anspricht. Daher findet er selten zu der optimistisch-zuversichtlichen Haltung, die sein natürlicher Zugang zum Leben ist.

Wie alle Planeten im Exil steuert Jupiter im Zwilling oder in der Jungfrau als Aszendentenherrscher dein Lebensschiff anders als erwartet.

Jupiter im Zwilling

Im Zwilling hat Jupiter eimerweise Ideen, Gefühle und Geschichten zur Hand, über die er berichten kann. Als Aszendentenherrscher muss er für diese eine Heimat finden. Mit dieser Konstellation bist du vermutlich mehr als neugierig und nur allzu bereit, deine Einsichten und Entdeckungen mit der Welt zu teilen. Doch mit dieser endlosen Flut an Fakten hat Jupiter im Zwilling Schwierigkeiten, auf den Punkt zu kommen. Denn was soll ihm schon ein einzelner Punkt, wenn die ganze Welt voller hochinteressanter Punkte ist, die einen selbst in die hintersten Ecken des Geistes locken? Auf deinem Lebensweg wirst du vermutlich auf Umwege geführt, ob nun bewusst oder unbewusst. Wenn Jupiter als Aszendentenherrscher vor den Fragmenten der Wahrheit steht, bringt er dich mitunter vom Kurs ab. Dann wieder auf deinen Pfad zurückzufinden ist eine Fähigkeit, die du trainieren musst. Das aber lässt dich die nötige Stärke und Klarheit finden, um ein seelisch zutiefst befriedigendes Leben zu führen.

Jupiter in der Jungfrau

In der Jungfrau wird der grundlegende Optimismus des Jupiters häufig von Kritik überschattet. Die Jungfrau ist wie der Zwilling ein Zeichen, das sich mehr für Details interessiert als für das große Ganze. Steht dein Jupiter als Aszendentenherrscher in diesem Zeichen, neigt er dazu, alle Unsauberkeiten, Fehler und Unvollkommenheiten unters Vergrößerungsglas zu legen und sich darüber aufzuregen. Phobien hindern dich manchmal daran, Lösungen und vernünftige Strategien zu finden. Die natürliche Fähigkeit des Jupiters, auch noch aus dem schäbigsten Material etwas Vernünftiges zu machen, ist in der Jungfrau nicht ganz so stark ausgeprägt wie üblich. Für Jupiter als Aszendentenherrscher vermehrt diese Konstellation den Appetit auf Arbeit. Manchmal sind die Betroffenen unglaublich tüchtig, doch die Konzentration auf das Klein-Klein verhindert, dass daraus etwas entsteht, was ein Gefühl der Fülle vermittelt.

Vielleicht zerrinnt dir auch das Glück zwischen den Fingern. Dann solltest du dein Augenmerk auf regelmäßiges Wachstum richten. Mit Jupiter in der Jungfrau fühlst du dich in akademischen, spirituellen oder philosophischen Zirkeln nicht genug anerkannt. In dem Fall solltest du einfach Umgang mit Menschen suchen, die dein Denken zu schätzen wissen. Dann kannst du deinen Lebenszweck an dieser Erfahrung ausrichten.

Konservatives Wachstum: Jupiter im Steinbock

Im Steinbock, dem Zeichen des Saturn steht Jupiter im Fall. Wie allen Planeten im Fall fehlt es Jupiter im Steinbock an Respekt. Mit ihm als Aszendentenherrscher erlebst du in manchen Situationen oder in der frühen Jugend womöglich dasselbe. Der nüchterne Steinbock schränkt Jupiter ein. Wenn diese Konstellation dein Lebensschiff steuert, dann entwickelst du gegenüber Wachstum und Expansion ein gewisses Misstrauen, obwohl beides zu deinem Lebenszweck gehört. Hier ist Jupiter skeptischer, konservativer in seiner Fähigkeit, Energie zu verströmen. Er will seinen Ruf nicht riskieren aus Angst, man könnte ihn vielleicht für einen Narren halten. Daher gibt es eine natürliche Grundspannung in deiner Fähigkeit zu wachsen, deine Ideen zu entwickeln und Heilung zu finden, wie das Leben es von dir fordert. Jupiter in diesem Zeichen hat Probleme, jenen Elan auszustrahlen, der ihm sonst eigen ist. Mit ihm als Aszendentenherrscher fragst du dich vermutlich, warum die Dinge zur Abwechslung nicht einfach mal leichter sein können.

Andererseits verfügt Jupiter im Steinbock über Sicherheitsnetze, die er im eigenen Zeichen nicht kennt. Im Steinbock lässt er sich nicht vom schillernden Lauf des Glücksrads blenden. Er strebt vielmehr die Befriedigung an, die eine gute Leistung schenkt. Dem Glück misstraut er, es kann schließlich auch danebentreffen. Mit dieser Konstellation solltest du dich um ein grundlegendes Verständnis bemühen, wie Fleiß und Glück zusammenwirken können. Wenn sie das tun, gibt es keine Tür, die dir nicht offensteht.

Jupiter in den anderen Tierkreiszeichen

Jupiter steht in den anderen Zeichen recht neutral: im Widder für mutige Expansion, im Stier für stetiges, produktives Wachstum, im Löwen für Entwicklung durch Selbstausdruck, in der Waage für harmonische Fülle, im Skorpion für Tiefenwachstum und im Wassermann für Ausdehnung durch Ideen. In all diesen Zeichen schafft Jupiter Möglichkeiten für Wachstum und Expansion, die von dem Zeichen beeinflusst werden, in dem er steht. Jupiter in der Waage beispielsweise setzt auf deine Fähigkeit, Beziehungen zu stiften, um dir Glück und Reichtum zu bescheren.

📝 Fragen zur Selbstreflexion

- In welchem Lebensbereich legst du einen grenzenlosen Optimismus an den Tag? Welche Türen öffnet er dir?

- Wo in deinem Leben hältst du Wachstum für wichtig? Gibt es dort auch Hindernisse? Wer oder was versucht, dich kleinzumachen?

- Finden andere Menschen dich inspirierend? Was ist es, was sie an dir anregend finden? Wie fühlst du dich dabei?

- Wo im Leben neigst du zur Übertreibung? Kannst du diesen Zug an dir akzeptieren? Gibt es vielleicht eine Möglichkeit zum Ausgleich?

- Arbeitest du häufig an Dingen, die eine enorme Auswirkung haben oder haben könnten? Die eine gewisse Größe mit sich bringen? In welchen Fällen fühlst du dich davon überfordert?

- Steht dein Jupiter in einem starken, herausfordernden oder neutralen Zeichen? Wie beeinflusst der Stil deines Jupiterzeichens die Wege, die du einschlägst, um deinen Lebenszweck zu verwirklichen?

Saturn als Aszendentenherrscher
(Aszendent Steinbock oder Wassermann)

♄ ⊘

Mit einem Steinbock- oder Wassermann-Aszendenten ist Saturn dein Aszendentenherrscher. Das heißt, dass dein Lebensschiff mit Selbstbeherrschung, Verantwortungsgefühl und dem Bedürfnis gelenkt wird, etwas zu vollbringen, das der Mühe wert ist. Saturn ist ein Planet, der dein Bestes von dir fordert. Als Aszendentenherrscher wünscht er sich ein Leben, das von Selbstbeschränkung, Unabhängigkeit und ehrlich verdientem Lob bestimmt wird. Manchmal fühlt man sich mit Saturn als Aszendentenherrscher erst im Alter richtig wohl. Da der Planet allgemein über das Alter herrscht, über Autorität und Reife, will er, dass du deine Zeit deiner Fortentwicklung widmest. Saturn ist der am weitesten entfernte, mit bloßem Auge noch sichtbare Planet am Himmel. Er gilt als reserviert, mitunter abgehoben, aber das heißt nicht, dass er gleichgültig ist. Mit Saturn als Aszendentenherrscher fühlst du dich gut, wenn du für dich bist, denn nur so schaffst du deine Arbeit. Das bedeutet aber nicht, dass du keine anderen Menschen brauchst.

Saturns Begabung liegt in seinem kritischen Urteilsvermögen und seinem klaren Blick. Sofern nicht andere Einflüsse im Horoskop gegensteuern, kann es sein, dass du nach Verwirklichung deines Lebenszwecks strebst, indem du dir allerhand versagst. Ein Nein ist eine starke Ansage, doch wenn du dir selbst ständig irgendetwas verbietest, wirkt sich dieser asketische Zug auch auf andere Lebensbereiche aus. Mit Saturn als Aszendentenherrscher solltest du herausfinden, was du zurückweisen und was du sinnvollerweise erlauben kannst. Dein Ja wird klarer ausfallen, wenn du weißt, welche Grenzen du einhalten und welche du ruhig mal ein wenig aufweichen kannst.

Unten findest du Erklärungen zum Saturn in den Tierkreiszeichen. Lies dir durch, was auf dich zutrifft, und beantworte am Ende dieses Kapitels alle Fragen zur Selbstreflexion, die in dir eine Saite zum Klingen bringen.

Der Zeremonienmeister:
Saturn im Steinbock oder Wassermann

Im Steinbock und im Wassermann steht Saturn im eigenen Zeichen. Wenn dein Aszendentenherrscher in seinem Domizil steht, heißt das, dass dein Lebensweg geradlinig und klar vor dir liegt. Darauf kannst du dich verlassen, wenn es mal turbulent wird. Wenn du dich mit dieser Konstellation anfreunden kannst, wird sie dir in jedem Fall helfen. Dich radikal selbst zu akzeptieren heißt auch, dass du wissen musst, zu wem oder was du gute Beziehungen pflegen solltest und was du besser beendest bzw. neu bearbeitest. Saturn im eigenen Zeichen steht dir als Ressource immer zur Verfügung. Seine Gaben sind Selbstdisziplin, ein genauer Blick und die Fähigkeit, schwierige Dinge auf sich zu nehmen, um das Gute zu erreichen. Saturn schenkt selten sofortigen Lohn. Wenn er dein Lebensschiff lenkt, solltest du dieselbe Haltung einnehmen. Denke lieber darüber nach, was du im Zeitraum von Jahrzehnten schaffen kannst. Frage dich, woran du dein Leben lang arbeiten möchtest, auch wenn es Höhen und Tiefen gibt. Was wäre so viel Energie, Leidenschaft und Durchhaltevermögen wert?

Saturn im Steinbock

Als Herrscher des Steinbocks ist Saturn der Hüter der Traditionen. Hier geht es um die Frage, welche Traditionen du bewahren willst und welche strukturell nicht zu dir passen. In diesem Zeichen weiß Saturn, wie wichtig es ist, etwas in seiner ursprünglichen Form, Bedeutung und Seinsweise zu verstehen. Als Aszendentenherrscher will er, dass du wegen deiner Fähigkeit geschätzt wirst, deine Wünsche zu verwirklichen – durch Disziplin, den Aufbau von Strukturen und eine stabile, beständige und zuverlässige Arbeitsmoral. Mit Saturn im Steinbock als Aszendentenherrscher ist die Vorstellung, man könnte dir nachsagen, nicht dein Bestes versucht zu haben, für dich unerträglich. Je mehr du dich auf deine Weise mit diesen Eigenschaften identifizieren kannst, desto mehr liegst du auf einer Linie mit deinem Lebenszweck.

Saturn im Wassermann

Im Wassermann lernt Saturn alle existierenden inneren und äußeren Regeln, um sie dann zielsicher zu brechen, wenn es nötig ist.
Der Wassermann ist kein Chaot. Als Rebell weiß er genau, was er
tut. Sein Denken ist extrem akribisch. Als Herrscher deines Aszendenten will Saturn, dass du eben jene Eigenschaften in die Welt
trägst. Du wirst dich gegen das ein oder andere System stellen,
aber wo genau das passiert, überlegst du dir vorher gründlich.
Saturn verlangt von dir, dass du erkennst, wie du Macht am besten
neu verteilen und dezentralisieren kannst. Wassermann ist ein begabter Beobachter. Mit Saturn als Aszendentenherrscher hält man
dich für intellektuell abgehoben. Aber eine Situation aus allen
Blickwinkeln zu durchleuchten ist notwendig, wenn du deinem
Lebensweg folgen willst.

Stilsicher: Saturn in der Waage

In der Waage steht Saturn erhöht. Als Aszendentenherrscher
verschafft er dir Anerkennung für deine reife, ausgewogene Persönlichkeit. Man kennt dich als unermüdlichen, disziplinierten
Arbeiter, der zwar konservative, aber stets wohlüberlegte Entscheidungen trifft. Du bist ein*e Meister*in deines Fachs. Saturn in der
Waage macht Führungspersönlichkeiten ansprechbar. Du hast
eine angenehme Ausstrahlung und bemühst dich um Gerechtigkeit, wo auch immer du tätig bist. Mit diesem Aszendentenherrscher verstehst du es, Unterscheidungen zwischen den Menschen
zu treffen, ohne dabei unhöflich zu werden. Vermutlich bist du
bekannt dafür, dass du fair und ausgewogen urteilst.

Der Miesmacher: **Saturn im Krebs oder Löwen**

Saturn steht im Krebs und im Löwen im Exil. Wie alle Planeten im Exil hat er Schwierigkeiten, sich in dieser Umgebung zurechtzufinden. Saturn, der für Selbstdisziplin und Selbstbeherrschung zuständig ist, als Aszendentenherrscher zu haben ist eigentlich ein klares Signal, aber wenn dieser Planet sich in seinem Zeichen nicht wohlfühlt, fragst du dich vielleicht, wo du deine Weisheit einsetzen kannst oder warum sie nicht geschätzt wird. Saturns einziges Ziel ist es, die Kontrolle nicht zu verlieren. Im Krebs und im Löwen ist das nicht so einfach, dort musst du mehr Energie darauf verwenden. Der Respekt, den du dir wünschst, will mit dieser Konstellation hart erarbeitet werden, auch wenn du ihn viel früher verdient hättest. Vermutlich bekommt dein Ego hier den ein oder anderen Kratzer ab, aber du solltest nicht zulassen, dass verletzte Gefühle dir deinen Lebensweg verbauen. Diese Konstellation gibt dir Gelegenheit, deine Arbeit in Demut zu verrichten, um ihrer selbst willen, für deine eigene Befriedigung und Selbstachtung.

Saturn im Krebs

Im Krebs fällt es Saturn schwer, jene Grenzen zu ziehen, die für sein Wachstum wichtig wären. Wir müssen an manchen Stellen hart bleiben, an anderen wiederum können wir lockerlassen. Saturn im Krebs verwechselt das mitunter und bekommt dadurch Probleme, seine Emotionen in den Griff zu bekommen. Vielleicht ist es Teil deines Lebenswegs, deine Emotionen in die zweite Reihe zu verweisen, um die Kontrolle über dein Leben nicht zu verlieren. Als Abwehrstrategie ist das verständlich, aber auf Dauer nicht wirklich hilfreich. Vielleicht fühlst du dich auch von deinen Gefühlen überrollt und kannst (noch) nicht jene Strukturen entwickeln, die dir helfen würden, diese Erfahrung auszuleben. Menschen mit einem Saturnherrscher haben es meist in der Jugend recht schwer. Das Alter hingegen bringt Erleichterung und eine Weisheit, die Saturn Würde verleiht. Im Krebs lässt die harte Schale dich Vorsichtsmaßnahmen treffen, um nicht von Grübeleien oder verstörendem Feedback überrumpelt zu werden. Eine ständige Verteidigungshaltung hindert Menschen mit Saturn im Krebs am Gedeihen. Deine Aufgabe ist es, deinen Gefühlen Raum zu geben, damit deine emotionale Welt dich nicht überschwemmt. Wenn dir das gelingt, dann wird sie auch für andere zum einfühlsamen Führer auf ihrem Weg zu Gesundheit und Heilung.

Saturn im Löwen

Im Löwen steht Saturn ebenfalls im Exil. Hier soll der Zeremonienmeister seine Aufgaben auf dramatische Weise erfüllen. Das ist ein merkwürdiges Gefühl für einen Planeten, der für seine Nüchternheit bekannt ist. Beifall ist Saturn egal. Dieser Planet ist für Erhaltung und Bewahrung zuständig. Der Löwe aber besitzt einen schier unerschöpflichen Energievorrat, den er hemmungslos verbrennt. Und sein Licht unter den Scheffel zu stellen ist so gar nicht seine Sache. Mit Saturn im Löwen als Aszendentenherrscher bist du herausgefordert, deine Begeisterung, Disziplin und Selbstkontrolle zu beweisen, um Aufmerksamkeit zu finden – aber nicht von der frivolen, flüchtigen Art. Saturn wünscht sich bleibende Resultate. Saturn in einem Zeichen, das für seine ichbezogene und prunkvolle Art bekannt ist, hat Probleme, ernst genommen zu werden. Oder er hat mit einer zu starken Ich-Identifikation zu kämpfen.

Die Hauptschwierigkeit bei einem Planeten im Exil ist, dass er seine Aufgabe nicht mühelos erfüllen kann. Hier ist nichts, »wie es sein soll«. Saturn in diesem Zeichen fordert dich auf, anders als gewohnt mit Autorität umzugehen. Möglicherweise hast du auch Schwierigkeiten, dein Bedürfnis nach Lob mit dem Gefühl zusammenzubringen, dass du dieses Lob auch verdient hast. Hier gilt es sicherzustellen, dass dein Ego deine Integrität nicht außer Kraft setzt.

Steuert Saturn im Löwen dein Lebensschiff, dann solltest du lernen, wie du zu deiner eigenen Autorität werden kannst – und auf die Regeln der Gesellschaft bzw. deiner Familie pfeifst.

Die Firewall: Saturn im Widder

Im Widder steht Saturn im Fall, er muss ein Gleichgewicht finden zwischen harten Beschränkungen und dem Niederbrennen aller Grenzen, die dich schützen. Wie alle Planeten im Fall fühlt Saturn im Widder sich degradiert. Ist er dein Aszendentenherrscher, hast du vielleicht das Gefühl, dass du deinen Wert oder deine Fähigkeiten durch Disziplin und Selbstbeherrschung unter Beweis stellen musst. Im Widder muss Saturn an Themen wie Wut und Hitzköpfigkeit arbeiten. Er bekommt sein Temperament schlecht in den Griff, aber wenn er es unterdrückt, kommt es am Ende zur Explosion. Da Saturn im Widder immer ein bisschen voreilig ist, kann es sein, dass er Schranken errichtet, noch bevor er sich im Klaren ist, was er wirklich aussperren möchte und was nicht. Wie alle Planeten im Fall fordert auch Saturn im Widder dich zu einer intensiven Auseinandersetzung mit dir selbst auf, die dich herausfinden lässt, wo die Trennlinie zwischen Selbstdisziplin und Selbstverleugnung verläuft. Zwischen fruchtbarem Alleinsein und Isolation. Zwischen Selbstachtung und Selbstsabotage. Hast du diese Arbeit aber geleistet, kannst du deine eigene Kraft in Besitz nehmen und wirst genau wissen, wie du sie einsetzen willst.

Saturn in den anderen Tierkreiszeichen

In allen anderen Zeichen steht Saturn einigermaßen neutral: im Stier für Selbstbeherrschung durch Geduld und Beständigkeit, im Zwilling für Selbstkontrolle durch den Intellekt, in der Jungfrau für Selbstbemeisterung durch klares Unterscheidungsvermögen, im Skorpion für Selbstbeherrschung durch Erforschung der Geheimnisse von Sex und Tod, im Schützen für Selbstkontrolle durch persönliche Freiheit und in den Fischen für Selbstbeherrschung durch kreative und spirituelle Disziplin. In all diesen Zeichen baut Saturn die notwendigen Strukturen auf, damit er Selbstbeherrschung im Stil seines Zeichens üben kann. Saturn im Skorpion zum Beispiel weiß, wie er die intensiven emotionalen Erfahrungen rund um Sex, Tod und Macht bewältigt.

✎ Fragen zur Selbstreflexion

- Was verweigerst du dir gewöhnlich? Wann hilft dir das? Und wann schadet es dir?

- In welchem Lebensbereich kannst du gesunde Grenzen ziehen? Wo im Leben sperrst du die Erfahrung der Nähe aus oder begrenzt sie?

- Bist du meist verantwortungsbewusst, zuverlässig und vertrauenswürdig? Wie fühlst du dich dabei? Was gibt dir diese Rolle? Was nimmt sie dir?

- Was willst du in diesem Leben unbedingt erreichen, ganz egal, worauf du dafür verzichten müsstest?

- Was willst du an dir oder deiner Arbeit unbedingt meistern?

- Steht Saturn bei dir in einem starken, herausfordernden oder neu-tralen Zeichen? Wie beeinflusst das Zeichen, in dem dein Saturn steht, die Mittel und Wege, die du wählst, um deinen Lebenszweck zu erreichen?

DAS HAUS DEINES ASZENDENTENHERRSCHERS
Auf welchen Lebensbereich wirst du hingelenkt?

In welchem Haus steht dein Aszendentenherrscher?

Das Haus deines Aszendentenherrschers enthüllt dir, in welchen Lebensbereich er dich lenkt. Ohne eine Beziehung zu den Themen dieses Hauses aufzubauen, wirst du vermutlich nie das Ge-fühl von Erfüllung erfahren. Wir haben schon erfahren, dass Fri-da Kahlos Aszendent im Löwen stand. Ihr Gespür für dekorativen Selbstausdruck war nicht zu übersehen. Löwe ist der Selbstdar-steller, der schöpferische Schauspieler, der einen Aspekt der menschlichen Erfahrung auslebt und so anderen Menschen er-möglicht, daran teilzuhaben. Frida Kahlos Löwe-Aszendent signa-lisiert ihre Lebensmotivation: eine feurige, kreative Kraft zu ent-wickeln und sich den Augen der Welt zu präsentieren. Ihre Aszendentenherrscherin ist die Sonne, die im Krebs steht, was wiederum signalisiert, dass die Künstlerin von einem Planeten beherrscht wird, der hochgradig gefühlvoll ist. Das Haus, in dem ihre Sonne steht, sagt uns, welchen Lebensbereich sie erkunden muss, um ihren Lebenszweck zu verwirklichen. Ihre Sonne stand im zwölften Haus, dem Haus der Sorgen, Verluste, Geheimnisse und verborgenen Formen und Seiten des Lebens. Dem Haus des kollektiven Unbewussten.

Als Frida Kahlo sechs Jahre alt war, erkrankte sie an Kinderlähmung und musste monatelang im Bett liegen. Ihr rechtes Bein blieb kürzer als das linke. Mit achtzehn Jahren erlebte sie ein noch schlimmeres körperliches Trauma. Bei einem Busunglück, bei dem sie fast den Tod gefunden hätte, durchbohrte eine Stahlstange ihr Becken. Ihr Rückgrat war an drei Stellen gebrochen. Ihr rechtes Bein, bereits durch die Kinderlähmung in Mitleidenschaft gezogen, war zerschmettert. Niemand glaubte, dass sie überleben würde. Während der Genesung musste sie drei Monate lang in einem Ganzkörpergips liegen. Sie konnte sich nicht bewegen, daher schlugen ihr die Eltern vor, doch mit dem Malen anzufangen. Sie ließen für sie eine spezielle Staffelei anfertigen, sodass sie im Bett arbeiten konnte, und brachten ihr Farben. Mithilfe eines zusätzlich montierten Spiegels fing sie nun an, Selbstporträts zu malen.

Das körperliche und seelische Leid, das Frida Kahlo erfuhr, ist nicht allein ein Reflex ihrer Sonne im zwölften Haus. Sie hatte ebenfalls eine sehr genaue Mars-Opposition zur Sonne und auch der unberechenbare, für Brüche im Leben verantwortliche Uranus stand in Opposition zu ihrer Sonne. Dass sie diesen Schmerz malend und schreibend ausdrückte, ist – astrologisch betrachtet – das, wohin ihr Leben sie lenkte. Frida Kahlo sagte einmal: »Ich male mich selbst, weil ich oft allein bin. Und ich bin der Gegenstand, den ich zweifellos am besten kenne.«[5] Steht dein Aszendentenherrscher im zwölften Haus, so heißt das nicht automatisch, dass du vom Unglück verfolgt wirst. Aber das Thema »Leid«, das menschlichste aller Themen, ist für deinen Lebensweg und -zweck von Bedeutung.

 Jetzt beginnt dein Abenteuer. Schaue auf Seite 179 nach, in welchem Haus dein Aszendentenherrscher steht und blättere vor zum entsprechenden Abschnitt.

---

5 Frida Kahlo Foundation, siehe: www.frida-kahlo-foundation.org.

Der Aszendentenherrscher im ersten Haus

Körper, Erscheinung, Selbst, Lebenskraft

Steht der Aszendentenherrscher im ersten Haus, ist die Bedeutung dieses Planeten und alles, wofür er steht, für dein Leben besonders wichtig. Und zwar aus zwei Gründen. Erstens findet jeder Planet im ersten Haus durch deine Identität, Persönlichkeit und Körperlichkeit Ausdruck. Zweitens steht der Aszendentenherrscher im ersten Haus in seinem eigenen Zeichen, was bedeutet, dass er sich klar, direkt und unmissverständlich bemerkbar macht. Diese Kombination ist stark, ja kann sogar ins Extrem führen. Der Aszendentenherrscher und alles, wofür er steht, muss sich mit deiner Identität verbinden. Steht zum Beispiel Jupiter im ersten Haus, dann bist du aufgefordert, dein Leben mit Optimismus anzupacken und deinen materiellen und geistigen Reichtum mit anderen zu teilen. Der Aszendentenherrscher im ersten Haus sagt dir auch, dass du bei der Umsetzung deines Lebenszwecks dein Hauptaugenmerk auf die Entwicklung deiner Identität richten sollst.

🖉 Fragen zur Selbstreflexion

- Welche Themen sind in deinem Leben dominant? Haben sie etwas mit der Natur deines Aszendentenherrschers und des Zeichens, in dem er sich aufhält, zu tun?

- Wann fühlst du dich von anderen gesehen? Wofür fühlst du dich anerkannt, wenn du dich durch und durch verstanden fühlst? Welche Aspekte deiner Identität sprechen die Menschen besonders an? Hat das etwas mit deinem Aszendentenherrscher zu tun? Wird es dir manchmal zu viel, dies so eindeutig zu verkörpern?

• Welche Seiten deiner Persönlichkeit werden deiner Ansicht nach von der Welt missverstanden? In welcher Beziehung steht dies zu deinem Aszendentenherrscher?

• Wie wehrst du dich, wenn du das Gefühl hast, man will dir etwas aufzwingen? Hilft dir dein Aszendentenherrscher dabei oder behindert er dich eher? Zum Beispiel kann die Venus sich unwohl fühlen, Nein zu sagen, weil Verbundenheit für sie höchste Priorität hat. Mars hingegen kann sich, wenn nötig, auch kämpferisch zur Wehr setzen.

• Kannst du dir vorstellen, dass dein Aszendentenherrscher sich frei von allen kulturellen Normen ausdrücken kann?

Der Aszendentenherrscher im zweiten Haus

Geld, Vermögenswerte, Ressourcen, Selbstwert

Wir alle haben der Welt etwas zu geben. Wir haben Möglichkeiten, uns selbst zu erhalten. Wir haben Talente oder spezifische Fähigkeiten, die wir zu diesem Zweck nutzen können. Unsere Vermögenswerte helfen uns auf unserem Weg durch das materielle Leben. Im zweiten Haus geht es um diese Werte. Mit dem Aszendentenherrscher im zweiten Haus wird klar, dass es dein Lebenszweck ist, Ressourcen zu schaffen und herauszufinden, wie du sie für deinen Lebensunterhalt einsetzen kannst. Geld und Vermögenswerte anzusammeln fällt dir leicht, wenn du den Aszendentenherrscher in diesem Haus stehen hast. Allerdings ist dabei auch das Tierkreiszeichen zu berücksichtigen, in dem er steht, und die Aspekte, die er mit anderen Planeten bildet. Auf jeden Fall musst du dir mit dieser Konstellation einen Reim auf die Themen in diesem Haus machen, um im Leben Erfüllung zu finden.

📝 Fragen zur Selbstreflexion

- Hat dein Lebenszweck etwas mit materiellen und geistigen Werten zu tun und mit deiner Fähigkeit, diese zu entwickeln?

- Wie manifestiert sich die Natur deines Aszendentenherrschers in deiner Arbeit? Ist zum Beispiel Mars dein Aszendentenherrscher und steht im zweiten Haus, könnte es sein, dass du im Arbeitsleben kämpfen musst, vielleicht auch für andere.

- Wie wirkt sich das Zeichen deines Aszendentenherrschers aus? Ist beispielsweise der Mond dein Aszendentenherrscher und steht im zweiten Haus, dann hast du den Mond im Löwen. Hat dein Lebensunterhalt (zweites Haus) damit zu tun, dass du andere versorgst (Mond), indem du Kreativität und Selbstausdruck (Löwe) pflegst?

Der Aszendentenherrscher im dritten Haus

Kommunikation, Geschwister, weitere Angehörige, enge Freunde, Alltagsleben, das Haus der Großen Göttin

Steht dein Aszendentenherrscher im dritten Haus, führt dich dein Lebensweg hin zur Entwicklung von Beziehungen, Kommunikation sowie alltäglichen und spirituellen Ritualen. Du fühlst dich auf dem richtigen Pfad, wenn du schreibst, lehrst, Informationen vermittelst, mit der Familie oder guten Freunden arbeitest, Raum schaffst oder bewahrst für religiöse Rituale, für Forschung und Lehre rund um die Große Göttin oder andere althergebrachte religiöse Traditionen, die dem Monotheismus vorausgingen. Auch Ausflüge (vor allem tagsüber und in der näheren Umgebung) und der Kontakt mit vielen verschiedenen Menschen geben dir das Gefühl, das Richtige zu tun.

Im dritten Haus steht der Mond in der Freude. Wenn du beispielsweise einen Krebs-Aszendenten hast, ist der Mond dein Aszendentenherrscher. Steht dieser in der Jungfrau und im dritten Haus, dann hat der Mond eine starke Stellung, denn er ist nicht nur Aszendentenherrscher, sondern auch in der Freude. Dein Aszendentenherrscher weiß genau, wie er seine Aufgabe zu erledigen hat. Im dritten Haus steht der Mond immer gut, auch wenn du kein Krebs-Aszendent bist. Wenn er jedoch auch noch über deinen Aszendenten herrscht, dann ist das ein reiner Segen.

🖊 Fragen zur Selbstreflexion

- Richtet deine Lebensenergie sich auf Kommunikation, Schreiben, Lehren oder Reisen? Wie prägen diese Dinge dein Leben?

- Welche Rolle spielen deine Geschwister, Freunde und Angehörigen auf deinem Lebensweg? Erschüttern dich die Höhen und Tiefen, die sie durchleben? Geben sie deinem Leben irgendwie die Richtung vor? Arbeitest du gar mit ihnen zusammen?

- Arbeitest du in Gemeinschaft mit anderen, vielleicht in deinem Viertel? Oder gibt es andere wichtige Beziehungen zu Gruppen?

- Dreht dein Leben sich in irgendeiner Form um Rituale, vor allem spiritueller Natur? Bringst du Rituale und Spiritualität ins Leben anderer?

- Macht sich dein Aszendentenherrscher irgendwie in deinem Kommunikationsverhalten bemerkbar? Wenn Venus als Aszendentenherrscherin beispielsweise im dritten Haus steht, bist du bekannt dafür, dass du all deine Botschaften charmant überbringst?

Der Aszendentenherrscher im vierten Haus

Die Grundlage von allem, Ahnenreihe, Heim, Familie, Eltern

Den Aszendentenherrscher im vierten Haus zu haben heißt, dass es dir unglaublich wichtig ist, wie du dir physisch und ästhetisch ein Heim schaffst, mit wem du es teilst und wie du dabei die Traditionen deines Volkes weiterführen kannst. Steht also der Herrscher deines Aszendenten hier, dann spielen eines oder mehrere dieser Themen eine Rolle auf deinem Lebensweg. Vielleicht musst du dich mit Fragen auseinandersetzen, wie du die Traditionen deiner Ahnen und deiner Familie würdigen kannst, ohne in der Vergangenheit stehen zu bleiben. Es kann eine wichtige Lebensaufgabe für dich sein, dein geistiges Familienerbe aktiv zu bewahren, dich dabei jedoch gleichzeitig von allem zu lösen, was nicht zu dir passt.

Ohne ein grundlegendes Verständnis für das vierte Haus zu entwickeln, ist es für dich schwierig, dauerhafte Strukturen im Leben aufzubauen. Denn ohne zu begreifen, was dein Innenleben braucht, kannst du kein erfüllendes Dasein in der Außenwelt führen. Wenn du dich auf die Vergangenheit einlässt, ihre Wunden heilen und ihre Bedeutung freilegen kannst, sodass du deinen einzigartigen Beitrag innerhalb deiner Ahnenreihe leistest, dann fällt es dir auch nicht mehr schwer, eine gesunde Beziehung zur Gegenwart zu pflegen.

✍ Fragen zur Selbstreflexion

- Wie spiegelt sich die Natur deines Aszendentenherrschers in den Beziehungen zu nahen Angehörigen oder zur Familie im Allgemeinen wider?

- Was möchtest du in deiner Ahnenreihe bewahren und gewürdigt wissen? Wovon möchtest du dich auf jeden Fall lösen?

- Findest du es schwierig, Dinge zu tun, die von dem abweichen, was innerhalb deiner Familie üblich ist? Oder ihre Hoffnungen, die sie für dein Leben und deine Zukunft haben, zu enttäuschen?

- Wie manifestiert sich die Natur deines Aszendentenherrschers in deinem Familienleben? Ein Beispiel: Wenn Jupiter als Aszendentenherrscher im vierten Haus steht, hat deine Familie dir in irgendeiner Form Segen, Überfluss oder Spiritualität mitgegeben? Hast du vielleicht einen Elternteil mit einer starken Persönlichkeit? Ist dein Aszendentenherrscher eher ein herausfordernder Planet wie zum Beispiel der Mars, dann frage dich, ob dein Vater oder deine Mutter vielleicht besonders kühn oder mutig waren? Oder hast du zu kämpfen, weil du entwurzelt bist oder jemand deine Wurzeln durchtrennt hat? Spielt dies bei der Verwirklichung deines Lebenszwecks eine Rolle?

Der Aszendentenherrscher im fünften Haus

Kinder, kreative und erotische Energie, Vergnügen, Spaß, Romantik, Sex

Wir alle gestalten täglich unser Leben schöpferisch neu. Durch dein Handeln, deine Worte, deine Vereinbarungen und deine Entscheidungen formst du dein Leben. Steht dein Aszendentenherrscher im fünften Haus, dann spielt deine kreative Energie und deine Art, sie auszuleben, für deinen Lebensweg eine bedeutende Rolle. Mit dieser Konstellation dreht sich dein Leben darum, deine Energie bewusst und gezielt in der Welt einzusetzen.

Traditionell ist das fünfte das Haus der Kinder, daher hat es mit Fruchtbarkeit zu tun. Steht dein Aszendentenherrscher hier auch noch in einem starken Zeichen, dann spielt dieses Thema für dich eine besonders große Rolle. Hier will der Aszendentenherrscher produktiv sein. Da Kinder in der alten Welt ein unverzichtbarer Segen waren, gilt das fünfte Haus auch als das Haus des Glücks.

Hier steht Venus in der Freude. Venus, der Planet, der für Vergnügen, erotische Energie und alles Schöne und Angenehme zuständig ist, weiß, wie sie eine gute Zeit haben kann. Ist dein Aszendent Stier oder Waage und steht deine Venus im fünften Haus, ist sie besonders betont. Die Venus fühlt sich hier unglaublich wohl. Was heißt, dass das Leben von Schönheit, Begehren und Spaß beherrscht wird.

✍ Fragen zur Selbstreflexion

- Wie machen sich Kunst, Kreativität und Selbstausdruck in deinem Leben bemerkbar?

- In welcher Form helfen dir die Arbeit mit Kindern oder die eigenen Kinder bei der Verwirklichung deines Lebenszwecks?

- Stehst du auf Partys stets im Mittelpunkt und hast den meisten Spaß? Oder hast du einfach immer Glück?

- Hindert dich die Tatsache, dass dir vieles in den Schoß zu fallen scheint, manchmal daran, dich anzustrengen und Schwierigkeiten zu überwinden?

- Gibt es ganz offensichtliche Hinweise, wie die Natur deines Aszendentenherrschers deine Beziehung zum Thema Kreativität beeinflusst? Wenn zum Beispiel der Mond als Aszendentenherrscher im fünften Haus steht, schätzt man dich dann, weil du kreative Projekte oder Kinder förderst? Oder arbeitest du vielleicht auf dem Gebiet der Reproduktionsmedizin?

Der Aszendentenherrscher im sechsten Haus

Arbeit, Arbeitsgewohnheiten und -pläne, Haustiere,
Gesundheitsfragen, Unfälle, Krankheiten

Der Aszendentenherrscher im sechsten Haus bedeutet, dass du persönliche Erfüllung in deinem Arbeitsleben, in deinen beruflichen Anforderungen findest.

In der traditionellen Astrologie ordnete man diesem Haus Themen zu wie Sklaverei, Menschenhandel und Ausbeutung. Arbeit kann deine ganze Energie, Zeit und Aufmerksamkeit fordern. Möglicherweise musst du feststellen, dass es auf diesem Gebiet selten ausgewogen zugeht. Menschen, die dir nahestehen, müssen vielleicht mit dir arbeiten, um dich überhaupt zu Gesicht zu bekommen. Möglicherweise hast du manchmal Schwierigkeiten, dich zu entspannen, wenn du dich bei der Arbeit wohler fühlst als beim Abhängen mit anderen. Es könnte eine deiner Lebensaufgaben sein, für gerechte und ausgewogene Arbeitsbedingungen zu sorgen. Hier sind allerdings auch Haus- und Nutztiere angesprochen. Mit einem Aszendentenherrscher im sechsten Haus hast du vielleicht ein besonderes Gespür für Tiere und arbeitest gern mit ihnen.

Da das sechste Haus traditionell auch für Krankheit steht, arbeitest du möglicherweise auch mit akut oder chronisch Kranken oder erlebst selbst eine Krankheit, die dein ganzes Leben prägt.

☑ Fragen zur Selbstreflexion

- Ist es deine Lebensaufgabe, im Gesundheitssystem zu arbeiten, dich um die Heilkünste zu kümmern oder Menschen zu unterstützen, die aufgrund von Krankheiten Probleme haben?

- Ist Arbeit für dein Selbstwertgefühl wichtig?

- Überarbeitest du dich manchmal? Identifizierst du dich zu sehr mit deiner Arbeit?

- Hast du manchmal das Gefühl, dass du am Arbeitsplatz Macht verlierst?

- Kümmerst du dich um Menschen, die unter ausbeuterischen Bedingungen arbeiten mussten?

- Wie zeigt sich die Natur deines Aszendentenherrschers in deinen Arbeitsprojekten? Ein Beispiel: Wenn Merkur über deinen Aszendenten herrscht und im sechsten Haus steht, hängt dann deine Arbeit mit Kommunikation, Übersetzung, Schreiben, Lehren oder Verkaufen zusammen?

Der Aszendentenherrscher im siebten Haus

Langfristige Partnerschaften, Ehen, Geschäftsbeziehungen, Kunden, offene Feindschaften

Steht der Aszendentenherrscher im siebten Haus, werden langfristige Partnerschaften sowie Geschäftsbeziehungen und die Lektionen, die sie mit sich bringen, zu einem bedeutenden Teil deiner Lebensaufgabe. Planeten sind im siebten Haus besonders aktiv, da es eines der wichtigsten Häuser ist (Das erste, vierte, siebte und zehnte Haus sind im Geburtshoroskop Orte besonderer Kraft). Die Erfahrungen, die du mit deinen verschiedenen Partnern/Partnerinnen machst, beeinflussen dein Leben nachhaltig. Da die Bande zu anderen Menschen mit dieser Konstellation eine besondere Bedeutung bekommen, solltest du genau darauf achten, ob die Menschen, mit denen du in Beziehung trittst, überhaupt die Voraussetzungen mitbringen, gute Partner*innen bzw. Freunde und somit Katalysatoren für dein Leben zu werden. Nur so stehst du im Einklang mit dem, was du am meisten brauchst und was dir guttut.

Mit dieser Konstellation kann es sein, dass du zu viel Wert auf die Meinung deines Umfelds legst. Wenn der Herrscher des ersten Hauses im siebten platziert ist, steht er im Exil, denn das siebte Haus steht in Opposition zum ersten. Jeder Planet, der seinem eigenen Zeichen exakt gegenübersteht, muss sich in einem Bereich beweisen, der seiner Natur entgegengesetzt ist. Das wirft die Frage auf, ob nicht die konstante Ausrichtung auf andere dir letztlich den Blick auf deine eigenen Bedürfnisse verstellt. An diesem Punkt ist es enorm wichtig, dass du Beziehungen eingehst, die deinem Lebenszweck entsprechen, um diesen in Partnerschaften zu verwirklichen.

🖊 Fragen zur Selbstreflexion

- Wie beeinflussen deine wichtigsten Beziehungen und Partnerschaften deinen Lebensweg?

- Stellst du häufig deine eigenen Bedürfnisse zurück, um andere glücklich zu sehen?

- Suchst du dir Partner*innen aus, die dir helfen, Dinge zu tun, die du allein nicht schaffst?

- Wer hilft dir, deinen Lebenszweck zu finden und umzusetzen?

- Was haben deine wichtigsten Partnerschaften dich über die Bedeutung der Selbstfürsorge gelehrt?

- Welche Partnerschaften haben dir Erfolg, Ruhm oder Anerkennung eingetragen?

- Wie beeinflusst die Natur deines Aszendentenherrschers dich in deinen Partnerschaften? Wenn zum Beispiel Saturn als Aszendentenherrscher im siebten Haus steht, ziehst du dann Partner*innen an, die zwar verantwortungsbewusst, zuverlässig, engagiert und scharfsichtig sind, aber auch überkritisch und emotional abwesend? Projizierst du deine Autorität auf sie und machst sie zum Zuchtmeister, statt selbst Verantwortung für dein Leben zu übernehmen und deine eigenen Entscheidungen zu treffen?

Der Aszendentenherrscher im achten Haus

Zusammenarbeit, das Geld und die Vermögenswerte anderer,
Erbschaften, Tod, mentale Ängste, Trauer

Der Aszendentenherrscher im achten Haus lenkt dein Leben in Richtung bedeutsamer Gemeinschaftsprojekte. Menschen mit dieser Konstellation werden häufig Produzenten/Produzentinnen, Manager*innen, Banker*innen oder Buchhalter*innen. Sie können besonders gut mit den Vermögenswerten anderer Leute umgehen und zögern nicht, dies der Welt zu zeigen.

Da in diesem Haus auch Tod, Trauer und Verlust zu Hause sind, bringt diese Konstellation dich vielleicht dazu, mit diesen schwierigen Aspekten des menschlichen Lebens zu arbeiten. Trauerarbeit, Sterbebegleitung, Gesundheit, Therapie, Exorzismus, Reinkarnationsarbeit und alle Tätigkeiten, die dich mit der geistigen Welt in Kontakt bringen, ziehen Menschen mit dem Aszendentenherrscher im achten Haus magisch an.

Vielleicht hattest du auch eine Nahtoderfahrung, die dein ganzes Leben geprägt hat, und versuchst nun, dafür ein grundlegendes Verständnis zu entwickeln. Der Tod nahestehender Menschen, vor allem von wichtigen Bezugspersonen, die dein Leben beeinflusst haben, wäre ebenso denkbar.

📝 Fragen zur Selbstreflexion

- Arbeitest du gerne mit anderen zusammen? Was musst du deiner Meinung nach dafür mitbringen? Was nimmst du mit?

- Verlässt du dich auf das Geld, die Vermögenswerte und Ressourcen anderer? Wenn ja, wo in dieser Beziehung übst du Macht aus?

- Dreht sich ein großer Teil deiner Arbeit darum, finanzielle Mittel aufzutun bzw. Darlehen zu bekommen, zu vermitteln oder zu gewähren?

- Hast du das Gefühl, einen Draht zur geistigen Welt zu haben, zur anderen Seite, zum Tod und zum Sterbeprozess?

- Gab es Nahtoderfahrungen, die dich geprägt und dein Leben umgekrempelt haben?

- Wie zeigt sich die Natur deines Aszendentenherrschers in deiner Arbeit? Ein Beispiel: Wenn die Sonne als Aszendentenherrscherin im achten Haus steht, kannst du in gemeinsamen Projekten mit anderen strahlen? Identifizierst du dich mit den geheimnisvolleren Elementen des Lebens?

Der Aszendentenherrscher im neunten Haus

Reisen, Lehren, Veröffentlichungen, Philosophie, Recht,
Spiritualität, Religion, Astrologie, das Haus Gottes

Mit dem Aszendentenherrscher im neunten Haus suchst du im Leben nach dem Sinn. Du brauchst Abenteuer, Wissen und Weisheit. Und du musst die Kunst des Lehrens erlernen, damit du deine Ideen in der Welt bekannt machen kannst.

Im neunten Haus streben die Planeten danach, Einsichten durch Erfahrung zu gewinnen. Am Ende deines Lernwegs steht dann vielleicht kein Doktor oder ein anderer Titel, kein Zertifikat oder Zeugnis, aber der Lernprozess wird dich auf jeden Fall inspirieren.

Da das neunte Haus spirituelle Qualitäten besitzt, fühlt sich dein Aszendentenherrscher möglicherweise von religiösen Bräuchen und Institutionen angezogen. Wie auch immer diese Erfahrung ausfällt, sie wird dein Leben prägen.

✍ Fragen zur Selbstreflexion

- Lebst du in einem anderen Land als dem, in dem du geboren wurdest?

- Erfüllt Reisen dich mit tiefer Befriedigung?

- Ist die Lehre für dich ein bedeutsames Betätigungsfeld?

- Verbringst du viel Zeit in akademischen Institutionen?

- Widmest du dein Leben der Suche nach Wahrheit, Weisheit und Sinn?

- Wie beeinflusst die Natur deines Aszendentenherrschers deine Studien, deine Philosophie, deine Reisen und deine Arbeit an deinen Veröffentlichungen? Steht beispielsweise die Venus als Aszendentenherrscherin im neunten Haus, ist die Frage, ob du Gender Studies betreibst, dich mit Herstory-Projekten auseinandersetzt oder die Geschichte queeren Lebens und ähnliche Themen erkundest.

Der Aszendentenherrscher im zehnten Haus

Karriere, deine Rolle in der Öffentlichkeit und im Beruf

Steht dein Aszendentenherrscher im zehnten Haus, richtet sich dein Hauptaugenmerk auf deine Rolle in der Öffentlichkeit und im Beruf. Das zehnte Haus gehört zu den stärksten Häusern im Geburtshoroskop. Jeder Planet dort steht im Fokus und macht sich im Leben aktiv bemerkbar. Hier wird dein öffentliches Selbst angezeigt. Steht dein Aszendentenherrscher hier, heißt das, dass du dein Talent zumindest teilweise in professionellen Sphären anwenden solltest.

Deine Karriere, deine Rolle in der Öffentlichkeit bescheren dir deine wichtigsten Kämpfe, Triumphe und Erkenntnisse. Ob du dabei viel oder wenig Publikum hast, ist nicht von Belang. Es zählt vielmehr, ob du die Herausforderung akzeptierst, deine Träume zu verwirklichen und im Leben Raum einzunehmen. Auftritte in der Öffentlichkeit erlauben dir, deinen Lebenszweck zu verwirklichen. Daher solltest du davor nicht zurückscheuen. Am Ende werden sie sich als höchst erfüllend erweisen.

📝 Fragen zur Selbstreflexion

- Verwendest du einen Großteil deiner Lebensenergie auf deine Karriere?

- Haben deine Beziehungen häufig mit Karriere oder Öffentlichkeit zu tun?

- Was sind deine wichtigsten öffentlichen Rollen?

- Müssen andere Aspekte deines Lebens hinter deiner Karriere zurückstehen?

- Was sagt dir dein Umgang mit öffentlichen oder professionellen Rollen über dich selbst?

- In welcher Form beeinflusst die Natur deines Aszendentenherrschers deine Arbeit? Ein Beispiel: Ist Jupiter dein Aszendentenherrscher und steht im zehnten Haus, beschäftigst du dich mit Pädagogik und Erziehung? Oder nimmst du öffentliche Rollen ein, die bedeutend, spirituell oder auf Expansion ausgerichtet sind?

Der Aszendentenherrscher im elften Haus

Gemeinschaft, Unterstützer, Mäzene, Hoffnungen und Träume
für die Zukunft, Glück durch Zugehörigkeit zu Netzwerken

Mit dem Aszendentenherrscher im elften Haus führt dich dein Lebensweg in Netzwerke, Bewegungen und Organisationen, die dich ansprechen. Einigen fällt es leicht, hier ihren Platz zu finden, andere haben zu kämpfen. Für die meisten Menschen ist es eine Mischung aus beidem. Entscheidend ist, dass du eine bewusste Beziehung zu den Gruppen entwickelst, in die du Energie investierst.

Mit deinem Aszendentenherrscher in diesem Haus musst du darauf achten, dass du in guter Gesellschaft bist. Strebt die Gruppe Ziele an, mit denen du dich nicht identifizieren kannst, trenn dich lieber von ihr. Da du mit dieser Konstellation die Gruppe beeinflusst und die Gruppe umgekehrt auch dich, solltest du dir Menschen suchen, die dein Wachstum fördern, dich zum Besseren bewegen wollen und deine Träume unterstützen.

Das elfte Haus ist der Ort, an dem uns Glück widerfährt, weil wir mit anderen Menschen zusammen sind, die uns einen Weg zu Liebe, Arbeit und Sinn eröffnen. Steht dein Aszendentenherrscher in diesem Haus, sind Freunde, Verbündete und die Gemeinschaft, in der du lebst, für so manche glückliche Fügung in deinem Dasein verantwortlich. Freunde stellen dich wichtigen Leuten vor. Sie laden dich an Orte ein und machen dich mit Partnern/Partnerinnen bekannt, die dir helfen werden. Welche Art von Hilfe du bekommst, hängt nicht zuletzt vom Aszendentenherrscher und seiner Stellung im Horoskop ab.

☑ Fragen zur Selbstreflexion

- Blicke zurück auf dein Leben: Welche sozialen Rollen, Gruppen und Gemeinschaftsarbeiten waren für dich am prägendsten?

- Welche wichtigen Möglichkeiten haben sich dir durch Freundschaften eröffnet?

- Auf welche Weise steuern deine sozialen Rollen und die Gruppen, in denen du engagiert bist, deinen Lebensweg?

- Wie wirkt sich die Natur deines Aszendentenherrschers auf deine Gruppe, deine Freunde, deine Hoffnungen und Träume für die Zukunft aus? Wenn beispielsweise Mars dein Aszendentenherrscher ist und im elften Haus steht, fühlst du dich dann von Menschen angezogen, die für eine gute Sache kämpfen? Nimmt ein solches Engagement einen großen Teil deines Lebens ein? Arbeitest du gerne in Gruppen, stößt dabei aber immer an deine Grenzen, weil dir Unabhängigkeit wichtig ist? Oder liegst du häufig im Streit mit solchen Gruppen?

Der Aszendentenherrscher im zwölften Haus

Verborgenes, Einsamkeit, Geheimnisse, Sorgen, Selbstsabotage,
schöpferische Energie, die in schmerzlichen Erfahrungen
wie eingefroren ist

Steht dein Aszendentenherrscher im zwölften Haus, steuert er dein Lebensschiff in eine Richtung, in der es wichtig ist, Geheimnisse offenzulegen oder hinter den Kulissen tätig zu werden. Das zwölfte Haus steht für alles, was verborgen ist. Dort haben sämtliche Institutionen eine Heimat, in die die Gesellschaft Menschen schickt, die sie ausschließt oder die sich – aus welchen Gründen auch immer – nicht anpassen können. Dazu gehören Gefängnisse, Entzugskliniken, Krankenhäuser und Nervenkliniken. Aber auch Dunkelkammern, Studios und andere Orte, die als »Brutkasten« für kreative Ideen dienen. Orte, an denen Menschen in Abgeschiedenheit Großes schaffen.

Das zwölfte Haus hat auch mit Sorgen, Schwierigkeiten und psychischen Störungen zu tun. Wenn der Aszendentenherrscher im zwölften Haus steht, führt das häufig zu Selbstsabotage. Mit dieser Konstellation geht es für dich darum, diese Muster aufzulösen, damit du die anderen Aspekte dieses Hauses erfahren kannst. Gibst du dir selbst den Raum, das Trauma aufzuarbeiten, das du in dir trägst, verwandelt es sich in eine unerschöpfliche Quelle kreativer Energie.

📝 Fragen zur Selbstreflexion

- Brauchst du immer wieder Zeit für dich, in der du dich abschottest, um deine schöpferische Energie zu regenerieren? Weißt du diese Zeit zu schätzen?

- Erfordert deine Arbeit, dass du dich immer mal wieder aus deinen sozialen Verpflichtungen löst?

- Fühlst du dich im Hintergrund wohler als auf offener Bühne?

- Hast du irgendwie mit Nervenkliniken oder dem Strafvollzug zu tun?

- Wie zeigt sich die Natur deines Aszendentenherrschers in deinem Innenleben, in deiner Arbeit hinter den Kulissen und überhaupt in der Geschichte deines Lebens? Herrscht beispielsweise Venus über deinen Aszendenten und steht im zwölften Haus, arbeitest du dann gerne mit Frauen zusammen oder mit Menschen, die sich nicht auf die Geschlechterdualität festlegen lassen und daher unter dem System leiden? Gehörst du zu jenen, die die vergessene oder verborgene Geschichte von Frauen bzw. queeren Menschen aufarbeitet? Hast du das Gefühl, persönlich unter patriarchaler oder geschlechtermotivierter Gewalt bzw. Unterdrückung gelitten zu haben? Einen positiven Planeten wie Venus oder Jupiter im zwölften Haus zu haben heißt auch, dass es für dich dort Gaben zu finden gibt. Das macht diese Konstellation weniger schwierig.

WIE ES WEITERGEHT

Wie alle Formen des Wissens können wir auch astrologische Erkenntnisse nur sinnvoll verwerten, wenn wir sie immer wieder anwenden. Und das braucht Zeit. Es kann frustrierend sein, auf sein Geburtshoroskop zu blicken und sich klarzumachen, welch unglaubliche Masse an Information darin steckt. In diesem Buch haben wir uns mit den Grundlagen beschäftigt, und ich hoffe, dass du dich nun etwas sicherer fühlst, wenn du dein Horoskop in der Hand hältst und dich fragst, was es bedeutet.

Wenn du dir anfangs nicht die drei Schlüsselpositionen klarmachst, wird der Rest dich einfach überfahren. Da wir diese drei Elemente herausgearbeitet haben, hast du nun schon mal Boden unter den Füßen. Wir wissen, dass ein Großteil der Bedeutung des ganzen Horoskops auf den Lichtern (Sonne und Mond), dem Aszendenten und seinem Herrscher beruht. Das sagt uns schon viel darüber, warum in unserem Leben manche Dinge schwierig und andere kinderleicht erscheinen.

Nachdem du die einzelnen Schritte in diesem Buch bearbeitet hast, weißt du automatisch auch, mit welchen Planeten du dich noch nicht befasst hast. Auch Planeten, die keinen Aspekt zu Sonne, Mond, Aszendent und Aszendentenherrscher bilden, können wichtige Informationen für dich bereithalten. Häufig sind sie aber auch einfach nur Nebendarsteller.[6]

Da wir uns eingehend mit Dr. Maya Angelou und Frida Kahlo beschäftigt haben, deren Persönlichkeiten kulturell viel bewirkt haben, möchte ich hier noch eines anmerken: Beide Frauen haben eine archetypische Erfahrung durchlebt, deren Zeugen wir wurden und in der wir uns selbst widergespiegelt sehen. Ihre Arbeit drückt ihre spezifische Lebenserfahrung auf universelle Weise aus. Ihre Horoskope zeigen uns sowohl, welchen persönlichen Ausdruck ihr Lebenszweck fand, als auch, welchen archetypischen Einfluss sie auf ihre Gemeinschaft, ihre Arbeit und die Welt im Allgemeinen hatten.

Maya Angelou und Frida Kahlo haben die Welt besser gemacht, einfach weil sie gelebt haben. Ihr Leben hat uns eine Menge zu sagen. Wir können politisch, kulturell und künstlerisch darauf aufbauen. Wir mögen vielleicht nicht alle unser Handwerk so großartig meistern wie diese beiden, doch welchen Eindruck wir auf andere machen, werden wir nie ganz erfahren. Die Astrologie zeigt uns, wie wichtig es ist, dass wir dem Weg folgen, der sich vor uns eröffnet – welche Auswirkungen er aber hat, entzieht sich unserer Kontrolle und ist letztlich auch nicht von Belang für uns. Das Horoskop dieser beiden Frauen zu studieren war umso einfacher, als sich die archetypischen Planeten in allem, was diese Frauen taten und hinterließen, so klar ausdrücken. Ein genauer Blick auf ihr Leben, ihre Entscheidungen und ihr Horoskop hat uns geholfen zu verstehen, wie die Planeten die Infrastruktur unseres Lebens schaffen. Innerhalb dieser Anordnung haben wir eine Wahl, doch die Grundstruktur kann nicht verändert werden.

---

6 In der traditionellen Astrologie gibt es noch andere Herrscher, die wir hier nicht behandelt haben, die dir aber auch viel über deinen Lebensweg sagen können.

Ein guter nächster Schritt wäre es, dir das Horoskop professionell deuten zu lassen. Es ist ein unglaublich heilsamer Moment, wenn jemand, der etwas von seiner Arbeit versteht, uns Raum gibt und uns unseren Lebensweg widerspiegelt. Ich lasse mir immer noch einmal im Jahr mein Geburtshoroskop von Demetra George auslegen. Und das werde ich tun, bis sie mir die Tür vor der Nase zuschlägt. Dieses Reading von gut einer Stunde gibt mir immer noch Anregungen, die mein Wissen über mich sinnvoll ergänzen. Sie zeigt mir stets Dinge in meinem Lebenslauf, die mir entgangen sind, weil auch ich nun mal einen höchst persönlichen Blick auf mein Horoskop habe.

Letztlich aber weiß immer noch ich selbst am besten, was für mich gut ist. Ich nehme also die Informationen, die ich von Astrologen/Astrologinnen erhalte, und suche nach Mitteln und Wegen, sie auf mein Selbstverständnis anzuwenden. Sich das Horoskop von ausgebildeten Astrologen/Astrologinnen auslegen zu lassen, ist ein wichtiger Schritt im eigenen Lern- und Heilprozess, doch letztlich kannst nur du dein Horoskop in all seiner Tiefe verstehen. Wie eine Landkarte zeigt es dir, wohin du dich wenden kannst, wenn du Erholung, Anregung, Befriedigung oder einen Schubs in Richtung Aktivität brauchst.

Mir ist wichtig, dass du zuerst verstehst, was dein Horoskop bedeutet, wie es sich konkret auswirkt und welche Kraft in ihm liegt, und dass du dir diese Erkenntnisse dann vollkommen zu eigen machst. Ich und andere Astrologen/Astrologinnen können dir helfen, an diesen Punkt zu gelangen, aber letztlich liegt es an dir, diese Dinge im Laufe des Lebens immer wieder neu zu entdecken.

Dass ich die Besonderheiten meines Geburtshoroskops erkundet habe, hat mir geholfen, mich auf die Arbeit einzulassen, die mir aufgegeben ist. Ich habe aufgehört, meine Gaben zu ignorieren, und das hat letztlich zu diesem Buch geführt. Nach Jahren des Zweifels an der Bedeutung meiner Beziehung zur Astrologie und am Schreiben im Allgemeinen konnte ich alle Selbstzweifel ablegen, mir meine Energie zurückerobern und sie auf die kreativen Möglichkeiten verwenden, die da waren und auf mich gewartet haben. Meine Hoffnung ist, dass dieses Buch dir auf die ein oder andere Weise hilft, dasselbe zu tun.

DANK

Ich hatte das Glück, von vielen großen Lehrer*innen lernen zu dürfen, von Menschen, die genau dann in mein Leben traten, als ich ihren Input brauchte. Ich bin die Summe ihrer Bemühungen, ihres Schutzes, ihrer Liebe. Die Weisheit, die ich entwickeln durfte, beruht ganz auf den emotionalen, intellektuellen und spirituellen Anstößen, die sie mir gaben. Ohne sie wäre dieses Buch nie geschrieben worden. Mein tief empfundener Dank geht an:

Meine Mutter, Teo Nicholas, deren Lust aufs Leben und deren unerschöpfliche Energie mich stets anfeuern. Ich spüre sie immer bei mir und weiß das zu schätzen.

Meinen Vater, Tony Nicholas, der mich bezahlte, damit ich allen das Horoskop deutete. Danke dafür, dass du mein erster Kunde warst und den von mir gewählten Beruf so sehr geschätzt hast. Von dir habe ich den Wert der Arbeit gelernt – vielleicht ein bisschen zu gut.

Meine Schwester, Lyndi Nedelec, mit ihrem großen Herzen, ihrer engelsgleichen Stimme und ihrer unvergleichlichen Gabe, für andere zu sorgen. Danke, dass du mich immer so geliebt hast, wie ich war, auf eine Weise, wie nur eine kleine Schwester das kann.

Du hast mir geholfen, über einige meiner schlimmsten Sorgen hinwegzukommen.

Cass, für deine Fähigkeit, mich auf meinem Weg zu begleiten, meine Geschichte anzunehmen und sie mir klar, umsichtig und humorvoll zurückzuspiegeln. Dies war eines der größten Geschenke in meinem Leben. Ohne dich wäre ich nicht zu dem Menschen geworden, der ich heute bin. Danke, dass du mich darauf hingewiesen hast, dass die Energie im Raum sich jedes Mal dann veränderte, wenn ich über Astrologie sprach. Du hast mir geholfen, darauf zu vertrauen, mich darauf einzulassen und für mein berufliches und erwachsenes Selbst darin eine Heimat zu finden. Und dabei hast du mein inneres Selbst nicht ein Mal aus den Augen gelassen. Was ich in meinen Sitzungen mit dir gelernt habe, hat sich in jedes Horoskop verwoben, das ich je gedeutet habe und je deuten werde. Wenn die Menschen meine Arbeit lieben, lieben sie auch dich, so wie ich das tue.

Keri Lassalle, die mich von Anfang an unterstützt hat. Du hast mich nie vergessen lassen, wer ich bin und wie heilig diese Arbeit ist. Als ich nicht mehr an mich selbst glaubte, habe ich mich auf deinen Glauben an mich gestützt, und das hat mich durch die schwierigen Momente hindurchgetragen.

Eliza Meloy Walter, du warst die beste Freundin, die ich je hatte. Den Platz, der für dich in meinem Herzen reserviert ist, könnte niemand anders einnehmen. Danke, dass du mich immer gesehen hast. Danke für eine Million langer Nächte mit Milliarden faszinierender Erkenntnisse, auf die man bauen konnte. Unsere Unterhaltungen spinnen sich um unser ganzes Leben und schenken mir tiefe Freude und Trost.

Ulrike Balke, die jahrzehntelang meine selbst gebackenen Kekse als Bezahlung für Reiki-Stunden akzeptierte. Du hast mir immer wieder Raum verschafft, um mit meinen Gefühlen zurechtzukommen, meinen Körper zu spüren und meine Entwicklung fortzusetzen. Deine Weisheit und deine Führung waren der Anker, an dem ich mich festhielt, wenn es turbulent wurde. Ich wünschte, jeder Mensch hätte so eine spirituelle Patin, wie du sie mir immer warst.

Demetra George. Es gibt Menschen, die ihr Leben auf Erden ganz einem Wissensgebiet widmen, ohne auch nur mit einem Blick nach Lob oder Anerkennung zu schielen, bis sie schließlich zu einem Teil jener Überlieferungslinie werden.

Auf dich trifft das voll und ganz zu.

Du bist eine Astrologin der höchsten Ordnung. Eine Mythendeuterin. Eine Akademikerin. Eine Meisterin deines Handwerks. Du beugst dich über uralte Texte, die den meisten von uns Tränen der Verzweiflung in die Augen treiben würden, weil ihre Sprache so kompliziert und manchmal auch falsch übersetzt ist. Du aber hast die nötige Geduld, ihnen zu lauschen und die Stimmen der Vergangenheit für den Rest von uns zu übersetzen.

Du bist Lehrerin für die Lehrer*innen.

Das Studium bei dir hat mich eine Geschichte gelehrt, von der ich nicht einmal wusste, dass ich sie nicht kannte. Das Studium bei dir hat mich Techniken gelernt, die nicht nur mein Handwerkszeug schärften, sondern mich auch meinen eigenen Lebenszweck besser verstehen ließen. Das Studium bei dir hat mir geholfen, die einfachen, genauen und vollkommen klaren Botschaften meines Geburtshoroskops zu entschlüsseln. Ich hatte das Ding sechsundzwanzig Jahre lang angestarrt und war immer noch unsicher, was eigentlich genau darin stand. Bis zu dem Zeitpunkt, an dem ich dich kennenlernte, konnte ich die Zeichen an der Wand nicht entziffern – genauer gesagt am Himmel.

Alles, was ich als Astrologin gut mache, kann zurückverfolgt werden zu deinen gewissenhaften Bemühungen, mir und der Welt die grundlegende Schönheit und Weisheit der Astrologie beizubringen. Ich bin dir ewig dankbar, auch für jede Minute, die ich mit dir habe verbringen dürfen.

ANHANG 1

Zeichen, Symbole, Modalitäten, Elemente und Zeichenherrscher

Zeichen	Modalität	Element	Zeichenherrscher
♈︎ Widder	kardinal	Feuer	♂ Mars
♉︎ Stier	fix	Erde	♀ Venus
♊︎ Zwilling	veränderlich	Luft	☿ Merkur
♋︎ Krebs	kardinal	Wasser	☽ Mond
♌︎ Löwe	fix	Feuer	☉ Sonne
♍︎ Jungfrau	veränderlich	Erde	☿ Merkur
♎︎ Waage	kardinal	Luft	♀ Venus
♏︎ Skorpion	fix	Wasser	♂ Mars
♐︎ Schütze	veränderlich	Feuer	♃ Jupiter
♑︎ Steinbock	kardinal	Erde	♄ Saturn
♒︎ Wassermann	fix	Luft	♄ Saturn
♓︎ Fische	veränderlich	Wasser	♃ Jupiter

ANHANG 2

Planeten, ihre Symbole und die dazugehörigen Tierkreiszeichen

Planet[7]	Domizil	Exil	Erhöhung	Fall
☉ Sonne	Löwe	Wassermann	Widder	Waage
☽ Mond	Krebs	Steinbock	Stier	Skorpion
☿ Merkur	Zwilling/ Jungfrau	Schütze/ Fische	Jungfrau	Fische
♀ Venus	Waage/ Stier	Widder/ Skorpion	Fische	Jungfrau
♂ Mars	Widder/ Skorpion	Waage/ Stier	Steinbock	Krebs
♃ Jupiter	Schütze/ Fische	Zwilling/ Jungfrau	Krebs	Steinbock
♄ Saturn	Steinbock/ Wassermann	Krebs/ Löwe	Waage	Widder

7 Anmerkung der Übersetzerin: Chani Nicholas arbeitet mit dem System der antiken Astrologie – auch bei der Beurteilung, ob ein Planet im Domizil, in der Erhöhung, im Exil oder im Fall steht. Die modernen Planeten – Uranus, Neptun und Pluto – brauchen sehr lange, um ein Zeichen bzw. ein Haus zu durchqueren, weshalb diese Stellung wenig aussagekräftig ist. Sie werden deshalb nicht als Zeichenherrscher zugeordnet, wie das in anderen Systemen der Fall ist. Das gilt nicht für die Aspekte, die diese Planeten zu anderen markanten Punkten des Horoskops bilden.

Die Häuser

Die Aspekte

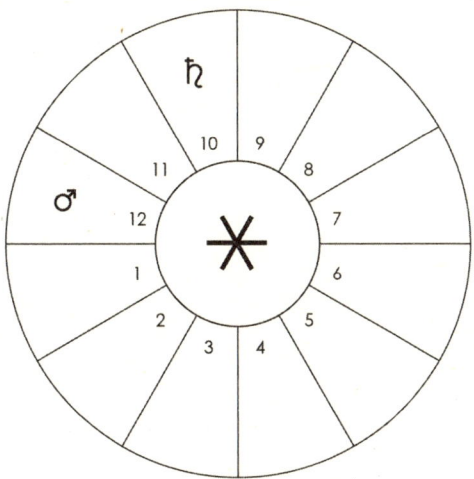

Planeten in Häusern mit einem Abstand von 60 Grad bilden ein Sextil.

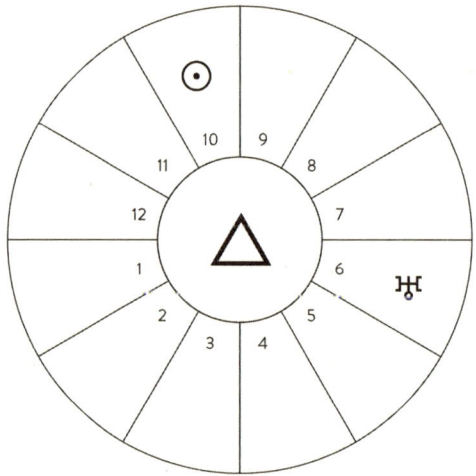

Planeten in Häusern mit einem Abstand von 120 Grad bilden ein Trigon.

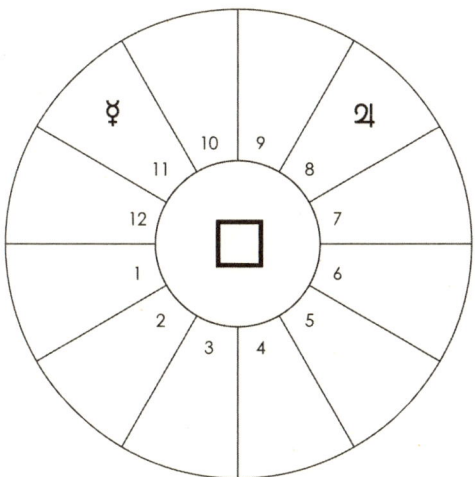

Planeten in Häusern mit einem 90-Grad-Abstand bilden ein Quadrat.

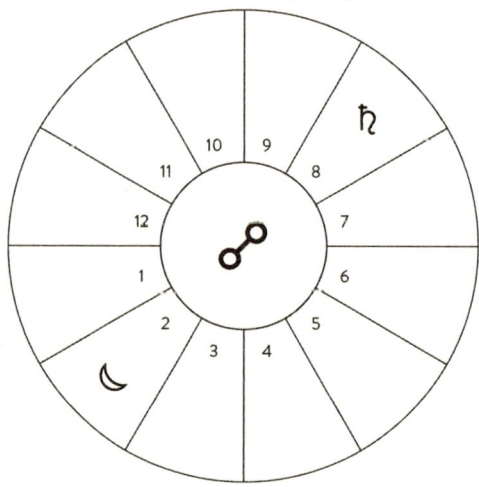

Planeten in Häusern mit einem 180-Grad-Abstand bilden eine Opposition.

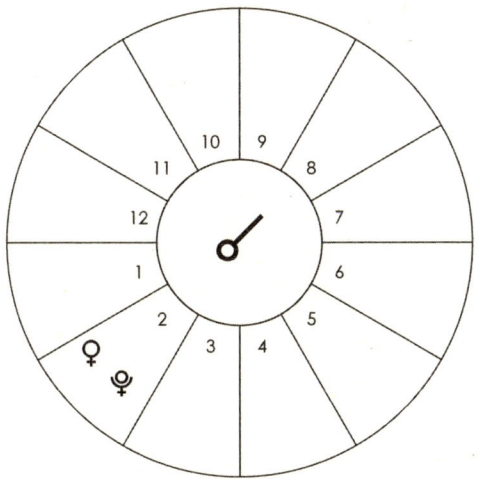

Planeten im selben Haus stehen in Konjunktion.

ANHANG 5

Die Geburtshoroskope von Dr. Maya Angelou und Frida Kahlo

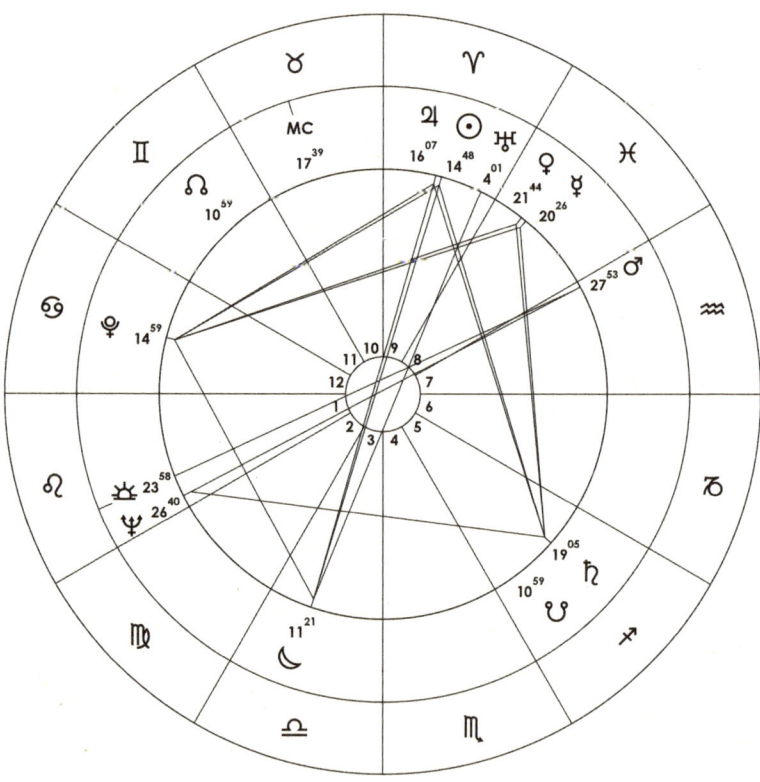

GEBURTSHOROSKOP VON DR. MAYA ANGELOU

Geburtsdatum und -zeit: 4. April 1928, um 14:10 Uhr
Geburtsort: St. Louis, Missouri, USA

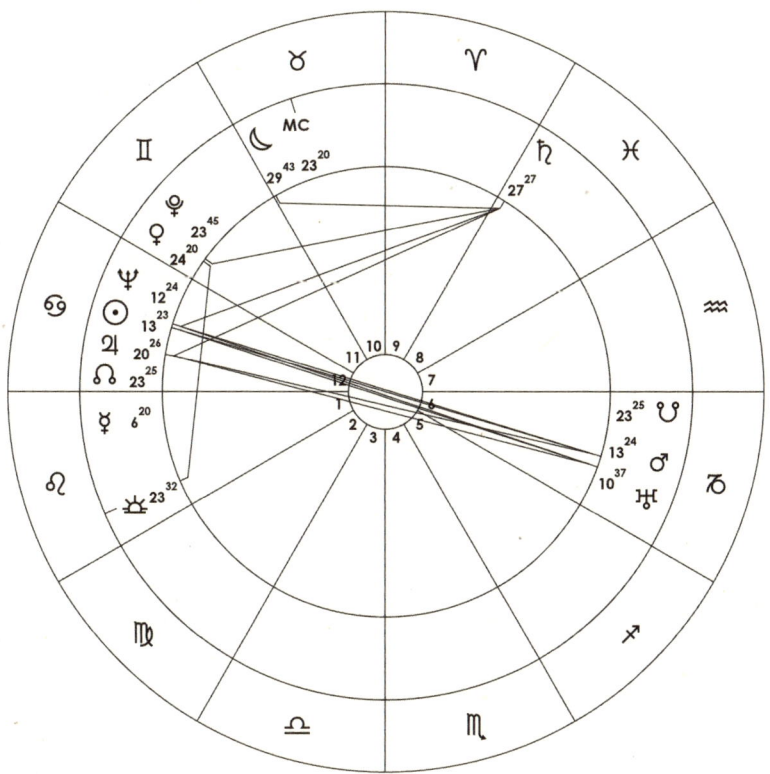

GEBURTSHOROSKOP VON FRIDA KAHLO

Geburtsdatum und -zeit: 6. Juli 1907, um 8:30 Uhr
Geburtsort: Coyoacán, Mexico City, Mexiko

STICHWORTVERZEICHNIS